Inhalt

W0051784

4

Vorwort

Die folgende Einführung in Shakespeare und seine Zeit geht in der inhaltlichen Ausrichtung auf eine mittlerweile mehrfach überarbeitete Einführungsvorlesung in das Drama der Shakespearezeit zurück. Schon in dieser Vorlesung, deren Umfang mittlerweile auf gut 900 Seiten angewachsen ist, erzwang die Fülle des Stoffes eine Konzentration auf exemplarische und repräsentative Beispiele, so dass eine der Zielsetzungen der neuen Reihe UNI WISSEN Anglistik/Amerikanistik bereits eingelöst war. Die neue, außerordentlich reizvolle Aufgabe, die dennoch materialreiche Vorlesung in eine knappe und kompakte Einführung umzuarbeiten, erwies sich als weitaus schwieriger als ursprünglich erhofft.

Die pointierte allgemeine Feststellung des wohl bedeutendsten deutschen Shakespeare-Forschers des 20. Jahrhunderts, Wolfgang Clemen, hat nichts von ihrer Gültigkeit verloren:

[Shakespeare] stellt [...] sehr viel häufiger Fragen, als daß er diese Fragen klar beantwortet. [Er] überläßt es dem Leser, dem Zuschauer, seine Folgerungen zu ziehen. Damit aber bleibt vieles offen und unbeantwortet. Wir verlassen das Theater nach einer Shakespeare-Aufführung oft mit einer fragenden Unruhe und Ungewißheit, die in uns weiterarbeitet. (Clemen, „Shakespeare in unserer Zeit", S.16.)

Hilfen anbieten bei diesem Weiterarbeiten nach dem Besuch einer Theateraufführung, nach der Lektüre eines Shakespeare-Dramas oder bei der Einarbeitung in ein Teilgebiet des Anglistikstudiums, dies möchte die vorliegende Einführung; und dies begründet ihre Konzentration auf den Dramatiker William Shakespeare. Aber selbst diese bescheidenen Zielsetzungen kann sie nur einlösen, wenn sie durch die eigenständige Auseinandersetzung mit den Werken Shakespeares und seiner Zeitgenossen (zumindest in der gewissenhaften Lektüre) ergänzt wird, wobei im Idealfall diese Lektüre (und ein Theaterbesuch) dem Lesen speziell der Kap. 4–7 voraufgehen sollte.

Die bewusst knapp gehaltenen Auswahlbibliographien im Anhang listen zum einen neuere Werke auf, die dann wiederum die ältere Literatur bequem erschließen, und zum anderen die Studien, die mir als besonders wichtig erscheinen. Dieses explizite Bekenntnis zur Subjektivität gilt gleichermaßen für die Auswahl der eingehender behandelten Dramen und auch für die Detailanalysen einzelner Dramen, in denen jeweils exemplarisch ein oder zwei zentrale Aspekte in das Zentrum der

Darstellung gerückt werden. Und für diese knappen Analysen ausgewählter zentraler Aspekte gilt das gleiche wie für alle übrigen, sehr viel ambitionierteren Studien: sie wollen immer wieder zur erneuten Lektüre der Werke Shakespeares und seiner Zeitgenossen einladen, indem sie sich der Überprüfung ihrer Ergebnisse im Diskurs stellen. Diese Einführung hätte ein wesentliches Ziel erreicht, wenn möglichst viele Leserinnen und Leser – über die Rezeption der hier zusammengestellten exemplarischen und repräsentativen Details hinaus – sich ermutigt sähen, sich intensiv mit den Werken Shakespeares und seiner Zeitgenossen auseinanderzusetzen.

Obwohl nach Umberto Ecos bekanntem Essay „Wie man ein Vorwort schreibt" (1987) Danksagungen zunehmend belastender werden, ist es mir mehr als eine angenehme Pflicht, all denjenigen, die zum Erscheinen dieses Buches beigetragen haben, sehr herzlich zu danken. Ein erstes Dankeschön gebührt meinen mittlerweile mehr als 300 Examenskandidatinnen und -kandidaten, die sich den als besonders schwierig eingeschätzten thematischen Schwerpunkt „Shakespeare und seine Zeit" gewählt haben; die vielen Diskussionen mit engagierten Studentinnen und Studenten waren – wiederum sehr subjektiv – wichtiger als die Lektüre auch noch der letzten – und natürlich ‚definitiven' – Interpretation von Shakespeares *King Lear*. Für die kritische Lektüre dieser Einführung und etliche Verbesserungsvorschläge fühle ich mich meinen studentischen und wissenschaftlichen Hilfskräften, Dr. Stefanie Hohn, Barbara Maerker, Silke Meyer, M. A., Julia Mittelstraß, Peter Nover, M. A., Susanne Rauter, Ruth Wucherpfennig und Dr. Britta Zangen, zu größtem Dank verpflichtet. *Last but not least* sind die beiden ‚begetter' zu erwähnen, ohne die das vorliegende Büchlein nicht geschrieben worden wäre: Ansgar Nünning, der die Reihe insgesamt so sorgfältig und kompetent konzipiert hat, und meine Frau Regina Baumann, der ich – wie immer – mehr verdanke, als sich in Worten ausdrücken lässt.

Uwe Baumann
im Oktober 1998

Renaissance und Theaterblüte in England

KAPITEL 1

1 Das elisabethanische Weltbild

Umbruchszeit

Die Zeit William Shakespeares ist eine Zeit des Umbruchs, des Paradigmenwechsels vom theozentrischen Weltbild des Mittelalters zum anthropozentrischen Weltbild der Neuzeit. Engagierte Diskussionen über die Erkenntnisfähigkeit des Menschen, divergierende Beurteilungen der Wirklichkeit und die Umakzentuierung zentraler Normen menschlichen Verhaltens sind deutliche Symptome dieses Umbruchs.[1]

Weltbild

Weitgehend unabhängig von diesen in der elisabethanischen Gesellschaft umstrittenen und kontrovers diskutierten Fragen und Normen vermitteln uns die Texte jener Zeit ein Ensemble von Vorstellungen und Meinungen, das ein auf Konsens gegründetes Modell liefert, die Beschaffenheit und Zusammenhänge der wahrnehmbaren Welt zu erklären: *„Dieses Weltbild dient als Rahmen, in den der Einzelne verschieden viele und verschieden differenzierte Detailkenntnisse und -meinungen einordnen kann"*.[2] Mit diesem modifizierten Verständnis des Begriffs ‚Weltbild' (*world picture*) erledigt sich im Grunde ein erheblicher Teil der Einwände gegen den Versuch TILLYARDS,[3] das elisabethanische Weltbild synthetisierend zu beschreiben, denn ein Weltbild als Summe dessen, *„was eine Epoche über die Welt weiß oder zu wissen glaubt"*,[4] wird man den Elisabethanern aufgrund der in fast allen Bereichen erkennbaren Meinungsunterschiede nicht zuschreiben können.

Universale Ordnung

Unter den Elisabethanern herrscht weitgehende Einigkeit darüber, das Weltganze als universale Ordnung zu verstehen, als *frame of order*. Die Einheit des Universums stammt aus Gott, und mit der Schöpfung haben alle Kreaturen, von den Mineralien bis hin zu den Erzengeln, ihren Platz in einer nach dem Prinzip des *degree* gestuften hierarchischen Ordnung erhalten, wie dies z. B. SIR THOMAS ELYOT in seinem Fürstenspiegel *The Governour* (1531) schon gleich zu Anfang ausführt:

Hath not He (sc. GOD) set degrees and estates in all His glorious works? First in His heavenly ministers, whom, as the Church affirmeth, He hath

---

1 Vgl. Weiß, *Drama der Shakespeare-Zeit*, S. 116–124.
2 Suerbaum, *Shakespeares Dramen*, S. 85.
3 Vgl. etwa Dollimore/Sinfield, *Political Shakespeare* und Evans, *Signifying Nothing*.
4 Suerbaum, *Shakespeares Dramen*, S. 85.

constituted to be in divers degrees called hierarchs. [...] Behold also the order that God hath put generally in all his creatures, beginning at the most inferior or base, and ascending upward. He made not only herbs to garnish the earth, but also trees of a more eminent stature than herbs, and yet in the one and the other be degrees of qualities: some pleasant to behold, some delicate or good in taste, other wholesome and medicinable, some commodious and necessary. Semblably in birds, beasts, and fishes, [...] so that in everything is order, and without order may be nothing stable or permanent; and it may not be called order, except it do contain in it degrees, high and base, according to the merit or estimation of the thing that is ordered.[5]

Hierar-chische Ordnung

Die hierarchische Gliederung der sublunaren, irdischen Welt[6] veranschaulicht ein Diagramm aus BOVILLUS' (DE BOUELLES) *Liber de Sapiente* (1509)[7]:

Treppe

Auf der untersten Stufe der als Treppe verstandenen Hierarchie ist das Reich der Mineralien (Fels), deren Grundeigenschaft die Existenz ist. Existenz und Leben sind die Eigenschaften der nächsthöheren Stufe, des *Vegetable Kingdom* (Baum). Das Pferd als Angehöriger des *Animal Kingdom* verfügt über Gefühl und Bewegung als zusätzliche Qualitäten, und der Mensch, auf der höchsten Stufe des irdischen Bereichs, unterscheidet sich gegenüber dem Pferd durch Verstand und Seele. Die rechte Seite der Treppe zeigt den gelehrten Humanisten als Krone der irdischen Hierarchie, der sich durch *virtus* (Tugend) auszeichnet; die rechte Seite der Treppe

verdeutlicht freilich auch, dass der einzelne Mensch durch die Laster *luxuria* (Genusssucht), *gula* (Völlerei) und *acedia* (Trägheit) auf die niedrigste Stufe der bloßen Existenz zurücksinken kann.

Metaphern als Veranschaulichung von Analogie und Korrespondenz

Die Treppe *(ladder)* gehört neben der Stufenleiter *(scale of degree)* und der Seinskette *(chain of being)* zu den bevorzugten Metaphern für die hierarchische Ordnung nach *degree*. Diese Leitmetaphern leisten zweierlei: sie weisen allen Wesen ohne Ausnahme ihren unverrückbaren Platz zu und sie verdeutlichen die Einordnung eines jeden Wesens durch Unter- und Überordnung.[8] Zugleich jedoch evozieren schon die Bilder von Treppe, Kette und Leiter die Vorstellung, dass ihre Glieder und Stufen sich an jeweils anderer Stelle wiederholen; mit anderen Worten, die Metaphern für die hierarchische Ordnung nach *degree* veranschaulichen die für die Elisabethaner zentrale Vorstellung von Analogie und Korrespondenz. Analogie und Korrespondenz *(proportion)* sichern den Zusammenhalt und das Zusammenwirken der – in Qualität und Stoff vielfältig differenzierten – Schöpfungsbereiche:

> *As we see that in the body of this universal frame, there is (as the Philosophers say) matter, forme, privation, simplicitie, mixture, substance, quantitie, action and passion, and that the whole world being compounded of unlike elements, of earth, water, aire and fire, is notwithstanding preserved by an Analogie and proportion, which they have togither: and as we see in a mans bodie, head, hands, feete, eies, nose, eares: in a house, the husband, wife, children, master, servants: in a politike bodie, Magistrates, Nobles, common people, artificers: and that everie bodie mingled with heate, colde, drie and moist, is preserved by the same reason of analogie and proportion which they have togither: So is it in every common-wealth well appointed and ordred [...]*[9]

Spiegel als Metapher

Der Spiegel *(mirror, glass)* als bildliche Vorstellung der Korrespondenz wird für die Elisabethaner zur beliebtesten Metapher;[10] die Korrespondenzen zwischen dem Makrokosmos und dem Mikrokosmos ‚Mensch' werden in unterschiedlichsten Variationen beschrieben und analysiert.

---

5 Sir Thomas Elyot: *The Book named The Governor.* Hrsg.: S. E. Lehmberg. London: Dent 1962 (= Everyman's Library), I,1 (S. 3–4).

6 Vgl. die Darstellungen der über der Sphäre des Mondes beginnenden intelligiblen, nicht mehr mit den Sinnen wahrnehmbaren Welt bei Suerbaum, *Elisabethanisches Zeitalter,* S. 479–492.

7 Abb. nach Hussey, *The World of Shakespeare,* S. 27.

8 Vgl. Tillyard, *Elizabethan World Picture,* S. 34–35.

9 Pierre de La Primaudaye: *The French Academy* (1586), zitiert nach Suerbaum, *Shakespeares Dramen,* S. 91.

10 Vgl. Grabes, *Speculum, Mirror und Looking-Glass.*

Position des Menschen	Der Mensch hat aufgrund seiner *ratio* die höchste Position innerhalb der Körperwesen inne und zugleich ist er durch seine Seele das unterste der Geistwesen; der Mensch „*verklammert [...] die beiden großen Bereiche des Kosmos, die sensible und die intelligible Welt*".[11] Als Ebenbild Gottes ist der Mensch die letzte und vollendetste aller geschaffenen Kreaturen, er ist Spiegel und Modell der gesamten Schöpfung: „*Man, thus compounded and formed by God, was an abstract or model, or brief story of the universal*".[12]
Lebenssäfte (humours)	Der Körper des Menschen besteht – wie alles in der sublunaren Sphäre – aus den vier Elementen: seine vier Lebenssäfte (*humours*) entsprechen den vier Elementen und enthalten die Grundeigenschaften der Materie, wie die folgende Tabelle verdeutlichen mag:

Element	Körpersaft	(*humour*)	Qualität
Erde	schwarze Galle	(*melancholy*)	kalt und trocken
Wasser	Schleim	(*phlegm*)	kalt und feucht
Luft	rotes Blut	(*sanguis*)	heiß und feucht
Feuer	rote/gelbe Galle	(*choler*)	heiß und trocken

Temperamente	Das Verhältnis der Säfte zueinander bestimmt die Konstitution des Einzelnen: das idealerweise ausgewogene Verhältnis war bereits durch die Erbsünde gestört und – aufgrund der Korrespondenzen zwischen Mikro- und Makrokosmos – dem Einfluss durch die Planeten, des Lebensalters, des Klimas, der geographischen Lage, der Jahreszeit und insbesondere der Nahrung unterworfen. Das Vorherrschen eines dieser Lebenssäfte führt zu vier Temperamenten, des Cholerikers, Sanguinikers, Phlegmatikers und Melancholikers. Diese lassen sich deutlich voneinander unterscheiden, wie ein Stich aus GUY MARCHANDS *Kalendar* (1493) verdeutlicht:[13]
Charakterstereotypen: Choleriker, Sanguiniker, Phlegmatiker und Melancholiker	Die beigegebenen Kurzcharakterisierungen veranschaulichen einprägsam Eigenschaften und Aussehen der vier für die Elisabethaner so wichtigen Charakterstereotypen (von links nach rechts):

CHOLERIC MAN hath nature of FIRE, hot and dry, naturally is lean and slender, covetous, ireful, hasty, brainless, foolish, malicious. He hath wine of the LION: he chideth, fighteth and commonly he loveth to be clad in black.

SANGUINE MAN hath nature of AIR, hot and moist. He is large, plenteous, attempered, amiable, abundant in nature, merry, singing, laughing, liking, ruddy and gracious. He hath his wine of the APE: more he drinketh the merrier he is and draweth to women, and naturally loveth high coloured cloth.

PHLEGMATIC MAN hath nature of WATER, cold and moist. He is heavy, slow, sleepy, ingenious, commonly he spitteth when he is moved, and

hath his wine of the SHEEP, for when he is drunken he accounteth him-
self wisest, and loveth most green colour.
MELANCHOLIC MAN hath nature of EARTH, cold and dry. He is heavy,
covetous, backbiter, malicious and slow. His wine is of the HOG, for when
he is drunken he desireth sleep. And he loveth black colour.[14]

Mensch als Gemein-schaftswesen

Der Mensch lebt – im Unterschied zu den meisten anderen Krea-turen – in einer Gemeinschaft; er wird damit geradezu zum *„Ord-nungswesen par excellence, denn die Gesellschaft weist ihm seinen degree in einer Reihe von Hierarchien zu: Er wird seinem sozialen Stand, seinem Berufsstand, seinem Familienstand und seinem Vermögens-stand nach eingeordnet"*.[15]

König

Wie der Mensch innerhalb der gesamten Schöpfung eine bevor-zugte Stellung genießt, so steht der König, der Stellvertreter Gottes, unangefochten an der Spitze aller irdischen Hierarchien. In der berühmten *body politic*-Metapher,[16] die den menschlichen Körper zum Abbild des gesamten Staatswesens macht, ist der König das Haupt.

---

11 Suerbaum, *Shakespeares Dramen*, S. 92.
12 Sir Walter Ralegh: *The History of the World*, zitiert nach Suerbaum, *Shakespeares Dramen*, S. 93.
13 Abb. nach Hussey, *The World of Shakespeare*, S. 25.
14 Hussey, *The World of Shakespeare*, S. 25.
15 Suerbaum, *Shakespeares Dramen*, S. 94.
16 Vgl. Barkan, *Nature's Work of Art*.

Folgen des Sündenfalls	Die ursprünglich perfekte Stabilität des Ordnungsgefüges war durch den Sündenfall des Menschen erschüttert. Mit dem Menschen waren Unsicherheit und Unbeständigkeit *(mutability)* zur permanenten Gefahr geworden; vielleicht war damit der Prozess des Verfalls nicht nur eingeleitet, sondern bereits irreversibel geworden. Symptome des Verfalls waren sowohl im Makrokosmos als auch im Mikrokosmos erkennbar, wie der Dichter JOHN DONNE unmissverständlich feststellt:

'Tis all in pieces, all coherence gone;
All just supply, and all relation:
Prince, subject, father, son, are things forgot,
For every man alone thinks he hath got
To be a phoenix, and that there can be
None of that kind, of which he is, but he.[17]

Weltbild als Anspielungshorizont	Die auf den Menschen konzentrierte knappe Synthese des elisabethanischen Weltbildes ist zum einen „*als Anspielungshorizont,* [...] *als Komplex vorausgesetzter Informationen*",[18] Vorstellungen und Metaphern für das Verständnis der Dramen Shakespeares und seiner Zeitgenossen unverzichtbar.
Weltbild als Norm und Gegenbild	Zum anderen bilanzieren die Dramen Shakespeares und seiner Zeitgenossen im öffentlichem Diskurs immer wieder die ideologische Reichweite solcher *degree*-Vorstellungen, indem sie sie primär als „*Norm und als Gegenbild*"[19] im Bewusstsein des Publikums präsent halten.

2 Das elisabethanische Theater

Öffentliche Theater	Die Zahl der Theater, die Menge der Zuschauer und die Regelmäßigkeit der Aufführungen faszinierten die ausländischen Besucher Londons immer wieder. Das Zentrum des vielgestaltigen Theaterwesens des insgesamt so theatralischen elisabethanischen Zeitalters bildeten die öffentlichen Theater, wo vom Handwerkerlehrling bis hin zum Höfling jedermann willkommen war.
Zeitgenössische Einschätzung des Theaters	Im Rückblick erscheint das Londoner Theaterleben der Jahre 1580 bis 1642 als der Höhepunkt elisabethanisch-jakobäischer Kultur, und doch war das Theater zu seiner Zeit keineswegs unumstritten. Es war ein durch und durch privatwirtschaftlich organisiertes kommerzielles Unterhaltungstheater, von den städtischen Behörden eher widerwillig geduldet denn als Kultur- und Bildungsinstitution akzeptiert. Befürchteten die städtischen Behörden, das nach Tausenden zählende Publikum nicht hinreichend überwachen zu können, so war für die Geistlichkeit, zumal die Puritaner, das Theater der Sündenpfuhl der Stadt: Zum einen war für sie jede

Form des Theaterspielens sittenwidrig, weil „*hier Menschen in Verkleidung und Verstellung – dem Habitus des Bösen – auftreten und Rollen spielen – Männer die von Frauen und Gemeine die von Königen –, die ihnen nach der gottgewollten Ordnung nicht zukommen*".[20] Zum anderen präsentierten die Theater Fiktionen, Lügengeschichten; sie konzentrierten sich auf die Darstellung von Mord, Rebellion, Betrug und unerlaubter Liebe und reizten damit zur Nachahmung; damit stellten sie insbesondere eine Gefahr für die Jugend dar. Diese puritanischen Einwände gegen das Theater teilten viele gutsituierte Bürger der Stadt; eine Institution, die sich „*nicht in die Hierarchie der Autoritäten und Kontrollen*"[21] einbinden ließ, wurde als Bedrohung der zivilen Ordnung empfunden, die heterogene Zusammensetzung des Publikums galt als Anomalie innerhalb des ansonsten so klar differenzierten gesellschaftlichen Lebens.

Theater außerhalb der Stadtgrenzen

Die geographische Lage der Londoner Theater spiegelt diese zwiespältige Situation. Die Theater liegen allesamt außerhalb der Stadtgrenzen, unterstehen also nicht der Jurisdiktion der städtischen Behörden. Die privaten Theater etablieren sich ebenfalls dort, wo sie der städtischen Jurisdiktion nicht unterworfen sind, auf dem ehemaligem Kirchenbesitz des Whitefriars und des Blackfriars Konvents. Die Karte auf der nächsten Seite zeigt – mit Ausnahme des weiter süd-westlich gelegenen Cockpits in der Drury Lane (ab 1616) – die wichtigsten Londoner Theater:[22]

Theaterpublikum

Jedes öffentliche Theater bot etwa 2.000 bis 3.000 Zuschauerinnen und Zuschauern Platz. In Anbetracht der Vielzahl der Spielstätten und der jeweiligen Zuschauermengen waren die Sorgen der Ordnungsbehörden sicherlich nicht ganz unberechtigt. Zudem waren die Theater im Norden und Süden der Stadt jeweils Teile ganzer Amüsierviertel, wohin sie ihr Publikum am hellichten Tag, während der normalen Arbeitszeit, lockten; davon profitierten dann auch die in unmittelbarer Nachbarschaft befindlichen Tavernen, Schänken und Bordelle.[23] Das Publikum der öffentlichen Theater rekrutierte sich aus allen gesellschaftlichen Schichten. Den „*größten Anteil stellten Unterschicht und niederes Bürgertum [...] [a]uch die gesellschaftliche Oberschicht – von der* gentry

17 *John Donne's Poetry.* Hrsg.: A. L. Clements. New York; London: Norton 1992, „Anatomy" 213–218 (S. 102).
18 Suerbaum, *Shakespeares Dramen*, S. 95.
19 Suerbaum, *Shakespeares Dramen*, S. 106.
20 Suerbaum, *Das Elisabethanische Zeitalter*, S. 432.
21 Suerbaum, *Das Elisabethanische Zeitalter*, S. 433.
22 Abb. nach Hussey, *The World of Shakespeare*, S. 42–43.
23 Vgl. grundlegend Gurr, *Playgoing in Shakespeare's London* und Gurr, *The Shakespearean Stage*.

und den Mitgliedern der professions *(z. B. Juristen, Mediziner) an aufwärts – war relativ stark vertreten"*.[24] Auffällig war auch der hohe Anteil der jüngeren Generation, quer durch alle gesellschaftlichen Schichten. Im Prinzip standen die privaten Theater ebenfalls allen gesellschaftlichen Gruppen offen, jedoch schloss hier der hohe Eintrittspreis von mindestens *Six-pence* das weniger begüterte Publikum aus.

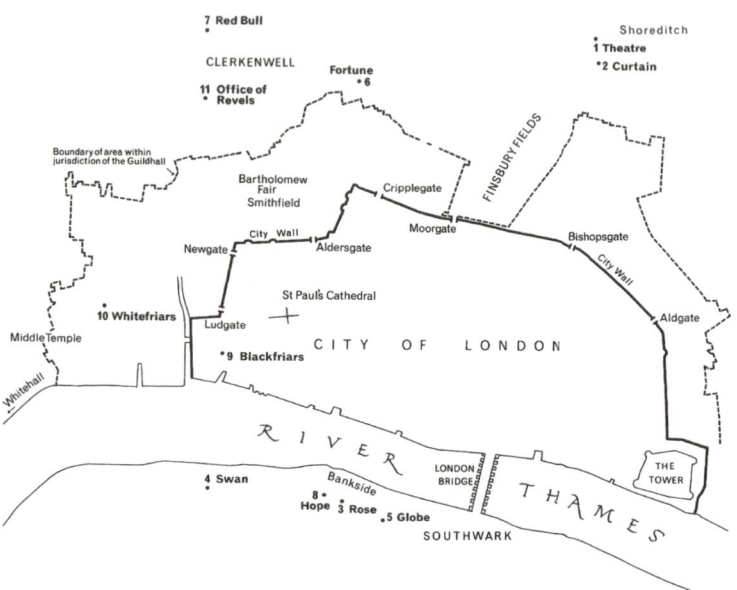

1. The Theatre (1576–1597) – 2. The Curtain (ab 1576) – 3. The Rose (ab ca. 1587) – 4. The Swan (1595–1630/40) – 5. The Globe (1598–1613 [abgebrannt], wieder aufgebaut 1614; 1644 zerstört) – 6. The Fortune (1600–1621 [abgebrannt], wieder aufgebaut 1623) – 7. The Red Bull (1606–1663, in der späteren Zeit nur sporadisch benutzt) – 8. The Hope (ab 1614 für Dramen genutzt, 1656 zerstört) – 9. Blackfriars (als privates Theater genutzt 1576–1584 und 1609–1642) – 10. Whitefriars (als privates Theater genutzt in den 1590er Jahren) – 11. Office of Revels (Sitz des Zensors)

Elisabethanische Bühne Über das Innere der elisabethanischen Theater wissen wir – wie über andere Aspekte der Alltagswirklichkeit auch – recht wenig. Die folgende Rekonstruktionszeichnung berücksichtigt sowohl die wenigen erhaltenen zeitgenössischen Darstellungen als auch die seit 1989 in London durchgeführten Ausgrabungen und vermittelt eine anschauliche Vorstellung[25]:

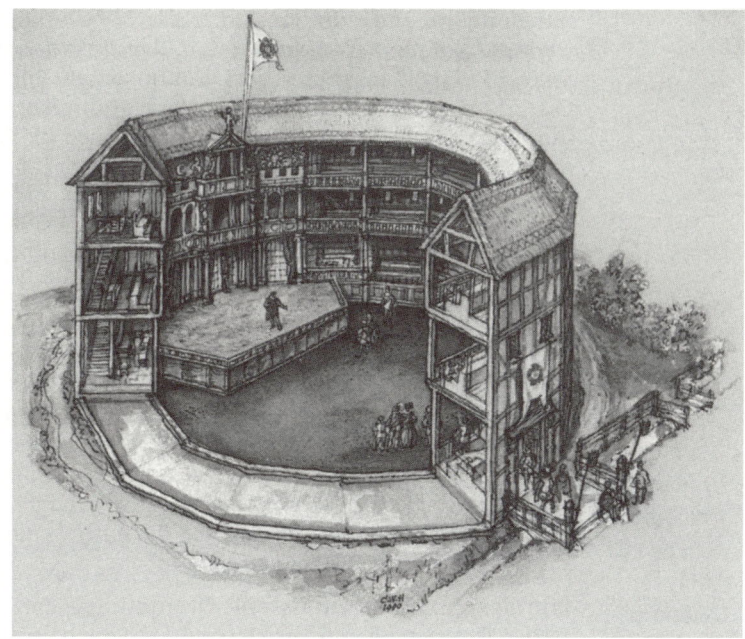

Szene als selbständige Einheit

Die nach drei Seiten offene Bühne wie auch das dichtgedrängt stehende und sitzende Publikum hatten tiefgreifende Konsequenzen für die Dramaturgie, die Struktur der dramatischen Texte. Als wichtigste Konsequenz ergibt sich die Konzeption der einzelnen Szene als selbständige Einheit, da bei einer vorhanglosen und nicht abdunkelbaren Bühne die leere Bühne die einzige Möglichkeit bietet, *„einen Übergang zu einem anderen Ort und eine Unterbrechung des Zeitkontinuums zu symbolisieren"*.[26]

Wortkulisse

Eine weitere Konsequenz der Bühnenverhältnisse ist der Verzicht auf Kulissen, da diese einem Teil des Publikums die Sicht nehmen würden: Wo und wann eine Szene spielt, muss sprachlich vermittelt werden (Wortkulisse).

Beispiel

Die erste Szene in *Julius Caesar*[27] liefert ein anschauliches Beispiel für den geschickten Aufbau einer solchen – detailreichen – Wortkulisse. Zwei Autoritätspersonen, erst später wird klar, dass es die Tri-

---

24 Suerbaum, *Shakespeares Dramen,* S. 35.
25 Abb. nach William Shakespeare: *Titus Antronicus.* Hrsg.: J. Bate. London; New York: Routledge 1995 (= The Arden Shakespeare. Third Series), S. 5.
26 Suerbaum, *Das Elisabethanische Zeitalter,* S. 422.
27 Der Einfachheit halber werden die Werke William Shakespeares im Folgenden zitiert nach der Ausgabe: *The Norton Shakespeare. Based on the Oxford Edition.* Hrsg.: S. Greenblatt; W. Cohen; J. E. Howard; K. E. Maus. New York; London: W. W. Norton & Company 1997.

bunen Flavius und Marullus sind, treffen auf eine Gruppe von Handwerkern. Auf mehrere Sprecher und über den Dialog der gesamten Szene I,1 verteilt, informiert der Dramatiker sein Publikum über den Ort und die Zeit des Geschehens: die Handwerker wollen den Triumph Caesars sehen (I,1,29–30), sie und auch die Autoritätspersonen sind Römer (I,1,35). Ort der Handlung sind die Straßen Roms (I,1,31–41), das Kapitol und der Tiber werden zur Verdeutlichung mehrfach genannt (I,1,44; 57; 62), und auch die Zeit wird noch präziser bestimmt: *„You know it is the Feast of Lupercal"* (I,1,66).

Moderne Wertung

Mag der durch die Bühnenverhältnisse im öffentlichen Theater erzwungene Verzicht auf Kulissen manchmal als Mangel empfunden worden sein, so ermöglichte er andererseits eine immense Flexibilität.[28] Die elisabethanisch-jakobäische Bühne räumte *„einem talentierten und ehrgeizigen Dramatiker, der ihre Gegebenheiten berücksichtigte und der bereit war, sein eigener Bühnenbildner, Techniker und Regisseur zu sein, größere Freiheiten [ein] [...] als eine kompliziertere und anspruchsvollere Bühne"*; zugleich förderte sie *„durch ihre Unzulänglichkeit indirekt die Anreicherung des Textes bis zur Grenze des sprachlich Möglichen"*.[29]

Tradition des antiken Dramas

Wie die Bühnenverhältnisse die Dramaturgie, die Struktur der einzelnen Dramen beeinflussten, so wirkten auch die vielfältigen dramatischen Traditionen in die Dramen Shakespeares und seiner Zeitgenossen hinein. Aus der Antike übernahmen die Dramatiker die Differenzierung von Komödie und Tragödie. Allerdings setzten sie sich mit Mischformen (z. B. Tragikomödie) sogleich über fast alle der sechs traditionellen Unterscheidungskriterien (Historizität, moralische Qualität, sozialer Stand und Redestil der Figuren, Stoff und Dramenausgang[30]) hinweg.

Plautus und Terenz

Dennoch verdankt die englische Komödie der Tudor- und Stuartzeit PLAUTUS (ca. 254–184 v. Chr.) und TERENZ (ca. 195–159 v. Chr.), entscheidende Impulse: die logisch entwickelte Handlung, die Einteilung in Akte und Szenen und eine ganze Reihe von stereotypen Bühnenfiguren (z. B. den *miles gloriosus*) und Bühnenkonventionen (z. B. Prolog- und Epilogsprecher).[31]

Seneca

In gleicher Weise sind die Tragödien SENECAS (ca. 4 v. Chr.–65 n. Chr.) Geburtshelfer der elisabethanischen Tragödie, wie die Übernahme senecaischer Motive (z. B. der zur Rache mahnende Geist oder das kannibalistische Horrorbankett) und technischer Mittel (z. B. Botenbericht) verdeutlichen.[32]

Tradition des mittelalterlichen Dramas

Markiert die antike, im wesentlichen die lateinische, Tradition die eine Wurzel des elisabethanisch-jakobäischen Dramas, so wichtig ist die heimische mittelalterliche Tradition der *mystery* und *morality plays* als zweite Wurzel. Die abwechslungsreiche, weitge-

hend handlungsbetonte Konzeption der *mystery plays*, mit ihrer Verknüpfung von biblischen Stoffen und derben Raufszenen, von Heilsgeschichte und Schwank, vermittelte strukturell wichtige Impulse. Die *morality plays* prägten sowohl mit der Dramatisierung des ethischen Entscheidungskonflikts eines Individuums (vgl. z. B. in MARLOWES *Dr. Faustus*) als auch mit der Vice-Figur (vgl. dazu unten S. 70 f) das Drama Shakespeares und seiner Zeitgenossen.

---

28 Vgl. Suerbaum, *Das Elisabethanische Zeitalter*, S. 423: „*Man kann Szenen unlokalisiert lassen – sie spielen dann irgendwo draußen zu irgendeiner Zeit bei Tage –, man kann ganz knapp lokalisieren oder die Orts- und Zeitbeschreibung breit ausführen und ins Symbolische und Metaphorische ausweiten.*"
29 Suerbaum, *Das Elisabethanische Zeitalter*, S. 424–425.
30 Vgl. Asmuth, *Einführung in die Dramenanalyse*, S. 24–36.
31 Vgl. Weiß, *Shakespeare-Handbuch*, S. 53–56.
32 Vgl. grundlegend Braden, *Renaissance Tragedy* und Miola, *Shakespeare and Classical Tragedy*.

2

William Shakespeare:
Bürger, Schauspieler und Dramatiker

1 William Shakespeare: Eine Kurzbiographie

Bürgerleben

Die Biographie William Shakespeares (1564–1616) gilt als die am besten dokumentierte Bürgerbiographie der Tudor- und Stuartzeit.[1] Dennoch bieten die erhaltenen Akten und sonstigen Quellen nicht die Informationen, die man vor allem seit der Romantik von einem Künstler dieses Ranges erwartete.[2] Shakespeare hatte – so bedauerlich dies auch sein mag – keinen ECKERMANN; Wäscherechnungen, private Briefe oder Tagebuchnotizen sind – wenn es sie denn jemals gegeben hat – nicht erhalten. Der bürgerliche Lebenslauf William Shakespeares ist dagegen sehr gut dokumentiert.[3]

Stratford

Am 26. April 1564 wurde William Shakespeare – nach der Eintragung im Kirchbuch – in der Pfarrkirche zu Stratford getauft. Das genaue Geburtsdatum ist unbekannt; die traditionelle Festsetzung auf den 23. April, das Fest des Heiligen Georg, ist zwar bereits Teil der Shakespeare-Legende, mag aber durchaus zutreffen. Vater Williams war JOHN SHAKESPEARE, ursprünglich Weißgerber und Täschner, der MARY ARDEN, eine Tochter aus alter *gentry*-Familie geheiratet und damit den Grundstein für seinen sozialen Aufstieg gelegt hatte. John Shakespeare wurde zum angesehenen Bürger seiner Kleinstadt, der er lange Zeit als Ratsherr und 1568/69 als *bailiff* und Friedensrichter diente; Immobilienkäufe dokumentieren den zunehmenden Wohlstand der Familie. JOHN und MARY SHAKESPEARE hatten acht Kinder, von denen fünf die Kindheit überlebten; von diesen war William der älteste Sohn und das älteste der überlebenden Kinder, *„statistisch fast eine Durchschnittsfamilie“*.[4] In Stratford besuchte William die von überdurchschnittlich gut bezahlten Lehrern geleitete *grammar school*; wann er diese verließ, wissen wir nicht. Aktenkundig wurde er erst wieder am 27. November 1582. Die Ausgabe einer Lizenz für die Heirat Williams mit ANNE HATHAWAY wurde beurkundet; einen Tag später folgte gegen eine Bürgschaft von £ 40 die Dispens, ohne das ansonsten vorgeschriebene dreimalige Aufgebot zu heiraten. Dieses umständliche Verfahren war notwendig, weil die Ehe mit der acht Jahre älteren ANNE HATHAWAY noch vor der Weihnachtszeit (vor dem 1. Advent) geschlossen werden sollte, denn ANNE war schwanger. Dies wiederum dokumentiert der Taufeintrag im Kirchbuch von Stratford vom 26. Mai 1583: SUSANNA, Tochter William Shakespeares. Am 2. Februar 1585 wurden die Zwillinge

HAMNET und JUDITH getauft; HAMNET starb mit elf Jahren, beide Töchter überlebten die Kindheit. Über das Eheleben der Familie Shakespeare, das Verhältnis der Eltern untereinander oder zu den Kindern, sind – wie für fast alle anderen bürgerlichen Familie dieser Zeit auch – keinerlei Unterlagen erhalten. Zwischen 1585 und 1592 haben wir keinerlei Informationen über William („*the lost years*"), was Anlass zu vielfältigen Spekulationen bot.[5]

London

Sicher hingegen ist, dass William Shakespeare 1592 in London ist und sich offensichtlich bereits als Schauspieler und Dramatiker einer gewissen Bekanntheit erfreute. Wann er nach London gekommen ist, wie er seine Karriere begann, all dieses wissen wir nicht. 1593 und 1594 veröffentlichte Shakespeare seine beiden Versepen, *Venus and Adonis* (1593) und *The Rape of Lucrece* (1594), die einzigen seiner Werke, die er zweifelsfrei selbst in den Druck gab. Bereits Ende 1594 gehörte er – wie ein Rechnungsbeleg zeigt – zu den führenden Mitgliedern der *Lord Chamberlain's Men*, der Teil an deren wirtschaftlichen Erfolgen hat: Seit 1596 legte Shakespeare kontinuierlich Geld an. 1599, nach dem Bau des Globe-Theatre, wurde Shakespeare Teilhaber (*sharer*) mit einem Anteil von einem Zehntel. 1608, bei der Pacht eines zweiten Theaters, des Blackfriars, ist Shakespeare erneut als Teilhaber bezeugt; diesesmal mit einem Siebtel.

Sozialer Aufstieg

Der wirtschaftliche Erfolg ging offensichtlich einher mit dem sozialen Aufstieg: Am 20. Oktober 1596 verlieh das *College of Arms* JOHN SHAKESPEARE, *Gentleman*, und seinen Kindern und Kindeskindern das Recht, ein Wappen zu führen. Fortan führte William Shakespeare die Standesbezeichnung *gentleman*.

Gentleman

Das Selbstverständnis William Shakespeares verdeutlicht die Tatsache, dass er sich – während er in Londons Theaterwelt als Schauspieler, Dramatiker und Teilhaber Geld und Ruhm erwarb – durchgängig als „*William Shakespeare of Stratford upon Avon, in the country of Warwick, gentleman*" bezeichnete. In Stratford und seiner näheren Umgebung legte er sein Geld in Immobilien, Wald-, Weideund sonstigen Nutzungsrechten an, während er in London – außer den finanziellen Einlagen für sein eigenes Theater – nur eben so viel investierte, um sich den an Haus- und Grundbesitz gekoppelten Status eines Vollbürgers zu erhalten. Die in manchen älteren Shakespeare-Biographien kolportierte Vorstellung, Shakespeare

---

1 Vgl. Boltz, *Shakespeare-Handbuch*, S. 132–179; Suerbaum, *Shakespeares Dramen*, S. 242–251.
2 Vgl. Schoenbaum, *Shakespeare's Lives*, bes. 99 ff.
3 Vgl. Schoenbaum, *A Compact Documentary Life*.
4 Suerbaum, *Das elisabethanische Zeitalter*, S. 349.
5 Vgl. die grundlegenden Untersuchungen von Schoenbaum, *Shakespeare's Lives*, bes. 41–96.

hätte sich 1611, 1612 oder 1613 vom Londoner Theaterleben zurückgezogen, ist – wie so vieles – Teil der Legendenbildung:

Die Vorstellung von Stratford als Ruhesitz nach getanem Werk wider-spricht nicht nur der Vorstellung eines gentleman von Daheimsein und Auswärtssein, von Geschäft und Muße, sondern sie steht auch nicht in Einklang mit der dokumentarischen Evidenz. Es gibt aus den späten Jahren, von der allerletzten Zeit abgesehen, genauso viele Zeugnisse, die Aufenthalt und Tätigkeit in London bekunden, wie aus den Jahren vorher.[6]

Testament

Vom 25. März 1616 datiert Shakespeares Testament; es besteht aus drei eng beschriebenen und jeweils vom Erblasser unterschriebe-nen Seiten. Dieses Testament, das umfangreichste persönliche Dokument Shakespeares, ist das Testament eines wohlhabenden Bürgers, der sich bemühte, den Familienbesitz weitgehend ge-schlossen an seine älteste Tochter Susanna weiterzugeben und jedem, der ihm verbunden war, eine Erinnerungsgabe zu hinter-lassen. Da die Theateranteile im Testament nicht eigens aufge-führt sind, wird man vermuten dürfen, dass er diese schon früher, vielleicht nach dem Brand des Globe-Theatre am 29. Juni 1613, verkauft hatte.

Tod und Beisetzung

Einen Monat nach der Unterzeichnung seines letzten Willens, am 23. April 1616, starb William Shakespeare; am 26. April wurde er im Chorraum der Holy Trinity Church in Stratford – wie es seinem Stand als *gentleman* entsprach – begraben.

2 Die Texttradition

First Folio

Im Jahre 1623, sieben Jahre nach Shakespeares Tod, erschien in London die berühmte – von Shakespeares Freunden und Schau-spielerkollegen John Heminges und Henry Condell herausgege-bene – *First Folio*:[7] *Mr. William Shakespeares Comedies, Histories, & Tragedies*. In ihrer Vorrede geizten die Herausgeber nicht mit Kri-tik an zuvor erschienenen Drucken (*„stolne, and surreptitious copies, maimed, and deformed by the frauds and stealthes of iniurious impos-tors"*) und beanspruchten für ihre Ausgabe, die Texte nach des Autors handschriftlichen *„True Originall Copies"* zu bieten. Acht-zehn der Dramen, die in die *First Folio* aufgenommen wurden, waren zuvor schon als relativ preiswerte Einzeldrucke, zum Teil sogar mehrfach, im *Quarto*-Format[8] erschienen. Diese achtzehn bereits gedruckten Dramen ergänzten die Herausgeber um weitere achtzehn bis 1623 ungedruckte: *All's Well That Ends Well, Antony and Cleopatra, As You Like It, The Comedy of Errors, Coriolanus, Cym-beline, Henry VIII, Julius Caesar, King John, Macbeth, Measure for*

Measure, The Taming of the Shrew, The Tempest, Timon of Athens, Twelfth Night, The Two Gentlemen of Verona, The Winter's Tale und *1 Henry VI.*[9]

Das Dramatische Werk Shakespeares

Diese sechsunddreißig in die *First Folio* aufgenommenen – und wie viele Untersuchungen gezeigt haben, sorgfältig edierten und gedruckten – Dramen konstituieren mit *Pericles* und *The Two Noble Kinsmen* das in der Forschung allgemein akzeptierte dramatische Werke Shakespeares; darüber hinaus scheint die Beteiligung Shakespeares an der Gemeinschaftsproduktion *The Book of Sir Thomas More* gesichert. Die von den Herausgebern der *First Folio* vorgeblich benutzten Manuskripte Shakespeares scheinen ausnahmslos verloren zu sein.

Manuskripte

Die Dramen Shakespeares waren Spieltexte für das Theater und dies bedeutet, dass sie den jeweiligen Verhältnissen angepasst, modifiziert und beständig überarbeitet wurden, wahrscheinlich teils mit, teils ohne Beteiligung des Dramatikers. Der Verwendung eines Dramentextes als Spielvorlage voraus gehen – so der Konsens der Forschung – zumeist zwei, wenn nicht drei Manuskriptfassungen: Die Entwurfsfassung, unter Umständen mit einer Vielzahl von Autoren-Korrekturen („*rough copy*" oder „*foul papers*"), eine Reinschrift, häufig angefertigt von einem professionellen Schreiber („*fair copy*"), und das *prompt-book* im Theater, der allgemeine Arbeitstext, der mit der *fair copy* identisch sein konnte. In der Vorbereitung der Aufführung wurden darüber hinaus Teil-Manuskripte mit den einzelnen Rollentexten (und Auftrittsstichworten) angefertigt. Aus dieser frühen Phase der Manuskriptüberlieferung ist für kein Drama Shakespeares etwas erhalten; eine Ausnahme bildet die wahrscheinlich autographe Passage (Hand D) in der Gemeinschaftsproduktion *The Book of Sir Thomas More*.

Quarto-Ausgaben

Die frühesten erhaltenen Versionen sind gedruckte Ausgaben, bei achtzehn der insgesamt 38 Dramen sind dies *Quarto*-Ausgaben, die noch zu Lebzeiten Shakespeares oder kurz nach seinem Tod erschienen sind. Traditionell unterscheidet man bei diesen Quartos *good quartos* und *bad quartos*, wobei bei den *good quartos* die relative Nähe zum *First Folio*-Text einen Druck nach einem zuverlässigen Manuskript (zumeist *fair copy* oder *prompt book*) nahelegt.

---

6 Suerbaum, *Das elisabethanische Zeitalter*, S. 368.

7 Das Format erklärt die Bezeichnung: Ein Druckbogen wurde einmal gefalzt, wodurch 2 Doppelseiten entstehen, von denen jeweils Vorder- und Rückseite bedruckt wurden (= 4 Seiten).

8 Hierfür wurde ein Druckbogen zweimal gefalzt, wodurch 4 Doppelseiten entstehen, von denen jeweils Vorder- und Rückseite bedruckt wurden (= 8 Seiten).

9 Vgl. insgesamt die Übersichtsmatrix unten S. 22 ff.

Bad quartos gehen vermutlich auf unzuverlässige Manuskripte zurück, bei denen der Text von einem oder mehreren Schauspielern aus dem Gedächtnis rekonstruiert oder durch Mitschreiben im Theater hergestellt wurde. Andererseits könnten, worauf insbesondere die neuere Forschung verweist, einige der traditionell als *bad quartos* eingeschätzten Texte durchaus auf gekürzte Spielversionen zurückgehen.[10] In der Forschung heftig umstritten waren und sind insbesondere der Status der *Quarto*-Fassungen von *Richard III* (1597), *King Lear* (1608) und *Othello* (1622), die darum auch gerne als *„doubtful quartos"* bezeichnet werden. Darüber hinaus ist auch nicht auszuschließen, dass Shakespeare selbst seine Dramen immer wieder überarbeitet hat: Von insgesamt sechs Dramen (*Hamlet, Othello, 2 Henry IV, King Lear, Richard II* und *Troilus and Cressida*) scheint es jeweils zwei einigermaßen zuverlässige Textfassungen zu geben. Die von STANLEY WELLS und GARY TAYLOR herausgegebene Gesamtausgabe *The Oxford Shakespeare*[11] druckte daher zwei Fassungen von *King Lear*, die *Quarto*- und die *Folio*-Version;[12] die hier durchgängig zitierte Gesamtausgabe *The Norton Shakespeare* fügte noch eine dritte, aus *Quarto* und *Folio* synthetisierte Fassung hinzu.

Übersicht Angesichts der vielen strittigen Detailfragen ist die im folgenden zusammengestellte Gesamtübersicht der textlichen Überlieferung der Shakespearedramen stark vereinfacht;[13] darüber hinaus sind bisher weder die relative Chronologie (besonders zu Anfang und gegen Ende der dramatischen Karriere) noch die Entstehungszeiten einzelner Dramen absolut gesichert.[14] Als Abkürzungen werden durchgängig benutzt: Q für *good quarto*, bQ für *bad quarto*, dQ für *doubtful quarto* und F für *First Folio*.

Titel	Textliche Überlieferung	Entstehungszeit
Titus Andronicus	Q1–Q3, 1594–1611/F	(1589–1594?)
The Taming of the Shrew	F	(1589–1594?)
1 Henry VI	F	(1591–1592)
2 Henry VI	bQ1–bQ3, 1594–1619/F	(1590–1592)
3 Henry VI	bQ1–bQ3, 1595–1619/F	(1590–1592)
Richard III	dQ1–dQ6, 1597–1622/F	(1592–1593)
The Comedy of Errors	F	(1590–1594)
The Two Gentleman of Verona	F	(1590–1598)
Love's Labour's Lost	Q 1598/F	(1593–1595)
Romeo and Juliet	bQ1, 1597; Q2–Q4, 1599–1622/F	(1591–1597)

Titel	Textliche Überlieferung	Entstehungszeit
A Midsummer Night's Dream	Q, 1600; 1619/F	(1594–1598)
King John	F	(1591–1598)
Richard II	Q1–Q5, 1597–1615/F	(1594–1595)
The Merchant of Venice	Q, 1600; 1619/F	(1594–1597)
1 Henry IV	Q0 (Fragment) Q1–Q6, 1598–1622/F	(1596–1597)
2 Henry IV	Q, 1600/F	(1597–1598)
The Merry Wives of Windsor	bQ, 1602/F	(1597–1602)
Henry V	bQ1–bQ3, 1600–1619/F	(1599)
Julius Caesar	F	(1599)
Much Ado About Nothing	Q 1600/F	(1598–1600)
As You Like It	F	(1598–1600)
Twelfth Night	F	(1600–1602)
Hamlet	bQ1, 1603; Q2, 1604–1605; Q3, 1611; Q4 o.J./F	(1599–1601)
Troilus and Cressida	Q, 1609/F	(1601–1603)
All's Well That Ends Well	F	(1601–1604)
Measure for Measure	F	(1603–1604)
Othello	dQ, 1622/F	(1603–1604)
King Lear	dQ, 1608; 1619/F	(1605–1606)
Macbeth	F	(1606–1611)

10 Vgl. Greenblatt, „General Introduction", S. 70–71.

11 *The Oxford Shakespeare.* Hrsg.: Stanley Wells; Gary Taylor. Oxford: Oxford UP 1986.

12 Vgl. Greenblatt, „General Introduction", S. 73: „[...] *the editors glanced longingly at the impractical but alluring possibility of including two texts of* Hamlet, Othello, *and* Troilus".

13 Folgende Details sind dennoch wichtig: 1. Die Frage, ob die *Quarto*-Versionen von *The Taming of a Shrew* als *bad quartos* von *The Taming of the Shrew* aufzufassen sind, scheint noch nicht gelöst. 2. Q1–Q3 von *Titus Andronicus* enthalten die für die dramatische Konzeption wichtige Szene III,2 nicht. 3. Q1–Q3 von *Richard II* enthalten – vermutlich aufgrund des Einspruchs der Zensurbehörde – die Absetzungsszene in IV,1 nicht, während Q4 und Q5 diese in einer textlich zweifelhaften Fassung bieten.

14 Die Gesamtübersicht fasst im Wesentlichen die Einzelinformationen von Gabler, *Shakespeare-Handbuch*, S. 209–251 zusammen und orientiert sich in der relativen Chronologie und den Entstehungszeiten der Dramen an der dortigen Synopse S. 250–251; vgl. die insbesondere in der relativen Chronologie geringfügig abweichende Synopse bei Suerbaum, *Shakespeares Dramen*, S. 325–327.

Titel	Textliche Überlieferung	Entstehungszeit
Antony and Cleopatra	F	(1606–1608)
Timon of Athens	F	(1605–1608)
Coriolanus	F	(1605–1610)
Pericles	bQ1–bQ6, 1609–1635/ nicht in F; F3, 1664	(1606–1608)
Cymbeline	F	(1608–1611)
The Winter's Tale	F	(1610–1611)
The Tempest	F	(1609–1611)
Henry VIII	F	(1612–1613)
The Two Noble Kinsmen	nicht in F/Q, 1634	(1613–1614)

Moderne Ausgaben

Dem modernen Lese- und Theaterpublikum[15] sind die Dramen Shakespeares in einer Vielzahl von unterschiedlichen Editionen zugänglich. Grob kann man Gesamtausgaben und Einzelausgaben unterscheiden; Zwischenformen sind recht selten. Für die schnelle Lektüre oder das Nachschlagen einer bestimmten Szene bietet sich eine Gesamtausgabe an, für die intensive Beschäftigung mit einem einzelnen Drama in aller Regel eine kompetent eingeleitete und kommentierte Einzelausgabe. Für diese in der langjährigen Unterrichtspraxis bewährte Kombination sind die folgenden Gesamt- und Einzelausgaben besonders gut geeignet:[16]

Gesamtausgaben

The Oxford Shakespeare. Hrsg.: Stanley Wells; Gary Taylor. Oxford: Oxford UP 1986.
The Norton Shakespeare. Based on the Oxford Shakespeare. Hrsg.: Stephen Greenblatt; Walter Cohen; Jean E. Howard; Katharine Eisaman Maus. New York; London: W W Norton & Company 1997.

Einzelausgaben

The New Shakespeare [New Cambridge Shakespeare]. Hrsg.: J. Dover Wilson. Cambridge: Cambridge UP 1921–1966.
The (New) Arden Shakespeare. Hrsg.: Una Ellis-Fermor; Harold F. Brooks; Harold Jenkins. London 1951–1982 [seit 1995 erscheint eine neue Arden-Ausgabe]
The New Cambridge Shakespeare. Hrsg.: Philip Brockbank. Cambridge: Cambridge UP 1984 ff
The New Oxford Shakespeare. Hrsg. Stanley Wells. Oxford: Oxford UP 1982 ff
Englisch-deutsche Studienausgabe der Dramen Shakespeares. Hrsg.: Andreas Fischer; Werner Habicht; Ernst Leisi; Ulrich Suerbaum. Tübingen: Francke 1976 ff

3 Die Verfasserschaftsfrage

Zweifel an
der Ver-
fasserschaft

Die fast religiöse Verehrung, die dem Werk Shakespeares seit der Romantik zuteil wurde, führte angesichts der dokumentierten Biographie des Dramatikers wiederholt zu Irritationen. Konnte ein solches Werk von Ewigkeitsgeltung von jenem nur in seiner bürgerlichen Existenz gut bezeugten William Shakespeare, *gentleman*, stammen? Ein klares individuelles Nein auf diese Frage führte seit Beginn des 19. Jahrhunderts zu einer nicht abreißenden Kette von Versuchen, eben jenem – dokumentarisch gut bezeugten – bürgerlich erfolgreichen Kaufmann und Investor das literarische Werk abzusprechen. Mehr als sechzig Kandidatinnen und Kandidaten wurden mit z. T. skurrilsten Begründungen als die wahren Verfasser der Dramen, Versepen und Sonette Shakespeares bisher vorgeschlagen: u.a. CHRISTOPHER MARLOWE, FRANCIS BACON, ANNE HATHAWAY, KÖNIGIN ELISABETH I., WILLIAM STANLEY, 6th Earl of Derby, ROGER MANNERS, 5th Earl of Rutland und EDWARD DE VERE, 17th Earl of Oxford.[17]

Edward
de Vere,
17th Earl
of Oxford,
als Beispiel

Die größte Anhängerschar hat gegenwärtig wohl EDWARD DE VERE, 17th Earl of Oxford, hinter sich versammelt, wie die Gründung einer eigenen Gesellschaft und das von dieser im Internet betriebene Diskussionsforum zeigt. Die Argumentation der sog. Oxfordianer ist durchaus repräsentativ, wenngleich nicht ganz so töricht wie viele ähnliche Versuche, den wahren Verfasser der Werke Shakespeares zu identifizieren. Die Oxfordianer verfolgen im Grunde ihr Ziel mit einer recht einfachen, zweigeteilten Argumentationskette:[18] Zum einen stilisieren sie den Stratforder Shakespeare zu einem ungebildeten, kaum des Schreibens kundigen Bauernburschen; zum anderen präsentieren sie mit EDWARD DE VERE, 17th Earl of Oxford, den ihrer Meinung nach besseren Kandidaten für die Verfasserschaft. Dieser Aristokrat wird dann zum eigentlichen Verfasser der Werke Shakespeares erklärt, der den mittelmäßigen Schauspieler aus Stratford lediglich als Strohmann vorgeschoben habe. Als Grund für diese Mystifikation verweisen die Oxfordianer auf die mangelnde Reputation des Theaters Ende des 16. Jahrhunderts.

Gegen-
argumente

Zunächst einmal ist festzuhalten, dass alle Versuche der Oxfordianer gescheitert sind, Shakespeare zum des Schreibens unkundigen Bauern zu stilisieren. Darüber hinaus besitzen wir über die

---

15 Über die Editionsgeschichte informiert Gabler, *Shakespeare-Handbuch,* S. 229–245.

16 Vgl. die kritische Besprechung dieser und weiterer Editionen bei Suerbaum, *Shakespeares Dramen,* S. 312–318.

17 Vgl. Schoenbaum, *Shakespeare's Lives,* S. 385–451.

18 Vgl. die Zusammenfassung der – bisweilen mit geradezu grotesken Missverständnissen aufwartenden – Thesen der Oxfordianer bei Klier; vgl. dagegen die Argumente von Meller.

meisten der zeitgenössischen Dramatiker (z. B. Thomas Kyd, John Webster und John Ford) sehr viel weniger biographische Informationen als über Shakespeare; dieses zur Kenntnis zu nehmen, weigern sich die Oxfordianer freilich beharrlich.

Gegenprobe

Nimmt man einmal hypothetisch an, die Oxfordianer hätten recht, welchen Sinn hätte dann die Mystifikation mit dem Verfassernamen William Shakespeare bei den Versepen oder den Sonetten? Sonette oder Versepen zu verfassen, wäre selbst für ein Mitglied des Hochadels nichts Ehrenrühriges; in der Tat verfasste z. B. Edward de Vere, 17th Earl of Oxford, Sonette, die sich freilich mit denen Shakespeares nicht messen können.[19] Nimmt man nochmals hypothetisch an, die Oxfordianer hätten recht, so müssten in dieses Komplott zumindest die Schauspieler- und Dramatikerkollegen Shakespeares, die Zensurbehörde, der Staatsrat und die Königin selbst eingeweiht gewesen sein, die allesamt eisernes Schweigen bewahrten; eine kaum glaubliche Vorstellung.

Verschwörungstheorie und fiktives Szenario

In einem haben die Oxfordianer recht: Es gibt kein Dokument, das zweifelsfrei bestätigt, dass William Shakespeare, *gentleman* aus Stratford, auch der Verfasser der unter diesem Namen überlieferten Dramen, Versepen und Sonette ist. Die Frage, die kein Oxfordianer stellt, ist jedoch, wie denn ein solches Dokument beschaffen sein könnte, das auch sie überzeugt. In seinem Testament konnte Shakespeare seine Werke nicht erwähnen: Die Versepen hatte er erstmals 1593 und 1594 in den Druck gegeben, die Sonette waren 1609 erschienen, über die Manuskripte seiner Dramen konnte er – selbst wenn er dies gewollt hätte – keine Verfügungen treffen, da diese nicht ihm, sondern der Schauspieltruppe gehörten. Nehmen wir nochmals hypothetisch an, wir hätten das Protokoll einer offiziellen Aussage von z. B. Ende April 1597 vor dem Staatsrat, wonach Shakespeare einen Eid darauf ablegte, dass die unter seinem Namen lizensierten, gespielten und gedruckten Dramen auch von ihm eigenhändig verfasst wären, was würde das ändern? Die Oxfordianer hätten selbst für ein solches Dokument schnell eine Erklärung: Vielleicht hätte die Gefahr einer Enttarnung bestanden; jedenfalls hätte Edward de Vere sich genötigt gesehen, den Strohmann Shakespeare zur Beschwichtigung aller möglichen Gerüchte vor den Staatsrat zu schicken. Im übrigen schiene die ‚Falsch-Aussage‘ Shakespeares ja auch fürstlich honoriert worden zu sein, wie der am 4. Mai 1597 beurkundete Ankauf von *New Place*, einem der größten Anwesen in Stratford, beweise.

Wertung

Das einzige, was dieses – mit Ausnahme des tatsächlich am 4. Mai 1597 beurkundeten Ankaufs von *New Place* – frei erfundene Szenario zeigt, ist die Tatsache, dass alle vorstellbaren, die Verfasserschaft William Shakespeares bestätigenden Dokumente, selbst ein

handschriftliches Manuskript eines Dramas, sich gemäß der Verschwörungs- und Mystifikationstheorie der Oxfordianer uminterpretieren ließen. Umgekehrt ist das Nichtvorliegen einer Verschwörung, die Nichtexistenz einer Mystifikation prinzipiell nicht beweisbar. Angesichts der historisch reich dokumentierten Biographie und der einhelligen Identifizierung des Schauspielers, Theaterteilhabers und Dramatikers Shakespeares mit dem Bürger Stratfords durch seine Londoner Kollegen, besteht jedoch kein vernünftiger Grund, daran zu zweifeln, dass er der Verfasser der unter seinem Namen überlieferten Werke ist.

---

19 Weitere Detailprobleme, wie z. B. das Sterbejahr de Veres (1604) mit der gesicherten späteren Datierung einiger Dramen (z. B. *The Tempest*) zu vereinbaren ist, übergehe ich.

3

Versepen und Sonette

1 Versepen: *Venus and Adonis* und *The Rape of Lucrece*

Forschungs-stand

Obwohl die beiden Versepen *Venus and Adonis* und *The Rape of Lucrece* die einzigen Werke Shakespeares sind, die er nachweislich selbst in den Druck gegeben hat, dienten sie der Forschung bis zu Beginn des 20. Jahrhunderts vornehmlich als Negativfolie für die Beschreibung seines dramatischen Werkes. Erst die neuere Forschung versuchte, die zu ihrer Zeit sehr beliebten Versepen, *Venus and Adonis* wurde zu Lebzeiten Shakespeares neunmal und *The Rape of Lucrece* sechsmal nachgedruckt, vor dem Hintergrund der elisabethanischen Gattungstradition zu würdigen.[1] Beide Versepen gelten heute, gemeinsam mit CHRISTOPHER MARLOWES Fragment *Hero and Leander* (1593), als Höhepunkte der produktiven Rezeption OVIDS in der englischen Renaissance und zugleich als Beginn einer literarischen Mode,[2] in der *„das ovidische Verfahren [...] bis an die Grenze der Travestie, der Pornographie und sinnentleerten Beschreibungskunst"*[3] getrieben und vergröbert wurde.

Quellen

Die *Metamorphosen* OVIDS waren seit dem Mittelalter Schullektüre; die englische Übersetzung ARTHUR GOLDINGS (1565–1567) machte sie einer größeren Öffentlichkeit zugänglich. Auf den lateinischen Text der *Metamorphosen* wie auch auf GOLDINGS Übersetzung griff Shakespeare für seine Präsentation des Venus und Adonis-Stoffes zurück; OVIDS *Fasti* (2, 721–852) und der *Römischen Geschichte* des LIVIUS (1, 47–60) verdankte er den Stoff für sein *The Rape of Lucrece*.

Abfassungs-zeit und Widmung

Während die Theater wegen der in London herrschenden Pest geschlossen waren (August 1592 bis April 1594), schrieb Shakespeare seine Versepen; er versuchte damit wohl, sich als Dichter bei Hofe und in der ‚Literaturszene' Londons einen Namen zu machen. Beide Versepen widmete er HENRY WRIOTHESLEY, Earl of Southampton, einem jungen neunzehnjährigen Aristokraten, der diese Dedikation vielleicht mit finanziellen Zuwendungen belohnt hat; beide Versepen wurden von RICHARD FIELD, einem Stratforder Bekannten Shakespeares, in sorgfältigen Quarto-Ausgaben (*Venus and Adonis* 1593, *The Rape of Lucrece* 1594) veröffentlicht.

Versepen als Kunst

Venus and Adonis bezeichnet Shakespeare in seinem Widmungs-schreiben als *„the first heir of my invention"*, da er – wie es den Konventionen seiner Zeit entsprach – die früher entstandenen Dramen nicht als künstlerische Werke im eigentlichen Sinne betrachtete. *The Rape of Lucrece* kündigte Shakespeare bereits im gleichen Widmungsschreiben dem Grafen von Southampton als *„[a] graver labour"* an.

Venus and Adonis

Shakespeares *Venus and Adonis* präsentiert in effekt- und spannungsreichen Episoden die ovidische Geschichte von Venus und Adonis (*Metamorphosen* 10, 519–739), die der Dichter jedoch mit Elementen der Narcissus-Echo-Episode (*Metamorphosen* 3, 339–510) und der Salmacis-Hermaphroditus-Geschichte (*Metamorphosen* 4, 288–388) anreicherte. Mit diesen Transpositionen und eigenen Ergänzungen konturierte Shakespeare den Gegensatz zwischen dem kühl-abweisenden Adonis und der hitzig-aggressiven Venus. Adonis fühlt sich für die Liebe, zu der ihn Venus drängt, noch zu jung: Die Jagd ist sein Lebensinhalt, seine Erfüllung. Er reißt sich von der ihn liebenden und begehrenden Venus los, um sich weiter seinem Jagdvergnügen hinzugeben. Um die tödliche Gefahr, die dort bei der Jagd auf ihn lauert, weiß Venus, aber es gelingt ihr nicht, den geliebten Adonis vor *„der schicksalhaften Bedrohung durch den Tod (den Eber) [zu] bewahren"*.[4] Der Tod des Adonis wird für Venus zum Gleichnis für die endgültige Zerstörung der Schönheit und der Liebe, wie ihre prophetische Verwünschung der Liebe verdeutlicht (1135–1164).

Konventionen petrarkistischer Liebeslyrik

Der kreative Gebrauch der Konventionen petrarkistischer Liebeslyrik wie auch die bewusste Umkehrung dieser Konventionen verleihen *Venus and Adonis* dramatische Lebendigkeit und Frische. Zu den Konventionen petrarkistischer Liebeslyrik gehört es, dass die Verweigerung des Liebesaktes das erotische Verlangen verstärkt (331–332: *„An oven that is stopped, or river stayed,/ Burneth more hotly, swelleth with more rage"*); in seiner Präsentation dieses Motivs verkehrt jedoch Shakespeare die traditionellen Geschlechterrollen: Die Liebe, das erotische Verlangen der Venus erhält durch die Verweigerung des Adonis immer neuen Auftrieb.

gender-Konventionen

Die Figurenzeichnung insgesamt spielt mit den durch die Konventionen vorgegebenen Geschlechterrollen und – als Konsequenz daraus – mit der Publikumserwartung. Venus weist einige traditionell männlich konnotierte Charakterzüge auf, Adonis dagegen traditionell weibliche. Shakespeares Venus ist erfahren, körperlich stark, sogar ein wenig größer als Adonis und aggressiv fordernd, während Shakespeares Adonis schüchtern, zurückhaltend und jungfräulich erscheint. Da eine gewaltsame Erfüllung ihres Lie-

---

1 Gute Orientierung bietet Duncan-Jones, *Shakespeare. A Bibliographical Guide*, S. 69–82.
2 Vgl. insgesamt Keach, *Elizabethan Erotic Narratives*.
3 Castrop, *Shakespeare-Handbuch*, S. 672.
4 Castrop, *Shakespeare-Handbuch*, S. 675.

besbegehrens nicht möglich ist, versucht sich Venus in der traditionell männlichen Rolle des Werbers um die Gunst des geliebten Objekts. Auch dabei wertet sie traditionelle Topoi der Liebeslyrik höchst wirkungsvoll um: Die konventionelle sehnsuchtsvolle Preisung der Schönheit der Geliebten wird von ihr in eine kalkulierte, wenngleich letztlich erfolglose, Beschreibung ihrer eigenen Schönheit überführt (z. B. 140–148), da sich Adonis ebenfalls nicht rollenkonform verhält und Venus diese ekphrastische Präsentation ihres erotischen Zaubers verweigert. Das Spiel mit den *gender*-Konventionen der Liebeslyrik ist freilich nur ein strukturelles Mittel, die abrupten Perspektiven- und Stimmungswechsel zu verdeutlichen; die ausgeprägte Metaphorik und die weitgehende Konzentration auf die Erzählperspektive der Venus dienen dem gleichen Zweck. Wie die Umkehrungen der traditionellen Liebes- und *gender*-Konventionen die universelle Gültigkeit dieser Konventionen zur Disposition stellen, so zieht die Zurückweisung der Venus durch Adonis die konventionelle Einschätzung der Sexualität in Zweifel:

Venus, the goddess of love, is supposed to be the apex of heterosexual desirability, both source and goal of every man's desire. Adonis, however, does not desire her even when she presses herself upon him. The congress of male and female thus seems simultaneously natural – what Adonis's palfrey and a passing mare know without tutelage – and optional, a possibility that some males, at any rate, may be willing to do without.[5]

Spekulationen

Die psychologisch überzeugende Auslotung der unterschiedlichsten Aspekte von Sexualität, wie auch die Präsentation des jungen Adonis als Objekt des Begehrens,[6] eröffnet biographisch und psychoanalytisch interessierten Kritikerinnen und Kritikern ein weites Feld für Spekulationen. Spiegelt sich in der erotisch-sexuellen Dynamik der Handlung von *Venus and Adonis* Shakespeares persönliches Erleben der Liebe mit der älteren ANNE HATHAWAY? Steht hinter dem eindrucksvollen Porträt des jugendlich schönen Adonis die persönliche Faszination des Dichters für HENRY WRIOTHESLEY, Earl of Southampton, der – wie einige Kritiker vermuten – Inspirationsquelle und Adressat der Sonette Shakespeares (vgl. unten S. 33 f) war? Für Antworten auf solche Fragen liefern die erhaltenen biographischen Informationen über Shakespeare freilich keinerlei Hinweise.

Wertung

Andererseits bedarf *Venus and Adonis* solcher biographisch und psychoanalytisch fokussierter Spekulationen nicht, um als dramatisch und poetisch überzeugendes Werk eines Dichters und Dramatikers gelesen zu werden, das bereits etliche Motive und Themen enthält, die in Shakespeares späteren Werken wiederbegegnen:

a fascination with, and capacity to sympathize with, sexually assertive women and self-contained, immature young men; an erotic energy that is both exuberant and hard to pin down; a complex moral sensibility capable of apprehending contradictory ethical imperatives at the same time; and an uncanny ability to combine comic, tragic, pathetic, and sensuous effects in a single work, even in a single poetic moment.[7]

The Rape of Lucrece

The Rape of Lucrece[8] präsentiert die bereits in der Antike berühmte Geschichte der Lucretia, die von Tarquinius vergewaltigt wird und sich – nachdem sie ihre Familie über die Schandtat des Tarquinius informiert hat – selbst umbringt.[9] Der Fluch der Venus über die Liebe (*Venus and Adonis*, 1135–1164), so könnte man die beiden Versepen miteinander verbinden, zeitigt ihre brutalen Konsequenzen. Eindrucksvoll schildert Shakespeare, wie ausschließlich die Entscheidungen der Figuren, nicht das Schicksal oder der Zufall, die weitere Handlung generieren. Mögliche Alternativentscheidungen werden für die Publikumslenkung bedeutsam, weil sowohl Tarquin als auch Lucrece bei ihren Reflektionen über ihre Entscheidungen Alternativen erwägen und verwerfen, die ihren eigenen Interessen eher gerecht würden:

Tarquin tells himself that his assault will desecrate the very virtue he admires in Lucrece, destroy his own self-respect, and bring dishonor upon his family. Then he rapes Lucrece. Lucrece argues to herself what her husband and father will tell her later: that she cannot incur guilt by a sexual act to which she has not consented, and that therefore she need not take her own life. Then she commits suicide.[10]

Figurenzeichnung

Die psychologisch überzeugende Vermittlung der Reue- und Schuldgefühle Tarquins gelingt Shakespeare, indem er vor der Vergewaltigung primär Tarquins Wahrnehmungsperspektive wählt. Der Wechsel der Erzählperspektive nach der Vergewaltigung ermöglicht ihm ein ähnlich sensibles Porträt der vergewaltigten Lucrece aus ihrer Wahrnehmungsperspektive.[11]

---

5 Maus, „Introduction", S. 605.

6 Vgl. Maus, „Introduction", S. 605: „*Shakespeare writes almost entirely from Venus's perspective: the boy, not the woman, is the sex object of* Venus and Adonis".

7 Maus, „Introduction", S. 605.

8 Eine gute, knappe Orientierung vermitteln Kahn, *Roman Shakespeare*, S. 27–45 und Maus, „Introduction".

9 Vgl. zum Lucretia-Stoff Baumann, *Vorausdeutung und Tod*, S. 50–71 und 491–500.

10 Maus, „Introduction", S. 636.

11 Vgl. insgesamt die detaillierte Analyse von Kahn, *Roman Shakespeare*, bes. S. 38–43.

Konven-tionen petrarkisti-scher Liebeslyrik	Die Figurenkonstellation, der Wechsel der Perspektive und die evozierten und verworfenen Alternativen beziehen das Lesepublikum ein in einen Prozess der sprachlichen Erforschung der emotionalen Konsequenzen einer solchen Untat.[12] Zugleich verweisen die Figurenkonstellation[13] und die ausgeprägte Metaphorik auch in diesem Versepos offensichtlich auf die Konventionen der zeitgenössischen Liebeslyrik.
Wertung	In beiden Versepen überprüft Shakespeare die Tragfähigkeit der traditionellen Liebeskonventionen und ihrer rhetorischen Codes, wobei die Differenzen deutlich geworden sein dürften:

> *In fact, it is possible to see* The Rape of Lucrece, *like* Venus and Adonis, *as attempting to renovate a rhetoric of sexual passion that had begun to seem trite by Shakespeare's time. But the two poems employ almost exactly opposite strategies of renewal.* Venus and Adonis *surprises the reader by turning conventional expectations of gendered behavior upside down, assigning the aggressive, desiring role to the woman and casting the male as an uncorrupted fortress of virtue. The* Rape of Lucrece, *on the other hand, pushes the conventional language of love poetry in a relentlessly literal direction, making it interesting by unleashing the latent ferocity and misogyny of a courtly love aesthetic. [...] Shakespeare's Tarquin, in contrast, more consistent and less exquisitely sensitive, uses the implicitly coercive rhetoric of love poetry as a pretext for rape.*[14]

2 Die Sonette

Gattungs-tradition	In England wurde das Sonett im frühen 16. Jahrhundert von SIR THOMAS WYATT (1503–1542) und dem EARL OF SURREY (1517–1547) eingeführt. Die beiden Dichter, Hofleute am Hofe HEINRICHS VIII., hatten auf ihren Italienreisen PETRARCAS *Canzoniere* kennen- und schätzengelernt. Beide bemühten sich, durch Übersetzungen und Imitationen das Sonett in England heimisch zu machen, jedoch anfangs nur mit geringem Erfolg, woran auch die erste große Gedichtanthologie, *Tottel's Miscellany* (1557), nicht viel änderte. Erst zu Beginn der 90er Jahre des 16. Jahrhunderts kam das Sonett in Mode: Der posthum veröffentlichte Sonettzyklus SIR PHILIP SIDNEYS, *Astrophel and Stella* (1591), löste eine wahre Flut von Sonetten und Sonettzyklen aus. Vier weitere große Sonettzyklen wurden allein zwischen 1591 und 1595 veröffentlicht: SAMUEL DANIELS *Delia* (1592), HENRY CONSTABLES *Diana* (1592), MICHAEL DRAYTONS *Ideas Mirrour* (1594) und EDMUND SPENSERS *Amoretti* (1595). Fast als letzter, die kurzlebige elisabethanische Sonettmode hatte ihren Höhepunkt bereits hinter sich, erschien 1609 der umfangreichste Sonettzyklus: *Shake-Speares Sonnets*.[15]

Die von dem Verleger THOMAS THORPE veröffentlichte *Quarto*-Aus-
gabe präsentierte neben der persönlichen Widmung THORPES insgesamt 154 Sonette und im Anschluss daran, ebenfalls als Werk
Shakespeares ausgewiesen, *A Lover's Complaint*. Über die textliche
Zuverlässigkeit dieser Ausgabe herrscht – wie bei so vielen Detailfragen zu den Sonetten – keine Einigkeit; von zwei bereits 1599
gedruckten Sonetten (138 und 144) abgesehen, ist THORPES *Quarto*-
Ausgabe jedoch die einzige erhaltene Textfassung. Die Datierung
der Sonette ist ebenfalls heftig umstritten; sicher ist nur, dass
einige, vielleicht sogar alle, vor 1598 verfasst wurden. Die mittlerweile eine gesamte Bibliothek füllende Forschungsliteratur hat
sich im wesentlich auf vier zentrale Fragekomplexe konzentriert:

*Debate has surrounded four main issues: (i) the nature and status of the
text; (ii) the connotations of Thorpe's description of a ,Mr. W. H.' as ,onlie
begetter' of the sonnets; (iii) the date of composition and the extent to
which this is reflected in the order of the sonnets; (iv) the connexions of
particular parts of the sequence with real-life figures, corresponding to
,Mr. W. H.' (who may or may not also be the young friend to whom the
Sonnets 1–126 appear to be addressed), the ,rival poet' apparently al-
luded to in 76–86, and the ,dark lady' celebrated in 127–152. Under-
lying these enquiries is the more radical question of the relationship of
the Sonnets to Shakespeare's own experience [...].*[16]

Die primär biographisch fokussierten Analysen, die u.a. durch
eine Umstellung der Sonett-Reihenfolge diese zu einer Mentalbio-
graphie Shakespeares erheben, sind genauso spekulativ wie die
Versuche, die in den Sonetten angesprochenen und beschriebenen
Figuren (Freund, Dichter, Dichterrivale und *Dark Lady*[17]) mit real-
historischen Personen aus dem Umfeld Shakespeares zu identifizieren. Die neuere, seriöse Forschung akzeptiert die Reihenfolge
der *Quarto*-Edition und sieht darin eine durchaus sinnvolle, den
Konventionen der elisabethanischen Dichtung entsprechende,
Anordnung.[18] Als methodisch reflektiert und demzufolge in den
Ergebnissen überzeugender als alle biographisch ausgerichteten

---

12 Vgl. Castrop, *Shakespeare-Handbuch*, S. 676.
13 Vgl. Maus, „Introduction", S. 638: „*The configuration of characters – the warrior-lover desperately
   pursuing his passion, the beautiful woman whose chastity makes her irresistibly desirable – is likewise
   conventional*".
14 Maus, „Introduction", S. 638.
15 Vgl. weitere Details bei Castorp, *Shakespeare-Handbuch*, S. 646–652.
16 Duncan-Jones, *Shakespeare, A Bibliographical Guide*, S. 74–75.
17 Vgl. Castorp, *Shakespeare-Handbuch*, S. 661–666.
18 Vgl. mit vielen Details *The Sonnets and A Lover's Complaint*. Hrsg.: John Kerrigan. London: Pen-
   guin 1986, bes. S. 7–63.

Studien sind die Beiträge zu würdigen, die Shakespeares Sonette mit denen seiner Zeitgenossen verglichen, die Gemeinsamkeiten und Differenzen in der Rezeption petrarkistischer Motive herausstellten, die Shakespeares Sonette als literarische Kunstwerke ernst nahmen.[19]

Wertung

Untersuchungen zur rhetorischen Gestaltung, zur Subjektkonstitution, Vergleiche mit den Erzählmodi der Sonettzyklen der Romania, wie auch Vergleiche mit den Gestaltungs- und Aussagemodi bisher kaum beachteter englischer Sonettzyklen konturierten in den letzten Jahrzehnten die spezifischen Qualitäten des Sonettzyklus Shakespeares. Selbst die sensible Deutung eines einzelnen Sonetts, z. B. der dort verwendeten Metaphorik, bisweilen sogar einzelner Verse, in denen z. B. eine Diskrepanz zwischen metrischer und inhaltlicher Akzentuierung Bedeutung generiert, förderte das Verständnis der Shakespeare-Sonette insgesamt. Da für weitere Details ein eigener Band erforderlich wäre, bleibt festzuhalten:

Both the sonnets and Shakespeare's plays combine verbal artistry with psychological exploration. It is harder to integrate these two concerns in the poetry than in the drama, however. The fascination and the challenge of the sonnets are that their language is of almost unequaled complexity, while the soul they examine is apparently Shakespeare's own.[20]

---

19 Vgl. den guten Überblick, den Mehl/Weiß, *Shakespeares Sonette in Europäischen Perspektiven* bieten.

20 Cohen, „Introduction", S. 1920–1921.

Das dramatische Werk I: Die Komödien

KAPITEL 4

1 Gattungstheorie und Gruppierungsversuche

Definition

Der Begriff ‚Komödie' ist in der Zeit William Shakespeares *„zunächst einmal ein Oberbegriff für alle Stücke, die nicht unter die Kategorien Tragödie oder Historie fallen"*.[1] Dieses weite Verständnis, in dem *comedy* gleichsam zur Entsprechung des ähnlich neutralen deutschen Begriffs ‚Schauspiel' wird, erklärt die außerordentliche Variationsbreite der als ‚Komödien' klassifizierten Dramen der Shakespearezeit.

Englische Komödie

Die Geschichte der englischen ‚Komödie' im engeren Sinne hilft gattungstypologisch auch nicht sehr viel weiter: *„Als sich nach 1550 die Komödie unter dem Einfluss lateinischer Vorbilder und der italienischen* Commedia dell'arte *als selbständige Gattung etabliert, bleibt die Funktion der Belustigung dominant"*.[2] Belustigung, Jux und Unterhaltung – das erwartete das Publikum der Shakespearezeit wohl in erster Linie von einer *comedy*. Dieses verspricht – um ein repräsentatives Beispiel herauszugreifen – dann auch der Bote in der ‚Induction' zu Shakespeares *The Taming of the Shrew* Sly und dem Theaterpublikum:

Your honour's players, hearing your amendment,
Are come to play a pleasant comedy,
For so your doctors hold it very meet,
Seeing too much sadness hath congealed your blood,
And melancholy is the nurse of frenzy.
Therefore they thought it good you hear a play
And frame your mind to mirth and merriment,
Which bars a thousand harms and lengthens life. (Ind. II, 124–131)

Wirkungsabsicht

Bezeichnenderweise versteht Sly den Begriff *comedy* nicht (*„Is not a comonty/ A Christmas gambol, or a tumbling trick?"* [Ind. II, 132–133]), und auch der Page Bartholomew trägt mit seiner Bemerkung *„It is a kind of history"* (Ind. II, 135) nicht zur Klärung bei. Entscheidend ist, worauf der Bote unzweideutig verweist, die Wirkungsabsicht der aufzuführenden Komödie: *„frame your mind to mirth and merriment"*. Und diese Wirkungsabsicht erschöpft sich nicht darin, sozusagen zweckfrei *„mirth and merriment"* anzubieten, sondern erklärt beides zu zentralen Elementen einer Therapie, *„[w]hich bars a thousand harms and lengthens life"*.

---

1 Suerbaum, *Shakespeares Dramen*, S. 197.
2 Suerbaum, *Shakespeares Dramen*, S. 198.

Therapie	Genau dieses, Lachen und Belustigung in therapeutischer Absicht, wird dann zum Ausgangspunkt der theoretischen Bemühungen um die Komödie in der Shakespearezeit. Schon SIR THOMAS ELYOT betont in seinem berühmten Fürstenspiegel *The Book named the Governor* (1531) die didaktische Funktion der (lateinischen) Komödie:

First, comedies, which they suppose to be a doctrinal of ribaldry, they be undoubtedly a picture or as it were a mirror of man's life, wherein evil is not taught but discovered; to the intent that men beholding the promptness of youth unto vice, the snares of harlots and bawds laid for young minds, the deceit of servants, the chances of fortune contrary to men's expectation, they being thereof warned may prepare themself to resist or prevent occasion. Semblably remembering the wisdom, advertisements, counsels, dissuasion from vice, and other profitable sentences most eloquently and familiarly shown in those comedies, undoubtedly there shall be no little fruit out of them gathered. And if the vices in them expressed should be cause that minds of the readers should be corrupted, then by the same argument not only interludes in English, but also sermons, wherein some vice is declared, should be to the beholders and hearers like occasion to increase sinners.[3]

Definitionen	In ähnlicher Weise erklärt SIR PHILIP SIDNEY die Komödie als *„an imitation of the common errors of our life".[4]* Die bekannteste Definition der Komödie, die ebenfalls auf die humanistische Tradition zurückgreift und die didaktische Wirkungsabsicht heraushebt, legt BEN JONSON seiner Kritikergestalt Cordatus, der sich ganz zu Anfang der Komödie *Every Man out of his Humour* bereits als hervorragender Kenner der Gattungs-Geschichte der Komödie erwiesen hat (242–261), in den Mund:

You say well, but I would fain hear one of these autumn–judgements define once quid sit comoedia? If he cannot, let him content himself with Cicero's definition (till he have strength to propose to himself a better) who would have a comedy to be imitatio vitae, speculum consuetudinus, imago veritatis; a thing throughout pleasant, and ridiculous, and accommodated to the correction of manners. (III, 6 ,175–181)[5]

Didaktische Funktionalisierung	So interessant die Unterschiede in der Einschätzung der Wirkungsästhetik der Komödie bei SIR PHILIP SIDNEY und BEN JONSON auch sind,[6] sie stimmen beide darin überein, das intendierte Lachen didaktisch zu funktionalisieren: „Es soll nicht mehr als Spaß des Zuschauers sein eigener Zweck sein, sondern die allgemeinen Fehler, die nicht-politischen Schwächen des Privatmanns wie Leichtsinn, Modetorheit, Streitsucht oder Geiz, durch Übersteigerung der Lächerlichkeit preisgeben".[7]

Anwendung	Diese dann in JONSONS eigenen Komödien verwirklichte Komödienkonzeption (vgl. unten S. 115 ff) hilft freilich für das Ver-

ständnis der Komödien Shakespeares nicht recht weiter.[8] Genauso wenig jedoch sind die für Shakespeares Komödien vorgeschlagenen typologischen Differenzierungen *(romantic* oder *happy comedies, festive comedies, dark comedies, problem plays, romances)* auf die Komödien LYLYS, DEKKERS oder JONSONS übertragbar.[9]

Uneinheit-lichkeit

Die Vorschläge für eine typologische Differenzierung und Gruppierung der 17 Komödien Shakespeares akzentuieren mit ihren widersprüchlichen Ergebnissen die Uneinheitlichkeit der Komödien Shakespeares. Diese Uneinheitlichkeit legt – als grobe Einteilung – eine traditionelle, im wesentlichen am Kriterium der Entstehungszeit orientierte Gruppierung nahe.[10]

Frühe Komödien

1. Eine erste Gruppe bilden demzufolge die etwa zwischen 1592 und 1595 entstandenen Komödien *The Comedy of Errors, The Taming of the Shrew, The Two Gentlemen of Verona* und *Love's Labour's Lost,* die sich insgesamt durch eine einfache, klare Gesamtkonzeption auszeichnen. Obwohl später entstanden (1597–1601), kann man *The Merry Wives of Windsor* ebenfalls mit zu dieser Gruppe rechnen.

Fröhliche Komödien

2. Eine zweite Gruppe konstituieren die zwischen 1595/96 und 1601/02 entstandenen ‚fröhlichen' Komödien *A Midsummer Night's Dream, Much Ado about Nothing, As You Like It* und *Twelfth Night.* Diese sind in der Komposition insgesamt komplexer als die Komödien der ersten Gruppe.

Problem-komödien

3. Fast zeitgleich mit der 2. Gruppe der Komödien entstanden (1596/97 bis 1604) vier Dramen, die sich im Grunde gegen jede eindeutige Einordnung sperren. Obgleich sie keine einheitliche Gruppe konstituieren, könnte man sie mit ULRICH SUERBAUM durchaus als ‚Problemkomödien' bezeichnen: *The Merchant of*

---

3 Sir Thomas Elyot: *The Book named The Governor.* Hrsg.: S. E. Lehmberg. London: Dent 1962 (= Everyman's Library), I,xiii (S. 47–48).

4 Sir Philip Sidney: *The Defence of Poesy.* Hrsg.: K. Duncan-Jones. Oxford; New York: Oxford UP 1989, S. 212–250; Zitat: S. 229–230.

5 *The Complete Plays of Ben Jonson.* Hrsg. G. A. Wilkes. Bd. I. Oxford: Clarendon 1981.

6 Vgl. Weiß, *Drama der Shakespearezeit,* S. 170–172.

7 Suerbaum, *Shakespeares Dramen,* S. 199. Vgl. insgesamt auch Pfister, *Shakespeare-Handbuch,* S. 435–442.

8 Vgl. in diesem Zusammenhang Suerbaum, *Shakespeares Dramen,* S. 199: „Das Lachen als Selbstzweck spielt in seinen Komödien eine entscheidende Rolle, und die kognitiven Absichten, die er verfolgt, erschöpfen sich – gottlob – nicht in Aufforderungen zum Abgewöhnen tadelnswerter Angewohnheiten".

9 Vgl. Weiß, *Drama der Shakespearezeit,* S. 170–198.

10 Vgl. Suerbaum, *Shakespeares Dramen,* S. 200–202, dessen pragmatisch einfache – und gerade darum heuristisch sinnvolle – Gruppierung sich bewährt.

Venice, Troilus and Cressida, All's Well That Ends Well und *Measure for Measure*.[11]

Romanzen

4. Während alle sonstigen Einteilungsversuche bei Shakespeares Komödien umstritten sind,[12] ist sich die Forschung weitgehend einig, dass vier etwa zwischen 1607/08 und 1611 entstandene Dramen (*Pericles; Cymbeline; The Winter's Tale* und *The Tempest*) eine vierte Gruppe von Komödien konstituieren. Diese Stücke werden als *romances* oder *romantic comedies* bezeichnet. Die Gruppenbezeichnung verweist auf die Wurzeln in der Tradition und Motivik der hellenistischen und mittelalterlichen Romanzen.

Alternativtypologie

Eine solche Einteilung in vier Gruppen ist nicht mehr als eine allenfalls heuristisch sinnvolle Hilfskonstruktion, die der besseren Orientierung dient. Mit gleichem Recht ließen sich die Komödien der Gruppe 1 und 2 und *The Merchant of Venice* als heitere Komödien zusammenfassen,[13] die jeweils *„mit der glücklichen Vereinigung der durch äußere Hindernisse oder innere Spannungen entzweiten Paare"*[14] enden.

Hauptthema Liebe

Shakespeares Komödien, zumal die Komödien der Gruppen 1 und 2, fokussieren das Thema Liebe. Die aphoristisch-knappe Bemerkung Lysanders aus *A Midsummer Night's Dream* könnte dabei paradigmatisch über fast jede Komödien-Handlung gesetzt werden: *„The course of true love never did run smooth"* (I, 1, 134).

Auswahl

Die folgende Darstellung konzentriert sich auf ein frühes Beispiel aus der Gruppe der Liebeskomödien (*The Taming of the Shrew*) und auf eine der sogenannten ‚Problemkomödien': *Troilus and Cressida*. Diese subjektive Entscheidung wird ganz wesentlich erleichtert durch die Tatsache, dass viele der übrigen Komödien Shakespeares in ausgezeichneten neueren deutschen Beiträgen erschlossen sind: so analysiert z. B. ULRICH SUERBAUM *Twelfth Night* als Beispiel für eine Liebeskomödie,[15] Shakespeares *Midsummer Night's Dream* wird von RAINER LENGELER sowohl insgesamt als auch in den Details überzeugend als dramatisierte Dichtungstheorie im Elfenwald herausgestellt[16] und der Komödie *As You Like It* widmet WOLFGANG G. MÜLLER eine weitausgreifende, brillante Untersuchung, deren vollständiger Titel ihr Programm formuliert: „Die Geburt der Komödie aus dem Geist der Frau: Geschlecht und Gattung in Shakespeares *As You Like It*".[17]

Der Kampf der Geschlechter: *The Taming of the Shrew*

Liebe

In vielfacher Hinsicht unterscheidet sich die in den frühen 90er Jahren des 16. Jahrhunderts entstandene Komödie *The Taming of the Shrew*[18] von den anderen Komödien Shakespeares, wiewohl sie mit ihnen das zentrale Thema ,Liebe' teilt. Wird das Thema Liebe ansonsten fast immer in der ersten Phase, der Werbung, behandelt, so findet die Hochzeit der Protagonisten Katherine und Petruccio bereits im dritten Akt statt. Zu den genretypischen Werbeszenen und Verwicklungen um die beiden Töchter Baptistas – Katherine und Bianca – gesellen sich Szenen einer Ehe, die nicht eher vollzogen wird, bis die widerspenstige Ehefrau Katherine erfolgreich ,gezähmt' ist.

Tradition

Das literarische Motiv der ,Zähmung' einer allzu wilden, das heißt dem Manne ungehorsamen, Frau erfreute sich im England des 16. Jahrhunderts allgemeiner Beliebtheit. Wurde in früheren Balladen und Verserzählungen die ,Umerziehung' einer solchen Frau zum Gehorsam meist durch physische Gewalt herbeigeführt,[19] so wird die ,Zähmung' in Shakespeares Komödie primär mit psychischer Gewalt vorangetrieben.

Haupt-themen

Shakespeares *The Taming of the Shrew* präsentiert zwei Hauptthemen, die den Elisabethanern – wenn auch nicht in der elaborierten Terminologie des 20. Jahrhunderts – durchaus geläufig waren: die patriarchalische Sozialhierarchie und – daraus sich sachlogisch herleitend – die *sex-gender*-Problematik, die über das biologische Geschlecht *(sex)* hinausgehende ideologiekonstituierende Differenz der Geschlechter *(gender)* im öffentlichen und privaten Leben.[20]

---

11 Vgl. Suerbaum, *Shakespeares Dramen*, S. 201.

12 Vgl. z.B. die Forschungsüberblicke bei Pfister, *Shakespeare-Handbuch,* S. 435–442 und Kluge, *Shakespeare-Handbuch,* S. 495–499 und S. 516–520.

13 Vgl. Pfister, *Shakespeare-Handbuch,* S. 435–442.

14 Pfister, *Shakespeare-Handbuch,* S. 441.

15 Vgl. Suerbaum, *Shakespeares Dramen*, S. 204–209.

16 Vgl. Lengeler, *Theater,* bes. S. 206–216.

17 Vgl. Müller, „Geburt der Komödie".

18 Eine präzisere Datierung etwa ins Jahr 1592 gründet in der Annahme, Shakespeares *The Taming of the Shrew* läge der 1594 gedruckten, anonymen Komödie *The Taming of a Shrew* zugrunde, eine durchaus plausible Hypothese; vgl. die Argumente von Howard, „Introduction", S. 140–141. Vgl. insgesamt auch Pfister, *Shakespeare-Handbuch,* S. 451 und William Shakespeare: *The Taming of the Shrew,* Hrsg.: T. Rüetschi. Tübingen: Francke 1988, S. 11–19 (im folgenden zitiert als: Rüetschi).

19 Vgl. Howard, „Introduction", S. 135–136.

20 Vgl. dazu allgemein Schabert, *Englische Literaturgeschichte,* bes. S. 67–96.

Ehe-konzeption	In der ‚Induction‘, dem Vorspiel zur eigentlichen Handlung, wird zunächst – in nicht misszuverstehender Klarheit – die konventionelle Einschätzung der Ehe als bedingungslose Unterordnung der Frau unter den Willen des Mannes propagiert, wenn der als vermeintliche Ehefrau verkleidete Page dem vermeintlichen Grafen und Ehemann Sly eröffnet: *„My husband and my lord, my lord and husband;/ I am your wife in all obedience"* (Induc. II, 103–104). Zugleich jedoch ist die ‚Induction‘ durch die zentralen Motive von Verkleidung und Verwandlung sowohl mit der Katherine- als auch der Bianca-Handlung aufs engste verknüpft. Sie verdeutlicht bereits am Beispiel Slys, dass sich über die Verwendung spezifischer Sprachregister sowohl die Sozial- als auch die Geschlechterhierarchie konstituiert und definiert:

Sly can't effectively play a lord because he hasn't mastered the language of the elite. Kate can be as eloquent as anyone, but because of her gender her verbal independence is read by her father and suitors as a sign that she needs taming, that she is not properly deferential to masculine authority.[21]

Zähmung	Der schon im Titel der Komödie *The Taming of the Shrew* erscheinende Begriff ‚Zähmung‘ bezeichnet im alltäglichen Sprachgebrauch die menschliche Unterdrückung der natürlichen Instinkte und Triebe eines wilden Tieres zum Zwecke der Domestizierung und gründet in der angenommenen Überlegenheit des Menschen gegenüber dem Tier. In der Katherine-Handlung zähmt zwar Petruccio Katherine, aber auch hier begründet die als natürlich angenommene Überlegenheit des Mannes über die Frau die ‚Domestizierung‘. Dies wird u. a. durch die reiche Tiermetaphorik, die Vergleiche mit der ‚Zähmung‘ von Falken (IV, 1, 169–177) betont.[22] Katherines Widerspenstigkeit, mit der sie ihr cholerisches Temperament auslebt (IV, 1, 161; IV, 3, 19),[23] wird zur Verweigerung und Ablehnung eben jener sogenannten natürlichen Ordnung patriarchaler Hierarchie und ihrer sprachlichen Codes.

Verheiratung	Symptom der patriarchalisch-hierarchischen Ordnung ist, dass Töchter von ihren Vätern auch ohne ihre Einwilligung verheiratet werden können, wobei monetäre Überlegungen eine weitaus größere Rolle spielen als Gefühle. In Bianca und Katherine personalisieren sich zwei unterschiedliche Antworten auf diese – sozialgeschichtlich durchaus realistisch geschilderte – Ausgangssituation: Katherine verweigert sich und wird gegen ihren Willen verheiratet; Bianca spielt das gefügige Mädchen, wird von ihrem Vater gleichsam an den Meistbietenden versteigert (II, 1, 333–389) und vereitelt die väterlichen Pläne schließlich doch, indem sie sich heimlich mit Lucentio vermählt. Aus der Perspektive des ausgehenden 20. Jahrhunderts wirkt Katherines Weg ehrlicher und kon-

sequenter, Shakespeares Komödie freilich enthält sich einer Wertung.

Kehren wir zur ‚Zähmung' Katherines zurück: Ohne seine zukünftige Frau jemals gesehen oder gar gesprochen zu haben, handelt Petruccio mit Katherines Vater die Ehe aus; schnell ist man sich einig (II, 1, 112–126), entspricht doch die Mitgift den Erwartungen Petruccios. Genauso schnell, und ebenfalls noch, ohne Katherine gesehen zu haben,[24] verrät Petruccio dem Publikum seine Strategie für die Behandlung Katherines:

Say that she rail, why then I'll tell her plain
She sings as sweetly as a nightingale.
Say that she frown, I'll say she looks as clear
As morning roses newly washed with dew.
Say she be mute and will not speak a word,
Then I'll commend her volubility,
And say she uttereth piercing eloquence.
If she do bid me pack, I'll give her thanks
As though she bid me stay by her a week.
If she deny to wed, I'll crave the day
When I shall ask the banns, and when be marrièd. (II, 1, 168–178)

In der sich anschließenden ersten Begegnung, der ‚Werbeszene', setzt Petruccio seine Strategie in die Tat um, versichert Katherine, dass er sie für überaus liebenswürdig, höflich und sanft hält. Mit seinen strategiegeborenen Komplimenten formuliert er sein – durchaus traditionelles – Frauenideal,[25] ein Spiegelbild des Objektes seiner Begierde, welchem Katherine zu entsprechen hat (II, 1, 268: „*For I am he am born to tame you, Kate*"). Die gesamte Werbeszene (II, 1, 180–267) gestaltet Shakespeare als brillanten rhetorischen Wettstreit, der – wie die übrigen Wortduelle zwischen Katherine und Petruccio – die seit vierhundert Jahren ungebrochene Bühnenwirksamkeit der Komödie erklärt und der zugleich mehr ist als ein „*Test, in dem man die sprachlichen und geistigen Fähigkeiten misst und sich auf diese Weise kennenlernt*".[26]

---

21 Howard, „Introduction", S. 134.
22 Vgl. Novy, *Love's Argument*, S. 50–51 und Schabert, *Englische Literaturgeschichte*, S. 72–73.
23 Vgl. Draper, „Kate the Curst".
24 Dieses Detail widerlegt alle Deutungen, in denen Petruccio als Werber und Ehemann erscheint, der „*dank seines Einfühlungsvermögens seine Frau richtig behandelt und sie schließlich ins Glück führt*" (Rüetschi, S. 19).
25 Vgl. bes. die ‚Enthüllung' des wahren Charakters Katherines, womit Petruccio Baptista beruhigt und den Erfolg seiner Werbung verkündet (II,1,282–290).
26 Suerbaum, *Shakespeares Dramen*, S. 204.

Ergebnis der Werbung	Katherine, die Petruccio an Wortwitz und rhetorischer Schlagfertigkeit nicht nachsteht, scheitert im Anschluss an die eigentliche ‚Werbung' darin, ihrer Bewertung der ‚Werbung' Petruccios Gehör zu verschaffen, weil sie sich einerseits vom Zorn auf ihren Vater ablenken lässt (II, 1, 277–281) und weil andererseits sowohl Baptista als auch Gremio und Tranio nur allzu schnell bereit sind, den dreisten Lügen Petruccios Glauben zu schenken (II, 1, 294–316). Katherine scheitert an ihrem eigenen Temperament und an der stillschweigenden Interessenallianz der Männer, für die die Eheschließung Katherines Voraussetzung für das nächste Geschäft ist, die Verheiratung Biancas.
Zähmungspraxis	Petruccios Strategie geht auf, die Ehe wird geschlossen und auch die ‚Zähmung' gelingt; er bezwingt Katherine *„in her own humour"* (IV, 1, 161) und ist dabei nach Einschätzung seiner Diener *„more shrew than she"* (IV, 1, 71). Er predigt ihr Enthaltsamkeit und entzieht ihr Nahrung und Schlaf. Das alles mit voller Berechnung, wie er dem Publikum in einem die Szene IV, 1 beschließenden Monolog enthüllt:

Thus have I politicly begun my reign,
And 'tis my hope to end successfully.
My falcon now is sharp and passing empty,
And till she stoop she must not be full-gorged,
For then she never looks upon her lure.
Another way I have to man my haggard,
To make her come and know her keeper's call –
That is, to watch her as we watch these kites
That bate and beat, and will not be obedient.
She ate no meat today, nor none shall eat.
Last night she slept not, nor tonight she shall not.
As with the meat, some undeservèd fault
I'll find about the making of the bed,
And here I'll fling the pillow, there the bolster,
This way the coverlet, another way the sheets,
Ay, and amid this hurly I intend
That all is done in reverent care of her,
And in conclusion she shall watch all night,
And if she chance to nod I'll rail and brawl
And with the clamour keep her still awake.
This is a way to kill a wife with kindness,
And thus I'll curb her mad and headstrong humour. (IV, 1, 169–190)

Psychische Folter	Neben dieser – im Vergleich zur volkstümlichen Stoff-Tradition deutlich abgemilderten – physischen Folter,[27] in die sich Petruccio allerdings selber miteinbezieht und *„willig alle Drangsale und Mühen, die er Kate während dieses Erziehungsprozesses zumutet"*[28]

teilt, verlässt er sich ansonsten ausschließlich auf seine primär psychisch ausgerichtete Strategie. In seiner *taming school* führt Petruccio Katherine ihr eigenes cholerisches Verhalten spiegelbildartig vor (IV, 1) und zwingt sie während der Hochzeit und der „Flitterwochen" auf seinem Landgut durch Demütigungen der verschiedensten Art, den Wert gesellschaftlicher Konventionen zu überdenken. Dabei erweist er sich als glänzender Schauspieler, als Meister der Verstellung:

In a not unfamiliar anomaly, the man in a position of relative social power laughs at the conventions of the society that gives him that power, while the woman subordinated by her society worries about its judgement of her.[29]

Partnerin

Nachdem Katherine zunächst lediglich das Objekt seiner ‚erzieherischen' Spiele war, wird sie in IV, 6 zu seiner aktiven Partnerin: *„Petruchio is not only a dominant husband but also a player of games he wants Kate to join".*[30] Eine der kürzesten Szenen der gesamten Komödie (IV, 6) wird damit zur Schlüsselszene: In ihr greift Katherine Petruccios abstruse Behauptungen einer verkehrten Wirklichkeit auf und bestätigt sie, um diese gleich im nächsten Moment wieder in ihr Gegenteil zu verkehren (IV, 6, 1–50).[31] Sie ist Petruccio eine ebenbürtige Partnerin in Geist, Witz und Erfindungsreichtum, ganz so wie Petruccio sich den Fortgang des Spiels gedacht hat: *„Thus the bowl should run,/ And not unluckily against the bias"* (IV, 6, 25–26). Aber, es ist Petruccio, der – wie ein Regisseur seinen Schauspielern Rollen zuweist – für Katherines Agieren die Regeln vorgibt. Er spielt den aktiven Part und sie reagiert wie gewünscht:

Kate discovers what is good for her only when it is imposed on her by the indefatigable male suitor. Yet even when subsequently refined, the mode of persuasion retains a subtly patriarchal character; an element of cultural and psychological coercion persists that rules out male-female equality.[32]

---

27 Vgl. Howard, „Introduction", S. 139.
28 Pfister, *Shakespeare Handbuch*, S. 452.
29 Novy, *Love's Argument*, S. 49.
30 Novy, *Love's Argument*, S. 6.
31 Speziell auf diese Szene (und die Schlussszene) stützen sich psychologisierende Charakterstudien, die Petruccio zum Gezähmten und Katherine zur Zähmerin machen, die gelernt habe, dass sie bei Petruccio ihren Willen durchsetzen kann, solange sie in der Öffentlichkeit vorgibt, ihm untertänigst zu gehorchen (vgl. z. B. Coghill, „Shakespearean Comedy").
32 Erickson, *Rewriting Shakespeare*, S. 23–24.

Wertung	Es bleibt wohl offen, was die ‚Zähmung' Katherines an dieser Stelle signalisiert: Hat sie *„'spielend' die weibliche Kunst gelernt ..., den Gatten durch kluge Unterwürfigkeit mühelos und wirksam zu lenken"*,[33] oder ist es die nüchterne Einsicht in die materielle Abhängigkeit der Frau vom Mann,[34] die diesen Wandel motiviert?
Schluss-monolog	Genauso problematisch – und in der Kritik umstritten[35] – ist der Schlussmonolog Katherines beim Hochzeitsbankett Biancas, in dem der Ehemann zum ‚Herrn', zum ‚Leben', zum ‚Haupt' und ‚Herrscher' der Frau erklärt wird (V, 2, 140–183), dem sie Wohlverhalten und Gehorsam schulde wie ein Untertan dem Fürsten. Die natürliche Begründung für die Dominanz des Mannes liefert sie gleich mit:

Why are our bodies soft, and weak, and smooth,
Unapt to toil and trouble in the world,
But that our soft conditions and our hearts
Should well agree with our external parts? (V, 2, 169–172)

Publikums-reaktion	Ein elisabethanisches Publikum wird den Schlussmonolog Katherines wohl mehrheitlich[36] als Affirmation der konventionellen Geschlechtervorstellungen verstanden haben, wie INA SCHABERT – ein wenig zu apodiktisch – ausführt:

In der allgemeinen und der feministischen Shakespearekritik wie auch in der Theaterpraxis ist vielfach versucht worden, die in der Komödie verbal und handlungsmäßig vorgegebene Frauenzähmung zum spielerischen Ritual zu bagatellisieren, das bei Katharina wie bei Petruchio von sexuellem Begehren und emotionaler Zuneigung getragen wird. Solche Deutungen retten für uns das Stück als Komödie, doch sie sind anachronistisch; zu seiner Entstehungszeit war die Frauenzähmung kein Beziehungsspiel, konnte die Schlussrede mit ihren sakrosankten Analogien und der Bezugnahme auf das Pauluswort (Ephes. V) nicht ironisch verstanden werden.[37]

Moderne Reaktion	Andererseits kann – vor allem aus der Perspektive des ausgehenden 20. Jahrhunderts – das Ergebnis der ‚Zähmung' auch als eine Uminterpretation der alten Muster von Macht und Unterordnung, als Manifestation einer partnerschaftlichen Kooperation gewertet werden, zu der Petruccio und Katherine gefunden haben:

She learns in play the spirit of cooperation. By adopting the ironic mode, Katharina retains her independence and intellectual freedom, winning Petruchio's respect. They find between them a creative synthesis in humor, which offers an alternative to competition for power. These two rebels join forces to mock convention and appearances, but their mutual respect will prevent sarcastic bickering. Thus, Katharina has discovered a new identity by affirming her intellectual energies – her wit and imagination – and Petruchio has tamed his own misdirected energies, discov-

ering a partner who can play his game with finesse. Her final speech, when seen in this context, can be nothing less than ironic hyperbole.[38]

Offenheit

Ob eine solche Deutung noch den Text von Shakespeares Komödie interpretiert oder ein Zuviel an moderner Mentalität in sie hineinliest, muss wohl ebenfalls offen bleiben. Die in der Komödie zentrale ‚Zähmung' Katherines vollzieht sich zwar weitgehend ohne physische Gewalt, gleichwohl bleibt es eine gewaltsame Domestizierung. Welten liegen zwischen dieser ‚Zähmung' und der modernen Uminterpretation des Begriffs, wie sie der Fuchs in ANTOINE DE SAINT-EXUPÉRYS *Le Petit Prince* dem kleinen Prinzen, auf dessen dreimalige Frage, was ‚zähmen' heißt, vorträgt:

‚Das ist eine in Vergessenheit geratene Sache', sagte der Fuchs. ‚Es bedeutet: sich vertraut machen'.
‚Vertraut machen?'
‚Gewiß', sagte der Fuchs. ‚Du bist für mich noch nichts als ein kleiner Knabe, der hunderttausend kleinen Knaben völlig gleicht. Ich brauche dich nicht, und du brauchst mich ebenso wenig. Ich bin für dich nur ein Fuchs, der hunderttausend Füchsen gleicht. Aber wenn du mich zähmst, werden wir einander brauchen. Du wirst für mich einzig sein in der Welt. Ich werde für dich einzig sein in der Welt [...]'[39]

Differenzen

Welten liegen freilich auch zwischen Petruccios ‚Werbung' um Katherine und der Werbung Lucentios um Bianca. Die drastisch-derbe Vitalität Petruccios und die witzig-schlagfertigen Repliken Katherines hinterlassen jedenfalls beim Publikum einen sehr viel nachhaltigeren Eindruck als die aus GEORGE GASGOIGNES *Supposes* (1566) adaptierte Handlung um Bianca. Die rhetorische Brillanz Petruccios, die ganz zu Anfang der Komödie bereits von Grumio gerühmt wird (I, 2, 103–110), und die in Katherines Wortwitz

---

33 Pfister, *Shakespeare-Handbuch*, S. 453.
34 Vgl. z.B. Kamps, *Materialist Shakespeare*, S. 253: „When Kate realizes that there are no other socially available spaces, and when she furthermore realizes that Petruchio controls access to all sustenance, material possession, personal comfort, and spatial mobility, she will rationally choose to please him and encourage his generosity rather than, as he says, continue ever more crossing him in futile imitation of birds whose wings have been clipped".
35 Vgl. zu den kontroversen Stellungnahmen Woodbridge, *Women and the English Renaissance*, S. 221–222.
36 Vgl. Howard, „Introduction", S. 136–137. Vgl. insgesamt die Analyse der durchaus kontroversen Diskussion über die Ehe bei Stone, *Family, Sex, and Marriage*.
37 Schabert, *Englische Literaturgeschichte*, S. 73.
38 Dreher, *Domination and Defiance*, S. 114.
39 Antoine de Saint-Exupéry: *Der Kleine Prinz*. Ins Deutsche übertragen von Grete und Josef Leitgeb. Düsseldorf: Karl Rauch Verlag 1956, S. 66. Für unsere Zwecke genügt die mit dem Original verglichene deutsche Übersetzung: der Fuchs erklärt die Bedeutung von ‚apprivoiser', und der gebräuchliche französische Titel unserer Komödie lautet bekanntlich *La mégère apprivoisée*.

und Schlagfertigkeit ihr ebenbürtiges Pendant findet, kann nicht vergessen machen, dass es ausschließlich Petruccio ist, der die Regeln dieser Wortgefechte festlegt. Alle – primär für das Publikum – komischen Einfälle Petruccios, mit denen er Katherine in seinem Landhaus seine ‚shrewness' vorspielt, sollten nicht die brutale Tatsache verdrängen können, dass Katherine durch Schlafmangel und Nahrungsentzug ‚domestiziert' wird.

Fortsetzung

Zumindest einer der Zeitgenossen Shakespeares hat die ‚Zähmung' Katherines wohl ähnlich verstanden. Um 1611 schrieb JOHN FLETCHER eine Fortsetzung von Shakespeares Komödie, in der Petruccio als Witwer nun seinerseits von seiner zweiten Frau, Maria, *„a chaste witty Lady"*, ‚gezähmt' wird: *The Woman's Prize, or The Tamer Tam'd. A Comedy*. Diese durchaus lesenswerte Komödie, die sich freilich mit Shakespeares *The Taming of the Shrew* nicht messen kann, ist das früheste Beispiel für die dann im 20. Jahrhundert so beliebten Shakespeare-Adaptationen.

3 Liebe und Krieg: *Troilus and Cressida*

Prolog

Das wohl 1601/1602 entstandene Drama *Troilus and Cressida*[40] wird als einziges aller Dramen Shakespeares von einem Prolog in Waffen, einem waffenstarrenden Krieger eröffnet. Dem kriegerischen Äußeren dieses Prologs korrespondiert die Tatsache, dass die in Prologen übliche *captatio benevolentiae*, die Bitte, das Stück freundlich aufzunehmen, fehlt. Dem Publikum wird nicht etwa, wie es üblich war, nahegelegt, dem Stück wohlwollende Aufmerksamkeit zu schenken; schroff endet der Prolog, indem er Urteil und Geschmack der Zuschauer an die zufälligen Launen des Kriegsglücks bindet: *„Like or find fault; do as your pleasures are;/ Now, good or bad, 'tis but the chance of war"* (Pr. 30–31).

Handlungsüberblick

Durchaus konventionell hingegen führt der Prolog das Publikum in die eigentliche Handlung ein:

In Troy there lies the scene. From isles of Greece
The princes orgulous, their high blood chafed,
Have to the port of Athens sent their ships,
Fraught with the ministers and instruments
Of cruel war. Sixty-and-nine, that wore
Their crownets regal, from th'Athenian bay
Put forth toward Phrygia, and their vow is made
To ransack Troy, [...] (Pr. 1–8)

Kriegsgrund

Dann jedoch unterbricht der Prolog sein Säbelgerassel für einen Moment und ironisiert es zugleich, indem er den Grund für diesen gewaltigen Aufmarsch der Griechen lakonisch auf den einfa-

chen Nenner bringt: *„The ravished Helen, Menelaus' queen,/ With wanton Paris sleeps – and that's the quarrel"* (Pr. 9–10). Deutlicher lässt sich das Missverhältnis zwischen Kriegsaufwand und Kriegsanlass kaum herausarbeiten.[41] In diesem gewaltigen Ringen geht es, wie dies später noch mehrfach von dem Außenseiter Thersites, dem einzigen nüchtern und klar denkenden Menschen in dieser Welt der eitlen, aufgeblasenen Kriegshelden, mit brutaler Offenheit formuliert wird, um den Besitz einer Hure: *„All the argument is a whore and a cuckold. A good quarrel to draw emulous factions and bleed to death upon"* (II, 3, 65–66).

Kriegs-handlung

Die Handlung des primär aus mittelalterlichen Bearbeitungen des Troja-Stoffes[42] entwickelten Stücks ist schnell erzählt. Der Trojanische Krieg ist in seinem siebten Jahr und noch immer ohne Entscheidung; beide Seiten sind etwa gleich stark und gleichermaßen unzufrieden. Da machen die Griechen ein Angebot: Troja möge Helena herausgeben, und sie würden ohne weitere Schadenersatzforderungen abziehen.

Beratungen

In beiden Lagern wird – in einer Schlacht- und Atempause – Kriegsrat gehalten, und mögliche Lösungen werden diskutiert. Die Trojaner entscheiden sich gegen die Auslieferung Helenas. Hektor, der größte Kriegsheld unter ihnen, hat ein anderes Angebot unterbreitet: Er will mit dem kühnsten Recken der Griechen einen Zweikampf ausfechten. Das griechische Losverfahren wird von Odysseus manipuliert, um den stärksten Kämpfer der Griechen, Achilles, der aufgrund seiner ‚Liebe' zur trojanischen Königstochter Polyxena nicht mehr mitkämpfte, zur Wiederaufnahme des Kampfes zu provozieren. Das Los fällt – wie von Odysseus geplant – auf Ajax; mit diesem aber weigert sich Hektor bis zum bitteren Ende zu kämpfen, denn Ajax hat zur Hälfte trojanisches Blut in den Adern. Schließlich werden die Kämpfe im Ganzen wieder aufgenommen, in deren Verlauf Hektor erschlagen wird.

---

40 Die folgende knappe Analyse verdankt zwei modernen Inszenierungen (Münchener Kammerspiele Spielzeit 1985/86, Übersetzung von Michael Wachsmann, Regie: Dieter Dorn, und Düsseldorfer Schauspielhaus Spielzeit 1993/94, Übersetzung von Gottfried Greiffenhagen, Regie: David Mouchtar-Samorai) und der Studie von Krippendorff (S. 67–102 und passim) wesentliche Einsichten und Anregungen.

41 Vgl. Krippendorff, S. 69: *„Ein pathologischerer Kriegsgrund ist kaum vorstellbar als der, der diesem ‚Krieg aller Kriege' zugrunde liegt und von dessen Helden und Heldentaten gleichwohl die europäische politische Herrschaftskultur nicht nur bis zu Shakespeares Zeiten, sondern bis in unsere Gegenwart inspiriert ist, in denen sich die Herrschenden jahrhundertelang wiedererkannten und sich, jedenfalls bis in die Generation unserer Eltern hinein, darstellen und feiern ließen; [...]"*.

42 Vgl. Kluge, *Shakespeare-Handbuch*, S. 500–501 und William Shakespeare: *Troilus and Cressida*. Englisch-deutsche Studienausgabe. Deutsche Prosafassung, Anmerkungen, Einleitung und Kommentar von Werner Brönnimann-Egger. Tübingen: Francke 1986, S. 21–27 (im folgenden abgekürzt als Brönnimann).

Parallel zu diesem Kriegsgeschehen und scheinbar unabhängig davon verläuft die Liebesgeschichte zwischen dem trojanischen Prinzen Troilus und der Tochter des zu den Griechen übergelaufenen Sehers Calchas, Cressida. Pandarus, Cressidas Onkel, bringt beide zusammen – aber noch am Morgen ihrer ersten Liebesnacht erhält Cressida den Befehl, sich gegen einen von den Griechen gefangenen wichtigen Trojaner, Antenor, austauschen zu lassen. Ihr Vater Calchas hatte das im Lager der Griechen durchsetzen können. Obwohl beide, Troilus und Cressida, sich ewige Treue schwören, wird Letztere, kaum ist sie im Lager der Griechen angekommen, zur Geliebten des Diomedes, was Troilus, von Odysseus heimlich zum Zelt des Calchas geführt, mitansehen muss. Erfüllt von grenzenloser Wut und Verbitterung ob des Verrats seiner Geliebten wirft Troilus sich in die wieder ausgebrochenen Kämpfe und schwört, Hektor an Achill zu rächen. Das Stück beendet dann der um seinen Lohn betrogene Kuppler Pandarus, und wie der Prolog zu Anfang, so springt auch er nicht zimperlich mit seinem Publikum um. All seine Krankheiten, gemeint ist vornehmlich die Syphilis, will er ihm hinterlassen (V, 11, 31.4–31.24). Der argumentative Kreis hat sich damit geschlossen und bestätigt ist auch der Fluch des Thersites: „*Now the dry serpigo on the subject, and war and lechery confound all!*" (II, 3, 67–68).

Das Stück *Troilus and Cressida* gehört, zumindest darin ist sich die Shakespeare-Forschung einig,[43] zu den rätselhaftesten seiner Dramen. Zugleich ist es ein Stück, das unmissverständlich Zuschauerreaktionen einfordert, das an die Urteilskraft der Rezipienten appelliert, sich in der präsentierten Meinungsvielfalt selbst zurecht zu finden.

Zunächst gilt es festzuhalten, dass alle Versuche, die offenkundigen Widersprüche des Stückes in einen großen Gesamtplan einzuordnen, zum Scheitern verurteilt sind. So sah etwa G. WILSON KNIGHT *Troilus and Cressida* als Kampf zwischen zwei Polaritäten, als Auseinandersetzung zwischen zwei sich gegenseitig ausschließenden philosophischen Grundhaltungen.[44] Die Trojaner stehen in der Konzeption KNIGHTs für Spontaneität und Emotionalität, Intuition und Liebenswürdigkeit, sie betrachten den Krieg als romantisches, heroisches Abenteuer und fühlen sich einer aristokratisch-ritterlichen Ehre als höchstem Gut verpflichtet. Die Griechen sind für KNIGHT der Gegenpol: sie vertreten eine schnell in Zynismus umschlagende Intellektualität, ihre Kritikfreudigkeit geht einher mit Handlungsträgheit und bösartigem Hohn, es fehlt ihnen jegliche menschliche Wärme. Der mythologische Hintergrund der Geschichte(n) um Troja stützt, ohne dass KNIGHT darauf Bezug nimmt, diese Deutung, denn nach dem verhängnisvollen Urteil des Paris hilft Venus den Trojanern, während den Griechen in Minerva und Juno die Vertreterinnen von Weisheit und Macht zur Seite stehen.[45]

**Differen-
zierung-
problematik**

Und dennoch wird diese Deutung dem Drama nicht gerecht, denn die implizite Voraussetzung für diese These, dass sich nämlich Griechen und Trojaner so deutlich voneinander unterscheiden lassen, kann leicht als unzutreffend erwiesen werden: Die scheinbar so klaren Fronten verwischen und verschieben sich, wenn man genauer hinschaut, wie dies EKKEHART KRIPPENDORFF in aller Kürze heraustellt:

*Der Seher Calchas hatte Troja verlassen und war zu den Griechen über-
gewechselt; seine Tochter Cressida, in Troja zurückgeblieben, muss später ebenfalls die Seiten wechseln, aber es fällt ihr nicht schwer, im Griechen Diomedes einen ausreichenden Ersatz für den Trojaner Troilus als
Liebhaber zu finden; Hektor zitiert zustimmend (wenn auch, strengge-
nommen, anachronistisch [...]) den griechischen Philosophen Aristote-
les; die Griechin Helena fühlt sich im feindlichen Troja offensichtlich recht
wohl; der mächtigste Troja-Gegner Achilles hat ein Auge auf die Pria-
mus-Tochter Polyxena geworfen usw. Kurz: Griechen und Trojaner, da
liegen nicht zwei große historische Prinzipien, zwei Gesellschaftsord-
nungen, zwei Grenzvölker miteinander im Streit, sondern es sind zwei
Völker derselben Menschenfamilie, in einen tödlichen Kampf geführt von
einer Handvoll von Anführern, die glauben, ihre jeweilige Ehre entweder
zurückgewinnen oder verteidigen zu müssen.*[46]

**Unaus-
weichlichkeit**

Neben dem nichtigen Kriegsgrund – denn über den Wert Helenas sind sich im Grunde Griechen und Trojaner einig – verleiht genau dieses dem Stück seinen düsteren, deprimierenden Grundtenor. Eine Schlüsselstelle für das tiefere Verständnis der Unausweich-lichkeit des Geschehens ist die große Rede Hektors, mit der er im trojanischen Staatsrat die Diskussion um eine mögliche Ausliefe-rung Helenas beendet. Hektor wägt die bisher, primär von Helenus und Troilus vorgebrachten Argumente gegen die Auslieferung Helenas noch einmal ab, setzt seine eigene, nüchtern rationale Position, Helena sei den Einsatz dieser vielen Leben nicht wert, dagegen und kommt zu dem Ergebnis, dass das Naturrecht, das Recht der Völker und alle Moralgesetze keine Alternativen zur He-rausgabe Helenas eröffneten:

---

43 Vgl. den guten Überblick bei Brönnimann, S. 11–21. Die Schwierigkeiten und offenen Fragen beginnen im übrigen bereits mit der Textgeschichte; vgl. die wichtigsten Details bei Cohen, „Introduction", S. 1832–1834.
44 Knight, *The Wheel of Fire*, bes. S. 51–79.
45 Vgl. Brönnimann, S. 14 (mit weiterer Literatur).
46 Krippendorff, S. 74–75.

> *[...] Nature craves*
> *All dues be rend'red to their owners. Now,*
> *What nearer debt in all humanity*
> *Than wife is to the husband? If this law*
> *Of nature be corrupted through affection,*
> *And that great minds, of partial indulgence*
> *To their benumbèd wills, resist the same,*
> *There is a law in each well-ordered nation*
> *To curb those raging appetites that are*
> *Most disobedient and refractory.*
> *If Helen then be wife to Sparta's king,*
> *As it is known she is, these moral laws*
> *Of nature and of nations speak aloud*
> *To have her back returned. Thus to persist*
> *In doing wrong extenuates not wrong,*
> *But makes it much more heavy. Hector's opinion*
> *Is this in way of truth –* (II, 2, 172–188)

Fortsetzung des Kampfes

Doch dann folgt die erstaunliche, die absurde Kehrtwendung: Aber trotzdem, so fährt Hektor fort, schließe er sich der Meinung seiner Brüder an, Helena zu behalten und ihren Besitz durch Fortsetzung des Krieges zu verteidigen: „For 'tis a cause that hath no mean dependence/ Upon our joint and several dignities" (II, 2, 191–192). Mit dieser argumentativen Kehrtwendung wird Hektor „zur Metapher für die Unterordnung von Vernunft, Einsicht und Logik unter die politische Unvernunft, für Blindheit und den Opportunismus der Mehrheitsmeinung, der Tradition, der Staatserhaltung".[47] Damit wird die Tragödie, wenn sie denn bisher eine war,[48] zugleich zum Endspiel. Die Bestie Krieg frisst weiter ihre Kinder, der waffenlose Hektor, die Säule Trojas, wird schließlich von den Myrmidonen des Achill abgeschlachtet (V, 9), während dieser selbst nur zuschaut.

Troilus und Cressida

Nun heißt das Stück, und dies nicht grundlos, *Troilus and Cressida*: Diese beiden Liebenden spielen auf einer scheinbar privaten Ebene die zum Kriegsanlass gewordene Beziehung von Paris und Helena noch einmal durch. Früh schon enthüllt Troilus in seinen Gedanken an Cressida, dass es ihn nach ihrem Körper verlangt, dass er mit ihr schlafen will. Und Shakespeare legt ihm Verse in den Mund, in denen Troilus selbst die Erwartungen an die erste Liebesbegegnung mit dem Kampf in einer Feldschlacht assoziiert: „[...] and I do fear besides/ That I shall lose distinction in my joys,/ As doth a battle, when they charge on heaps/ The enemy flying" (III, 2, 24–27). Es ist nicht nur die ikonographisch und mythologisch vorgeprägte Beziehung von Mars und Venus, die Shakespeare in Troilus präsentiert, er vermittelt zugleich eine Vorahnung davon, was dann die Psychologen des 20. Jahrhunderts eingehend analysiert haben: den immanenten Zusammenhang von aggressiver männlicher Sexualität und Krieg, dass mit der Entfesselung der Gewalt im Krieg dieses männliche, sexuelle Aggressionspotential freigesetzt wird.[49]

Sexualität und Krieg

Die Reaktion des Troilus angesichts der Untreue Cressidas schon in der nächsten Nacht stützt diese Deutung nachdrücklich. Die Tatsache der Untreue öffnet Troilus weder die Augen über sich selbst noch über Cressida. Keinen Gedanken verschwendet er auf die Zwänge, denen Cressida als Frau im Lager der Griechen ausgesetzt ist, sondern sein entfesselter Zorn richtet sich sofort auf den Kampf, die nächste Schlacht (V, 2, 116–179).[50] Troilus' Liebe war – so fasst es MARILYN FRENCH zusammen – eindeutig eine Frage des Besitzes und nicht der Hingabe, und das sei ganz im Einklang mit dem Stück überhaupt. Die ganze Situation wurzele in eben dieser Wertstruktur: Der Krieg werde weder um Helenas Liebe geführt, noch um ihre Wahl; er ist die Schlacht um den Besitz ihres Körpers.[51]

Männerwelt

Es ist eine reine Männerwelt, die Shakespeare präsentiert, *„ein Laboratorium der selbstzerstörerischen Unvernunft, der Gewalt und des Streites um sexuellen Besitz"*.[52] Alle vier in diesem Stück auftretenden Frauen (Helena, Andromache, Cassandra und Cressida) sind Opfer, manipulierte Objekte, oder bestenfalls hilflose Zeuginnen und Zuschauerinnen der männlichen Interessenpolitik. Und so ist Cressida auch nicht einfach ein seichtes Flittchen, wie uns Helena als Gipfelpunkt der Entmythologisierung von Shakespeare immer wieder präsentiert wird; was Cressida ist und wie sie sich verhält, das ist sie geworden in dieser männlich dominierten Welt. Sie ist im Kriege aufgewachsen, und die Metaphern, die sie zur Erläuterung ihres Verhaltens benutzt, entstammen diesem Krieg. Sie sieht sich vor der Begegnung mit Troilus im Bild einer zu verteidigenden, bewachten Festung. Zugleich ist die Kriegsmetaphorik durchsetzt mit sexuellen Doppeldeutigkeiten, als habe auch sie die unselige Partnerschaft von Mars und Venus begriffen:

PANDARUS: You are such another woman! One knows not at what ward you lie.
CRESSIDA: Upon my back, to defend my belly, upon my wit to defend my wiles, upon my secrecy to defend mine honesty, my mask to defend my beauty, and you to defend all these – and at all these wards I lie at a thousand watches.

---

47 Krippendorff, S. 85.
48 Vgl. insgesamt die detaillierte Analyse von Kirchheim, S. 48–124.
49 Vgl. Krippendorff, S. 91–93.
50 Vgl. Krippendorff, S. 92–93.
51 Vgl. French, *Shakespeare's Division of Experience,* S. 163–164.
52 Krippendorff, S. 93.

PANDARUS: *Say one of your watches.*
CRESSIDA: *,Nay, I'll watch you for that' – and that's one of the chiefest of them too. If I cannot ward what I would not have hit, I can watch you for telling how I took the blow – unless it swell past hiding, and then it's past watching.*
PANDARUS: *You are such another!* (I, 2, 238–249)[53]

Liebe und Macht

Liebe ist in *Troilus and Cressida*, sowohl in der öffentlichen Helena-Paris-Handlung als auch auf der scheinbar privaten Ebene von Troilus und Cressida, als ein Besitz- und Machtverhältnis dargestellt, und die Besitzenden, die Mächtigen, sind die Männer, die Krieger. Gefangen in den diffusen Vorstellungen dieser Männerwelt von Ehre und Besitz werden diese sich – und diese Welt – zerstören. Die durch keine weiblichen Bindungen gezügelte Macht ist genau so selbstzerstörerisch wie die durch keine Liebe gezügelte und veredelte Sexualität.[54] Beide, der Machttrieb so gut wie der Sexualtrieb, fressen sich selbst auf, wie es ganz zu Anfang schon Odysseus in seiner großen – taktisch motivierten *degree*-Rede – formuliert:

Then everything includes itself in power,
Power into will, will into appetite;
And appetite, an universal wolf,
So doubly seconded with will and power,
Must make perforce an universal prey,
And last eat up himself. (I, 3, 119–124)

Krieger-gesellschaft

Sexualität und Macht verbinden sich in einer ausschließlich von Männern regierten und beherrschten Gesellschaft zu Sex, Macht und Krieg, weil in ihr wahre Liebe, welche sich notwendigerweise auf Gleichheit, Gegenseitigkeit und Harmonie gründet, nicht entstehen kann. Eine solche Gesellschaft, einschließlich ihrer politischen Ordnungssysteme, beispielsweise die von Odysseus beschworene hierarchische Ordnung (I, 3, 74–137), ist innerlich krank, zerrüttet und zum Sterben verurteilt.[55] Und doch formuliert vielleicht genau diese schonungslose Diagnose einen kleinen Hoffnungsschimmer in diesem Alptraum von Blut, Macht und Gewalt: *„Die Diagnose einer Krankheit ist die Bedingung der Möglichkeit ihrer Heilung.* Troilus und Cressida *diagnostiziert die Krankheitsursachen der Kriegsgesellschaft, und darin liegt die Chance ihrer Überwindung"*.[56]

---

53 Vgl. insgesamt zu dieser Passage den Kommentar von Brönnimann, S. 78–79.
54 Vgl. Krippendorff, S. 95–96; vgl. ebenfalls Grady, *Shakespeare's Universal Wolf*, S. 58–94.
55 Vgl. Krippendorff, S. 98.
56 Krippendorff, S. 100.

Das dramatische Werk II: Die Historien

KAPITEL

1 Gattungstheorie, Einzelhistorien und zwei Tetralogien

Definition

Die Herausgeber der *First Folio* (1623) verstanden die Historien als eigene, abgrenzbare Gruppe des dramatischen Werkes Shakespeares, als Dramen, die Stoffe aus der nationalen, englischen Geschichte auf die Bühne brachten. Dieses so eindeutige Kriterium, das es erlaubte, Dramen, die etwa römische *(Julius Caesar)*, schottische *(Macbeth)* oder dänische Geschichte *(Hamlet)* behandelten, von *King John*, *Richard II* oder *Henry VIII* abzusetzen, ist ein inhaltliches und als solches auch heuristisch sinnvoll.

generische Hybridität

Die ausführlichen Titel der insgesamt zehn Historien verdeutlichen mit Bezeichnungen wie *„chronicle"*, *„true chronicle"*, *„tragedy"*, *„troublesome reign"*, dass die Historien keine strukturell einheitliche dramatische Gattung (oder Untergattung) konstituieren.[1] Vielmehr unterscheiden sie sich primär in der Wahl des Stoffes und in der deutlichen Akzentuierung des öffentlich-politischen Lebens von den anderen Untergattungen (z. B. Moralitäten, Tragödien und Römerdramen).[2] Konsequenterweise ordneten die Herausgeber der *First Folio* die Historien zwischen die Komödien und die Tragödien ein. Damit wiesen sie implizit auf die generische Hybridität der Historien hin, in deren dramatische Präsentation englischer Geschichte sowohl Elemente der Komödie (z. B. *Henry IV*) als auch der Tragödie (z. B. *Richard II*) integriert sind.[3]

Geschichtsschreibung

Die Reihung der Historien nach der historischen Chronologie der Regierungszeiten der jeweiligen Herrscher verweist unmissverständlich auf die Geschichte und insbesondere auf die Geschichtsschreibung der Tudorzeit als weiteren Referenzrahmen, den einzubeziehen für ein angemessenes Verständnis der Historien Shakespeares unverzichtbar ist.[4]

Übersicht

King John und *Henry VIII* dürfen als Prolog und Epilog zu den beiden Tetralogien, Sequenzen von jeweils vier Einzeldramen, betrachtet werden, die dann – ohne größere zeitlichen Sprünge – die unmittelbare, etwa hundert Jahre umfassende Vorgeschichte

---

1 Die Quartoausgabe von Shakespeares *Henry IV* (1598) verwendet *history* erstmals als Gattungsbezeichnung für ein politisches Drama.
2 Vgl. Müller, *Shakespeare-Handbuch*, S. 374–378.
3 Vgl. hierzu zuletzt Uhlig, *Klio und Natio*, S. 41–45.
4 Vgl. Weiß, *Drama der Shakespeare-Zeit*, S. 198–200 und Iser, *Shakespeares Historien*, S. 48–59.

der Tudorherrschaft dramatisieren, wie die folgende Matrix verdeutlicht:[5]

König	Regierungs-zeit	Stück	Entstehungs-zeit
John Lackland	1199–1216	*The Life and Death of King John*	1591–1598
Lancaster-Tetralogie (Zweite Tetralogie)			
Richard II	1377–1399	*The Tragedy of King Richard the Second*	1594–1595
Henry IV	1399–1413	*The First Part of Henry the Fourth*	1596–1597
		The Second Part of Henry the Fourth	1597–1598
Henry V	1413–1422	*The Life of Henry the Fifth*	1599
York-Tetralogie (Erste Tetralogie)			
Henry VI	1422–1461 und 1470–1471	*The First Part of Henry the Sixth*	1589–1592
		The Second Part of Henry the Sixth	1590–1592
		The Third Part of Henry the Sixth	1590–1592
Richard III	1483–1485	*The Tragedy of Richard the Third*	1592–1593
Henry VIII	1509–1547	*The Life of Henry the Eighth*	1612–1613

Richard II und *Henry IV* Die interpretatorische Einbeziehung der für die Historien primär benutzten historiographischen Quellen (EDWARD HALL und RAPHAEL HOLINSHED[6]) und die Konzentration auf die dramatische und argumentative Teleologie der beiden Tetralogien legen eine moralische Deutung des dramatisierten Geschehens nahe. Die Absetzung RICHARDS II. im Jahre 1399 durch HENRY BOLINGBROKE, der dann als HENRY IV. regierte, wird aus dieser Perspektive zum Auslöser eines tragischen Zusammenhangs von Schuld, Sühne und Erlösung. Henry wird – als göttliche Strafe für die Absetzung Richards – mit zahlreichen Rebellionen im Inneren und dem Ungehorsam seines Sohnes konfrontiert (*Henry IV*, Teil I und II).

Henry V Nach dem Tode Henrys IV. weist der Sohn seinen Versucher Falstaff von sich und wird in *Henry V* zur Personifikation kriegerischer Herrschertugend. Die glorreiche Regierung Henrys V., mit dem großen Sieg über die Franzosen bei Agincourt (1415), beschert England freilich nur eine kurze Atempause.

Henry VI und Richard III

Es folgt das grausame Gemetzel der Rosenkriege (rote Rose: Lancaster; weiße Rose: York), die Shakespeare in den drei Teilen von *Henry VI* auf die Bühne bringt. Das blutige Schlachten kulminiert in der Regierung des leibhaftigen Antichristen auf dem englischen Thron, RICHARD III. Mit dem Sieg HENRY RICHMONDS, des späteren HENRYS VII., über RICHARD III. in der Schlacht bei Bosworth (1485), vollendet sich der Kreislauf von Schuld, Sühne und Erlösung.

Tudor Myth

Mit dem Regierungsantritt HENRYS VII. beginnt für England die Zeit des inneren Friedens, der Stabilität und des Wohlstands, auf die noch prägnantere Formel des sogenannten *Tudor Myth* gebracht: Mit und in der Herrschaft der Tudors (HENRY VII., HENRY VIII., EDWARD VI., MARY TUDOR und ELISABETH I.) vollendet sich die Geschichte Englands.[7]

Wertung

Diese bis heute sehr einflussreiche Deutung der beiden Tetralogien[8] ist – wie auch die synthetisierende Analyse des elisabethanischen Weltbilds durch TILLYARD[9] – nicht grundsätzlich falsch, sie ist aber aus einer ganzen Reihe von Gründen problematisch.[10] Zum einen unterstellt sie, dass Shakespeare die bei den Tudorhistoriographen, insbesondere bei EDWARD HALL, vorgeprägte Interpretation der Geschichte, den *Tudor Myth*, unverändert oder nur geringfügig modifiziert seinen Tetralogien zugrundegelegt hat, womit der Dramatiker sozusagen zum naiven Propagandisten der Orthodoxie wird. Zum anderen ignoriert eine solche Deutung sowohl die von der neueren Forschung immer wieder betonte Eigenständigkeit der einzelnen Historien[11] als auch das durchaus subversive Potential einzelner Szenen oder ganzer Dramen.[12]

---

5 Vgl. die detailliertere – um knappe Inhaltsangaben bereicherte – synoptische Tabelle bei Suerbaum, *Shakespeares Dramen*, S. 188–190 (Entstehungsdaten nach der Liste von Gabler, *Shakespeare-Handbuch*, S. 250–251 und der Tabelle von Suerbaum, S. 188–190).

6 Vgl. Iser, *Shakespeares Historien*, S. 53–55 und Patterson, *Reading Holinshed's Chronicles*.

7 Vgl. Tillyard, *Shakespeare's History Plays*, S. 36–39 und Iser, *Shakespeares Historien*, S. 48–59.

8 Vgl. z. B. noch bei Suerbaum, *Shakespeares Dramen*, S. 191–192; Schwanitz, *Englische Kulturgeschichte*, Bd. I, 15–16.

9 Vgl. dazu oben, S. 7 ff.

10 Ähnlich problematisch beurteilt die moderne Forschung die Deutung der Historien als primär tagespolitische Parabeln; vgl. Campbell, *Shakespeares ‚Histories'*.

11 Vgl. hierzu z. B. die überzeugende Analyse von *Henry VI* durch Riehle, *Shakespeares Trilogie ‚King Henry VI'*, insbes. S. 233–240.

12 Vgl. z. B. Greenblatt, *Verhandlungen mit Shakespeare*, S. 25–65.

Die moderne Forschung hat daraus die Konsequenz gezogen, entweder die Historien primär als (durchaus mehrteilige) Einzeldramen zu analysieren,[13] oder sich bei einer Analyse aller Historien auf wenige prägnante Aspekte (z. B. Legitimität von Herrschaft; Verhältnis Herrscher-Untertanen[14]) zu beschränken. Die intertextuellen und historischen Verknüpfungen der Historiendramen mit den übrigen Diskursen der späten Tudor- und frühen Stuartzeit rücken dabei zunehmend in den Mittelpunkt des Interesses. Diese Entwicklung ist, zumindest jenseits des Atlantiks, durch das zentrale – insbesondere von den Vertretern des sogenannten *New Historicism*[15] behauptete – neue Paradigma der reziproken Verflechtung von ,Textualität' und ,Historizität' sehr begünstigt worden.[16] So ist die Etablierung und Blüte der Historien als ,Gattung' in den Jahrzehnten zwischen 1590 und 1610[17] mehr als eine literarische Mode, mehr auch als eine Reaktion auf die – ohnehin bald verebbende – Welle nationaler Begeisterung nach der glücklichen Abwehr der Armada (1588). Die Historien, insbesondere die Historien Shakespeares, sind eigenständige, unüberhörbare Stimmen innerhalb der vielstimmigen politischen Diskurse der Zeit, in denen die identitätssichernde Herausbildung eines nationalen Selbst-Bewusstseins[18] und die Reflektion über die Rechtmäßigkeit, die Möglichkeiten und die Grenzen herrscherlicher Machtausübung im Mittelpunkt standen. Die Historien Shakespeares greifen – auf eine einfache Formel gebracht – immer wieder zurück auf das nomologische Wissen des elisabethanisch-jakobäischen Theaterpublikums und zugleich verändern, modifizieren sie es.[19] Häufig wird die Mehrstimmigkeit geradezu zum übergeordneten Prinzip in der Konzeption einer einzelnen Historie.

Auswahl

Dieses soll im folgenden anhand von drei repräsentativen Beispielen *(Richard II, Henry V* und *Richard III)* näher erläutert werden, wobei die Darstellung sich jeweils auf die Analyse der zentralen Aspekte beschränkt. *Richard II* dient als Beispiel für die Präsentation und Überprüfung zweier unterschiedlicher Konzeptionen von Herrschaft, *Henry V* verdeutlicht exemplarisch durch den innovativen Einsatz des Chores die strukturell begründete Offenheit in der Einschätzung des Herrschers und *Richard III* zeigt exemplarisch, wie geschickt Shakespeare dramatische Traditionen für die Sympathielenkung nutzt.

2 Die zwei Körper des Königs oder das Selbstverständnis des Herrschers: *Richard II*

Politisches Drama

Richard II, oder, wie es in der ersten Quarto-Ausgabe von 1597 heißt, *The Tragedy of King Richard the Second*, ist ein durch und durch politisches Drama. Von einer von ihm finanzierten Aufführung am 7. Februar 1601 versprach sich z. B. der GRAF VON ESSEX propagandistische Unterstützung für den Putschversuch des folgenden Tages. Auch KÖNIGIN ELISABETH selbst verglich sich nicht nur mit RICHARD II., sondern erkannte offensichtlich sehr genau die politische Brisanz insbesondere der berühmten Absetzungsszene IV,1, die in den drei zu ihren Lebzeiten gedruckten Quarto-Ausgaben auf Anordnung des Zensors gestrichen wurde.

Herrschafts-konzep-tionen

Nicht nur die Absetzungsszene und die Details der Herrschaftsübernahme Bolingbrokes verleihen dieser Historie ihre überragende politische Bedeutsamkeit, sondern vor allem die Tatsache, dass ganz allgemein die Konflikte zwischen zwei unterschiedlichen Konzeptionen von Herrschaft (mittelalterlich sakramental vs. machiavellistisch pragmatisch),[20] im Mittelpunkt der dramatischen Handlung stehen. Verkörpert werden diese Herrschaftskonzeptionen durch den Titelhelden Richard II. und Henry Bolingbroke, den späteren Henry IV.; *Richard II* überprüft „*verschiedene religiöse, philosophische und politische Modelle, Welt, Gesellschaft und Herrschaft zu verstehen, auf ihren Realitätsgehalt*".[21]

Handlung

Die Handlung der Historie lässt sich in einem Satz zusammenfassen: Ein offenkundig schwacher, unfähiger König, der sein Land „*durch persönliche Miss- und Günstlingswirtschaft ruiniert hat, wird abgesetzt bzw. gezwungen, seine Krone einem neuen Regenten zu über-*

---

13 Vgl. z. B. Iser, *Shakespeares Historien;* Leggatt, *Shakespeare's Political Drama;* Krippendorff, Riehle, *Shakespeares Trilogie ‚King Henry VI'.*

14 Vgl. z. B. Sahel, *La pensée politique* und zuletzt Beyer, „Herrscherbild".

15 Vgl. insgesamt Veeser, *The New Historicism.*

16 Vgl. Montrose, in: Veeser, *The New Historicism,* S. 15–36.

17 Vgl. Ribner, *The English History Play,* passim, und zuletzt Uhlig, *Klio und Natio,* S. 45–81.

18 Vgl. insbes. Helgerson, *Forms of Nationhood* und zuletzt Howard/Rackin, *Engendering a Nation,* bes. S. 11–40.

19 Nomologisches Wissen, so wie es Max Weber klassifiziert, ist jenes Allgemeine, Übergeordnete, Normative, auf das der Mensch sein Denken, Handeln und Erleben zu beziehen pflegt. Es ist ein Wissen, auch wenn es nicht in allem bewusst ist, das Orientierung vermittelt, das Entscheidungshilfen gibt, was richtig ist und was falsch, was in Ordnung ist, und was Anlass zu Sorge und Angst sein sollte (vgl. hierzu Baumann, „Politische Kunst I", S. 101–113).

20 Vgl. z. B. Ribner, *The English History Play;* Zimmermann, „Die ideologische Krise" und zuletzt Beyer, „Herrscherbild".

21 Zimmermann, „Die ideologische Krise", S. 104.

geben, der das Vertrauen nicht nur fast des gesamten Adels, sondern auch des Volkes genießt und der alle Eigenschaften eines kompetenten, selbst- und machtbewussten Herrschers mitzubringen scheint".[22] Obwohl Shakespeare von Beginn des Dramas an keinen Zweifel an der Unfähigkeit Richards lässt, hält er die Frage der Legitimität seiner Absetzung, (er ist der letzte direkte Nachkomme WILLIAMS DES EROBERERS), nicht nur offen, sondern macht sie geradezu zum Zentrum seiner Historie. Dies gelingt ihm, indem er – anknüpfend an zwei anonyme Dramen der Jahre 1590–1594 (*The Life and Death of Jack Straw* und *Woodstock*) – das Selbst- und Königsverständnis Richards ganz aus dem Geist des absolutistischen Mythos vom König als dem Gesalbten Gottes entwirft.

Zwei Körper des Königs In Richard personalisiert sich der zentrale Widerspruch von menschlicher und sakraler Natur des Königtums. Zugleich wird mit dieser Akzentuierung von Richards Selbst-Verständnis auch die – speziell für die Zeit Shakespeares zentrale – Vorstellung, beide Naturen des Herrschers in der mystisch-theologischen Einheit der zwei Körper des Königs zu verschmelzen, zur Disposition gestellt.[23] Bei den elisabethanischen Juristen ist in unzweideutiger Klarheit, wiewohl zum Teil spitzfindig formuliert, diese politische Herrschertheologie greifbar. 1562, im Prozess um den Besitz des Herzogtums Lancaster, vermerken die Richter ausdrücklich:

So that he [sc. the King] has a Body natural, adorned and invested with the Estate and Dignity royal; and he has not a Body natural distinct and devided by itself from the Office and Dignity royal, but a Body natural and a Body politic together indivisable; and these two Bodies are incorporated in one Person, and make one Body and not divers, that is the Body corporate in the Body natural, et e contra the Body natural in the Body corporate. So that the Body natural, by this conjunction of the Body politic to it, (which Body politic contains the Office, Government, and Majesty royal) is magnified, and by the said Consolidation hath in it the Body politic.[24]

Body Politic Ungeachtet der dogmatischen Einheit der beiden Körper gibt es jedoch eine bedeutsame Differenz: im Unterschied zum natürlichen Körper des Königs ist der politische Körper, der gleich den Engeln das Unveränderliche in der Zeit darstellt,[25] unsterblich, oder wie es ein anderer elisabethanischer Jurist formuliert:

[...] and this Body is not subject to Passions as the other is, nor to Death, for as to this Body the King never dies, and his natural Death is not called in our Law (as Harper said), the Death of the King, but the Demise of the King, not signifying by the Word (Demise) that the Body politic of the King is dead, but that there is a Separation of the two Bodies, and that the Body politic is transferred and conveyed over from the Body natural now dead, or now removed from the Dignity royal, to another

Body Natural

Body natural. So that it signifies a Removal of the Body politic of the King of this Realm from one Body natural to another.[26]

Die Theorie von den zwei Körpern des Königs zeitigt auch für den natürlichen Körper des einzelnen Herrschers wichtige Folgen: *„Interesting, however, is the fact that this ‚incarnation' of the body politic in a king of flesh not only does away with the human imperfections of the body natural, but conveys ‚immortality' to the individual king as King, that is, with regard to his superbody".*[27]

Funktion

So bedeutsam diese Theorie für das (Selbst-)Verständnis der Herrschaft der Tudor- und Stuartkönige insgesamt ist,[28] so wenig hilft sie Shakespeares Richard, seine politisch schwierige Lage nach der Rückkehr Bolingbrokes aus der Verbannung zu bewältigen. Die wörtlich genommenen Denkschemata entheben ihn zwar einerseits der persönlichen Verantwortung für den Ruin des Staates in der Vergangenheit; sie zeitigen andererseits aber keine realen Konsequenzen. Weder erheben sich Fauna und Flora Englands gegen Bolingbroke, noch verteidigen ihn, den kriegerlosen König, die Engel Gottes. Aus enttäuschter Hoffnung auf ein korrigierendes Eingreifen himmlischer Mächte zu seinen Gunsten *„bezweifelt Richard darauf grundsätzlich ein für den menschlichen Verstand begreifliches Walten der Providentia zum Erhalt göttlicher Ordnung in dieser Welt".*[29]

de casibus-Tragödie

In diesem grundsätzlichen Zweifel und angesichts der für Sterbliche undurchschaubaren Wege Gottes (V, 5, 11–17) findet Richard vorläufige ideologische Geborgenheit in den traditionellen Denkmustern der *de casibus*-Tragödie. Die mythische Vorstellung einer willkürlichen, blinden Fortuna (III, 2, 152 ff; V, 1, 44 ff; V, 5, 23 ff), die unterschiedslos allen Hochstehenden gleichermaßen Unheil bringt,[30] erspart ihm wiederum die kritische Reflektion seiner eigenen Fehler und Fehlentscheidungen. Richard erklärt sich selbst zum prominenten Opfer Fortunas und will sich den Respekt der Nachwelt sichern.[31] Als Schauspieler in einem *„woefull pageant"*

---

22 Krippendorff, S. 108.

23 E. H. Kantorowicz, *The King's Two Bodies;* deutsche Übersetzung: *Die zwei Körper des Königs.*

24 Edmund Plowden, *Commentaries or Reports,* London 1816, S. 213.

25 Kantorowicz, *The King's Two Bodies,* S. 8: *„The body politic of kingship appears as a likeness of the ‚holy sprites and angels', because it represents, like the angels, the Immutable within Time".*

26 Plowden, *Commentaries or Reports,* S. 233a.

27 Kantorowicz, *The King's Two Bodies,* S. 13.

28 Vgl. dazu zuletzt V. Nünning, „Herrscherbilder und die Herrschaft der Bilder".

29 Zimmermann, „Die ideologische Krise", S. 107.

30 Vgl. Reichert, *Fortuna;* Kiefer, *Fortune.*

31 Vgl. Zimmermann, „Die ideologische Krise", S. 108: *„Das Weben am eigenen Mythos wird ihm neue Aufgabe".*

(IV, 1, 311) inszeniert er seine eigene Abdankung als Inversion des Krönungszeremoniells, als letzte Bestätigung der sakramentalen Natur seines Königtums. Er stilisiert sich selbst zum königlichen Märtyrer, zum historischen *exemplum* des *„deposing of a rightful king"* (V, 1, 50). Ungeachtet der schauspielerischen und rhetorischen Brillanz seines Auftritts vermag Richard sein Publikum nicht völlig zu überzeugen, zumal die imaginierte Einheit von *body politic* und *body natural* nun endgültig – auch in der Selbstwahrnehmung Richards – zerstört ist.

theatrum mundi

Mit seinem brillanten Rollenspiel in der Absetzungsszene (IV, 1) verweist er zugleich auf die topische Vorstellung des *theatrum mundi*.[32] Diese Vorstellung setzt *„der offiziellen Doktrin einer gottgegebenen, statischen Sozialordnung [..] ein dynamisches Modell der Selbstverwirklichung im sozialen Rollenspiel entgegen"*.[33] Unbewusst evoziert Richard damit die pragmatische Konzeption der Machtausübung als theatralische Inszenierung eines schönen Scheins für die Untertanen. Außerdem liefert er implizit Kriterien für die Beurteilung seines Widersachers und Nachfolgers, Henry Bolingbrokes, Henrys IV.

pragmatische Herrschaftskonzeption

Henry Bolingbroke ist nicht nur der persönliche Widersacher und Nachfolger Richards; in ihm personalisiert sich vielmehr eine neue pragmatische Herrschaftskonzeption. Während Richard immer wieder sein sakramental absolutistisches Herrschaftsverständnis artikuliert und auch die Erschütterungen seines Bewusstseins in langen Monologen bilanziert, schweigt Bolingbroke: Weder erklärt er sein Verständnis der Aufgaben eines Herrschers, noch gewährt er dem Publikum Einblick in seine Pläne und Motive. Im Unterschied zu Richard inszeniert Bolingbroke seine Ideologie ausschließlich in der Praxis seiner Handlungen.

Machiavelli

Diese Praxis verrät eine empirische Herrschaftsauffassung, die der politischen Theorie MACHIAVELLIS gefährlich nahe kommt. Henrys Aufstieg vom verbannten Adligen, dem von Richard unrechtmäßigerweise das väterliche Erbe vorenthalten wird, zum Führer des von Volk und Adel gleichermaßen getragenen Widerstandes gegen Richard entspricht in nahezu allen Einzelheiten dem von MACHIAVELLI in Kap. 7 des *Il Principe* beschriebenen Modellfall: Bolingbroke ist der Günstling Fortunas, der seine *virtù* geschickt nutzt und die sich bietende Gelegenheit beim Schopfe packt. Während Richard sich in dem Kampf um die Macht zu früh aufgibt, besitzt Bolingbroke die nötige Geduld und auch die *„charismatische Fähigkeit, im richtigen Moment das Richtige zu tun ... Er fordert aggressiv oder kniet demütig, straft streng oder vergibt, übt Zurückhaltung oder prescht vor; er ist Fuchs und Löwe zugleich, wie es die Situation erfordert"*.[34] Dass er – gleichsam ohne konkrete Pläne und weiterreichende Absichten in England gelandet – von den instabilen Machtverhältnissen geradezu aufgefordert wurde, nach der Krone zu greifen, betont er selbst, allerdings erst, nachdem er die Bürde der Herrschaft schon lange trägt:

> *[...] God knows, I had no such intent,*
> *But that necessity so bowed the state*
> *That I and greatness were compelled to kiss – (2 Henry IV, III, 1,67–69)*

Wie der entlarvende Terminus „*necessity*" unverkennbar auf MACHIAVELLIS Konzept der *necessità* verweist, so konsequent machiavellistisch agiert Bolingbroke. Er handelt nicht nur wie der ausschließlich erfolgsorientierte Herrscher MACHIAVELLIS, er ist auch in der Lage, die Denkmodelle und Wertvorstellungen der alten Ideologie in sein politisches Kalkül zu integrieren. Machiavellistisches Rollenspiel ebnete ihm den Weg zu Thron und Macht, wie er selbst in der Rückschau seinem Sohn verrät (*1 Henry IV*, III, 2, 50 ff und *2 Henry IV*, IV, 3, 311 ff). Der Erfolg schließlich verleiht auch ihm den sakramentalen Status, den seine Anhänger Richard absprachen. Die Macht und den Thron zu erhalten, erweist sich – wiederum in Übereinstimmung mit den Überlegungen MACHIAVELLIS – für Henry IV. als weitaus schwieriger, wie die offene Anklage durch den Bischof von Carlisle (IV, 1, 105 ff) und die brutale – wenngleich nicht ausdrücklich befohlene – Ermordung Richards (V, 5, 105 ff) dem Publikum verdeutlichen.

Ideologie-konflikt

Wie *Richard II* insgesamt die Widersprüche der absolutistischen Ideologie Richards aufzeigt, so verdeutlicht die Historie auch die Schwächen in Henrys Pragmatismus der Macht. Zugleich verweigert das Stück mit der die beiden letzten Akte bestimmenden Fokussierung auf die tragischen Leiden Richards eine eindeutige ideologische Stellungnahme: „*Es zeichnet die Ablösung der Vormacht einer Ideologie durch eine von ihr verursachte Gegenbewegung, das Nebeneinander gegensätzlicher Ideologien nach*".[35] Ob die dramatische Präsentation dieses Prozesses, insbesondere die Verweise auf den subversiven Topos des Welttheaters, mit denen der einstmals sakramentale Herrscher zum Schauspieler der Macht degradiert wird, systemstabilisierend wirkt[36] oder eine der Ursachen des Verfalls der englischen Monarchie in den nächsten Jahrzehnten antizipiert,[37] mag durchaus offen bleiben.

---

32 Vgl. grundlegend Demandt, *Metaphern für Geschichte*, S. 332–425.
33 Zimmermann, „Die ideologische Krise", S. 111.
34 Zimmermann, „Die ideologische Krise", S. 117.
35 Zimmermann, „Die ideologische Krise", S. 121.
36 So u.a. Greenblatt, *Verhandlungen mit Shakespeare*, S. 63–65.
37 So u.a. Zimmermann, „Die ideologische Krise", S. 122.

3 Der Nationalheld im Spannungsfeld von Panegyrik und Dekonstruktion: *Henry V*

Oliviers
Verfilmung

Die Zuschauer von LAURENCE OLIVIERS berühmter Verfilmung *Henry V*, produziert 1944 und gewidmet den *„Commandos and Airborne Troops of Great Britain"*, würde allein schon eine solche Fragestellung („Der Nationalheld im Spannungsfeld von Panegyrik und Dekonstruktion") irritieren. OLIVIER zelebriert in seinem Film, *„explicitly designed as World War II propaganda"*,[38] eine Hommage an die Kriegstüchtigkeit Englands, und der Sieg HENRYS über die zahlenmäßig weit überlegenen Franzosen bei Agincourt wird zum *„sure sign of God's grace to the Elect Nation"*.[39] Diese heroisierende Wirkung erreicht OLIVIER, indem er den Text Shakespeares einschneidend kürzt und so z. B. die brutale Grausamkeit des Krieges fast völlig aus seinem Film verbannt. Wenn Kritiker heute, mehr als fünfzig Jahre später, in der stilisierten Künstlichkeit mancher Filmszenen Hinweise auf eine bewusste Ironisierung des Krieger- und Heldenpathos sehen wollen, so artikuliert sich darin der Wandel in der Einschätzung von Shakespeares Historie *Henry V*.

Forschungs-
stand

Für die Shakespeare-Forschung ist *Henry V* eine beständige Herausforderung. Dies zeigen z. B. die Versuche, *Henry V* als Romanze, als Komödie, als episches Drama, als Tragödie, als ‚problem play' oder als Satire zu verstehen. Folge dieser Unsicherheit ist zum einen eine ebensogroße Unsicherheit in der Würdigung der dramatischen Qualität[40] und zum anderen eine außerordentliche Variationsbreite im Verständnis des Protagonisten, Henry V.[41] Erst die neuere Forschung akzeptiert die – unterschiedlich perspektivisch akzentuierten – ‚Bilder' Henrys und macht diese zum Ausgangspunkt weiterer Überlegungen.[42] So begründen nach JONATHAN HART die folgenden fünf Kriterien die uneingeschränkt positive Einschätzung *Henrys V* als *„the most self-critical and self-reflexive of Shakespeare's histories"*:[43]

1. der generisch hybride Charakter dieser Historie,
2. der reflektierte Einsatz metadramatischer Elemente,
3. die ironische Struktur,
4. die Sprache als Spiegel problematischer Grundsatzfragen (z. B. Gewalt, Sexualität),
5. das Infragestellen grundlegender Werte (z. B. in IV,1 Königtum und Religion).

Metadrama

Insbesondere den reflektierten Einsatz metadramatischer Elemente durch Shakespeare rückt ANTHONY HAMMOND in das Zentrum seiner Überlegungen, mit denen er sich explizit gegen die vereinfachende, patriotisch-heroische Deutung des Stücks wendet:

[...] Henry V is not an easy text, and most certainly not a simple patriotic play. Only by cutting and/or special pleading can it be made, as Lau-

rence Olivier made it, patriotic propaganda about one of England's greatest warrior kings [. . .][44]

Chorus-Figur

Kristallisationspunkt für die Komplexität dieser Historie ist der geschickte und innovative Einsatz der Chorus-Figur durch den Dramatiker.[45] Während in *2 Henry IV* die Personifikation Rumour Prolog und Epilog spricht und darin auf *Henry V* verweist, wird in *Henry V* jeder Akt von einer Chorusrede eingeleitet. Die Chorus-Figur spricht den Prolog, stimmt vor Beginn eines jeden Aktes das Publikum auf das weitere Geschehen ein, und sie übernimmt auch – in der Form eines Sonetts – die letzte Wertung des dargestellten Geschehens. Die Chorus-Figur nimmt im wesentlichen zwei Aufgaben wahr: Zum einen erschafft sie – wie die Erzählinstanz im Roman – durch ihre selektive Berichterstattung einen heroischen, in der vollen Gnade Gottes wandelnden, patriotischen Heldenkönig; zum anderen erinnert sie – metadramatisch und illusionsdurchbrechend – das Publikum beständig daran, dass es aktiver Teil einer dramatischen Aufführung ist, in der es mit kreativer und zugleich gelenkter Phantasie die theatralische Illusion selbst erzeugen muss:

Piece out our imperfections with your thoughts:
Into a thousand parts divide one man,
And make imaginary puissance.
Think, when we talk of horses, that you see them,
Printing their proud hoofs i'th' receiving earth;
For 'tis your thoughts that now must deck our kings,
Carry them here and there, jumping o'er times,
Turning th'accomplishment of many years
Into an hourglass – (Pr. 23–31)

Unzuverlässigkeit der Chorus-Figur

Die Redebeiträge der Chorus-Figur zum dargestellten Geschehen konzentrieren dieses nahezu ausschließlich auf den König, der dadurch in besonderer Weise herausgehoben und zugleich isoliert erscheint. Darüber hinaus passen – wie insbesondere die neuere

---

38 Howard/Rackin, *Engendering a Nation,* S. 3.

39 Howard/Rackin, *Engendering a Nation,* S. 7.

40 Vgl. z. B. Iser, *Shakespeares Historien,* S. 183: *„Wir empfinden hier eine ähnliche Enttäuschung wie etwa bei der Lektüre des* Timon of Athens [...]".

41 Häufig wird dabei die negative Einschätzung des Stücks verknüpft mit der negativen Beurteilung des Titelhelden.

42 Die multiperspektivische Darstellungskunst verbindet *Henry V* mit dem unmittelbar darauf entstandenen Römerdrama *Julius Caesar* (vgl. dazu unten S. 74 ff).

43 Hart, „Shakespeare's *Henry V*", 17–35; Zitat: S. 33.

44 Hammond, „,It must be your imagination then'", S. 134–135.

45 Vgl. neben Hart, „Shakespeare's *Henry V*" und Hammond, „,It must be your imagination then'" noch Brennan, „That Within Which Passes Show", S. 40–52.

Forschung betont[46] – die patriotisch heroischen Ankündigungen des Chors häufig nicht zu dem dann im folgenden szenisch präsentierten Geschehen, wie einige wenige repräsentative Beispiele verdeutlichen sollen.

Prolog

Bereits der Prolog stilisiert Henry zum göttergleichen Kriegsherrn (Pr. 5–8: *„Then should the warlike Harry, like himself,/ Assume the port of Mars, and at his heels,/ Leashed in like hounds, should famine, sword, and fire/ Crouch for employment"*) und kündigt große Taten an. Die darauf folgende Szene jedoch präsentiert zwei ausschließlich um ihren Besitz besorgte, weltliche Männer der Kirche, die bereit sind, als Gegenleistung für den Erhalt ihrer irdischen Güter Henrys Krieg gegen Frankreich finanziell zu unterstützen (I, 1, 1–19 und 73–90). Nur Henry selbst scheint in der Ankündigung des Chors zutreffend vorgestellt worden zu sein; in einer knappen Fremdcharakterisierung wird er vom Erzbischof von Canterbury zum Inbegriff von herrscherlicher Gnade und Mäßigung erklärt, zur geradezu vorbildlichen Verkörperung traditioneller Herrschertugenden (I, 1, 26–38).

Frankreich-feldzug

Nach diesem desillusionierenden Blick auf die politisch bedeutsamen Verstrickungen von Kirche, Krieg und Kapital nimmt die nächste Szene (I, 2) das Problem des Frankreichfeldzugs wieder auf: Die Kirche und der Adel betrachten den bevorstehenden – und wohl auch schon logistisch vorbereiteten – Krieg als durch die Erbansprüche und die königliche Macht Henrys mehr als hinreichend gerechtfertigt. Henry ist in dieser Szene der einzige, für den der Krieg mehr zu sein scheint als eine blutige Lösung finanzieller Probleme oder ein patriotisches Spiel. Zweimal bittet er den Erzbischof von Canterbury um die explizite Bestätigung der Legitimität des Krieges (I, 2, 21–32 und 96), und zweimal rechtfertigt der Erzbischof den Krieg. Zunächst weist er die dynastischen Ansprüche Henrys auf den französischen Thron nach (I, 2, 33–95). Im Anschluss daran, obwohl nach der moralischen Legitimität gefragt war (I, 2, 96: *„May I with right and conscience make this claim?"*), argumentiert der Erzbischof ausschließlich historisch und verweist auf die ruhmreichen und kriegtüchtigen Vorfahren Henrys (I, 2, 100–114). Die gesamte Szene lässt mehr Fragen offen als sie beantwortet, denn der historische Exkurs Canterburys rechtfertigt den Krieg moralisch genausowenig wie zuvor seine juristischen Erklärungen. Die gesamte Szene könnte gar eine brillante, vom König selbst in Auftrag gegebene theatralische Inszenierung sein, die den längst – aus welchen Motiven auch immer – geplanten Krieg gleichsam öffentlich zum *bellum iustum* erheben soll. Mögen alle diese Fragen auch offen bleiben, gegen Ende der Szene untergräbt Henry selbst die scheinbar unanfechtbare juristische und historische Legitimität seines Krieges gegen Frankreich, indem er Rache und Vergeltung für die Beleidigung durch den Dauphin als Kriegsgrund anführt:

And tell the pleasant Prince this mock of his
Hath turned his balls to gunstones, and his soul
Shall stand sore chargèd for the wasteful vengeance
That shall fly from them – for many a thousand widows
Shall this his mock mock out of their dear husbands,
Mock mothers from their sons, mock castles down;
Ay, some are yet ungotten and unborn
That shall have cause to curse the Dauphin's scorn. (I, 2, 281–288)

Wertung

Selbst ein Publikum, das Henry jedes seiner Worte glaubt – und dass er ein brillanter Rhetoriker ist, der sich geschickt allen Situationen anzupassen weiß, hat er schon als Prinz in *Henry IV* zur Genüge unter Beweis gestellt[47] –, wird in der Szene I, 2 keinerlei heroischen Glanz entdecken können. Die Szene zeigt vielmehr mit brutaler Deutlichkeit, welche Motive sich hinter dem – im Namen Gottes und des Vaterlands – betriebenen Feldzug verbergen.

Chor II. Akt

Von allgemeiner, patriotischer Begeisterung für den Frankreichfeldzug weiß der den 2. Akt einleitende Chor zu berichten:

Now all the youth of England are on fire,
And silken dalliance in the wardrobe lies;
Now thrive the armourers, and honour's thought
Reigns solely in the breast of every man.
They sell the pasture now to buy the horse,
Following the mirror of all Christian kings
With wingèd heels, as English Mercuries. (II. Chor. 1–7)

Publikums-erwartung

Wie schon im ersten Akt, so wird auch im 2. Akt die vom Chor evozierte Publikumserwartung nicht erfüllt: Statt nach Southampton zum begeisterten Heer Henrys führt uns die Szene in Mistress Quicklys Schänke in Eastcheap, und statt der *„youth of England"* sehen wir drei alternde, zänkische Männer, die sich wegen eines gebrochenen Verlobungsgelöbnisses an die Gurgel wollen. Nur mit größter Mühe gelingt es Bardolph, seine Kumpane von Handgreiflichkeiten abzuhalten; den bevorstehenden Krieg gelte es gemeinsam durchzustehen (II, 1, 81–83), einen Krieg, von dem sich Pistol in erster Linie finanziellen Gewinn verspricht: *„For I shall sutler be/ Unto the camp, and profits will accrue"* (II, 1, 100–101). Wird so das konservativ-patriotische Bild eines gerechten dynastischen

---

46 Vgl. z. B. Hammond, „„It must be your imagination then'", S. 143: *„The problem is that the Chorus seems to be describing a play he has heard about, but which is not the one that actually takes place".*
47 Vgl. z. B. *2 Henry IV*, IV, 3, 68–78; IV, 3, 220–311.

Krieges um eine – dem Streben nach Profit verpflichtete[48] – Stimme aus dem Volk ergänzt und zugleich unterwandert, so fällt auch auf das makellose Bild des Königs (*„the mirror of all Christian kings"*) ein deutlich wahrnehmbarer Schatten: Mistress Quickly, Nim und Pistol sind sich darin einig, dass der König durch sein abweisendes Verhalten (*2 Henry IV*, V, 5, 45–68) Falstaffs Herz gebrochen habe und für dessen unmittelbar bevorstehenden Tod verantwortlich sei.

Verschwörung von Southampton

Die Verschwörung von Southampton, vom Chor gleichsam als Verrat geldgieriger Intriganten betrachtet (II. Chor. 20–33), gewinnt in der szenischen Präsentation (II, 2) argumentative Tiefe und ergänzt das vom Chor entworfene Schwarz-Weiß-Bild um einige wichtige Grautöne: So verweist insbesondere der Earl of Cambridge auf die dynastisch-machtpolitischen Hintergründe der Verschwörung und rückt damit Henrys Anspruch auf die Krone in das Zwielicht des Zweifels (II, 2, 150–152).

Widersprüche

Die Widersprüche zwischen den Redebeiträgen der Chorus-Figur[49] und dem szenisch präsentierten Geschehen werden geradezu zum konstitutiven Strukturmerkmal der Historie; literaturtheoretisch formuliert werden sie zu Unbestimmtheitsstellen, die auch in Bezug auf die Meinungsbildung über die Glaubwürdigkeit der einzelnen Aussagen die aktive Mithilfe des Publikums einfordern. Dafür noch ein letztes[50] – an Deutlichkeit kaum zu übertreffendes – Beispiel: Vor dem vierten Akt, der Schlacht von Agincourt, stimmt der Chor das Publikum pathetisch auf das heroische Geschehen ein:

[..] O now, who will behold
The royal captain of this ruined band
Walking from watch to watch, from tent to tent,
Let him cry, ‚Praise and glory on his head!'
For forth he goes and visits all his host,
Bids them good morrow with a modest smile
And calls them brothers, friends, and countrymen.
Upon his royal face there is no note
How dread an army hath enrounded him;
Nor doth he dedicate one jot of colour
Unto the weary and all-watchèd night,
But freshly looks and overbears attaint
With cheerful semblance and sweet majesty,
That every wretch, pining and pale before,
Beholding him, plucks comfort from his looks. (IV Chor. 28–42)

Widerlegung

Dieses heroische Bild des Königs wird in den unmittelbar darauf folgenden Szenen Detail für Detail widerlegt. Henry geht zwar durch das Lager, doch er verbirgt seine Identität vor den Soldaten, kann sie somit nicht mit seinem herrscherlichen Charisma für den Kampf entflammen. In der berühmten Diskussion mit den drei Soldaten Williams, Bates und Court über die Legitimität seiner Herrschaft, die Verantwortung des Königs für den Krieg, den tausendfachen Tod, wie auch für das Seelenheil des einzelnen Soldaten, wirkt Henry keineswegs überzeugend; weitschweifig und gelehrt argumentiert er, aber den grundsätzlichen Fragen weicht er aus (IV, 1, 84–211).

Reflektions-monolog

Der sich daran anschließende Monolog Henrys, der einzige Einblick in sein Denken und Fühlen, zerstört vollends die vom Chorus dem Publikum so nachdrücklich vor Augen geführte Aura des sendungsbewussten, selbstsicheren Heldenkönigs. Müdigkeit, Unsicherheit, Selbstzweifel, die als bedrückend empfundene Last der Verantwortung beherrschen die düsteren Gedanken Henrys (IV, 1, 213–266) und die existentielle Angst, in der Schlacht des folgenden Tages den Blutpreis für die Usurpation seines Vaters bezahlen zu müssen: *„Not today, O Lord,/ O not today, think not upon the fault/ My father made in compassing the crown"* (IV, 1, 274–276).

Feldherrn-rede

Nach einer schlaflosen Nacht des Grübelns findet Henry am nächsten Morgen die Kraft, mit einer brillanten Rede sein kleines Heer zu einer brüderlichen Solidargemeinschaft zusammenzuschweißen (IV, 3, 19–67), die als *exemplum* für Heldenmut, Opferbereitschaft und Tapferkeit in die Annalen der englischen Geschichte eingehen wird.

Unsicherheit

Wiederum bleibt die entscheidende Frage offen: Hat der König in der gedankenschweren Nacht seine Zweifel überwunden, oder schlüpft er – perfekt wie immer – in die Rolle des heroischen Kriegerkönigs, die der Chor vorgab, und bietet seinen Soldaten die theatralische Inszenierung seiner Zuversicht, von der er glaubt, dass sie für den Erfolg in der bevorstehenden Auseinandersetzung nötig ist?

Appell-funktion

Insgesamt provoziert der Konstrast zwischen den Reden der Chorus-Figur und dem szenisch dargestellten Geschehen das Publikum, fordert ihm immer wieder Stellungnahmen ab. Einen letzten Beleg für die vom Dramatiker bewusst eingesetzte, strukturelle Kontrastierung bietet der Epilog: Hatte der Chor seit dem Prolog patriotische Einigkeit, heroischen Heldenmut und einen

---

48 Vgl. ebenfalls II,3,45–47: [Pistol] *„Yokefellows in arms,/ Let us to France, like horseleeches, my boys,/ To suck, to suck, the very blood to suck!".*

49 Die Chorus-Figur erfüllt alle Kriterien, um – in der Terminologie der Romantheorie – als unzuverlässige Erzählinstanz bezeichnet werden zu können.

50 Vgl. darüber hinaus die überzeugende feministische Deutung der berühmten Harfleur-Rede Henrys von Howard/Rackin, *Engendering a Nation,* S. 4–6 und insgesamt S. 186–215.

göttergleichen, charismatischen Kriegerkönig gefeiert, so ernüchtert er nach dem hoffnungsvollen Schluss des fünften Aktes im Epilog das Publikum mit dem Hinweis auf Henrys frühen Tod und die katastrophenreiche Herrschaftszeit seines Sohnes. Es scheint, als wolle der Chor auf jeden Fall das letzte Wort behalten und seinem Publikum noch einmal nachdrücklich die prinzipiell dialektische Struktur des gesamten Stücks ins Gedächtnis rufen.

Dialektische Grundstruktur

Mit der dialektischen Grundstruktur, die die zentralen Fragen (Legitimität der Herrschaft Henrys, Legitimität des Krieges) aus unterschiedlichen, häufig kontrastierenden Perspektiven beleuchtet, sperrt sich *Henry V*, ähnlich wie *Richard II*, gegen eine eindeutige ideologische Vereinnahmung. Auch diese Historie wirft insgesamt mehr Fragen auf, als sie eindeutige Antworten vorgibt. Wie kaum ein anderes Drama Shakespeares fordert dieses Stück die kreative und gedankliche Mitarbeit des Publikums ein.

Textgeschichte

Einen letzten Aspekt gilt es noch zu berücksichtigen, der bisher vorsätzlich verschwiegen wurde: Alles, was bisher ausgeführt wurde, bezieht sich auf den in der *First Folio* überlieferten Text und die darauf gründende moderne Ausgabe. In dem sehr viel kürzeren Quarto-Text (1600, erneut 1602 und 1619 gedruckt), dessen Status in der Forschung wieder umstritten ist,[51] sind die für unsere Überlegungen so zentralen Chorreden nicht enthalten: Das Geschehen wie auch der König selbst wirken weniger heroisch, gleichzeitig jedoch führt der Verlust der dialektisch-kontrastiven Grundstruktur zu einer Minimierung des subversiven Potentials.

4 Rollenspiele und die Faszination des Bösen: *Richard III*

Richard III

Shakespeares *Richard III*, entstanden 1592/93, beschließt die York-Tetralogie. Die Historie wird eröffnet von einem Eingangsmonolog des Titelhelden, der fortan die Bühnengesellschaft und das Publikum in einen gleichsam magischen Bann schlagen wird, so eindeutig dominiert er als virtuoser Schauspieler und machiavellistisch kühl planender Regisseur seine Umgebung und das Geschehen.

Quelle

Für seine Konzeption Richards III. greift Shakespeare zurück auf die ihm über die Tudorchroniken EDWARD HALLS und RAPHAEL HOLINSHEDS vermittelte psychologisch eindringliche Charakterstudie Richards in SIR THOMAS MORES *The History of King Richard the Third*. In diesem Meisterwerk humanistischer Historiographie, das – wie die gesamte Tudor-Historiographie – Richard III. zum machiavellistischen Tyrannen, zum blutrünstigen Schlächter stilisiert, wird Richard gleich eingangs von der Erzählinstanz vorgestellt:

Richard [...] was in wit and courage equal with either of them [Edward and George], in body and prowess far under them both: little of stature, ill-featured of limbs, crook-backed, his left shoulder much higher than his right, hard favored of visage, and such as in states called warly, in other men otherwise. He was malicious, wrathful, envious, and from afore his birth, ever froward. It is for truth reported that the duchess his mother had so much ado in her travail, that she could not be delivered of him uncut, and that he came into the world with the feet forward, as men be borne outward, and (as the fame runneth) also not untoothed – whether men of hatred report above the truth, or else that nature changed her course in his beginning, which in the course of his life many things unnaturally committed. None evil captain was he in the war, as to which his disposition was more meetly than for peace. [..] He was close and secret, a deep dissimuler, lowly of countenance, arrogant of heart, outwardly coumpinable where he inwardly hated, not letting to kiss whom he thought to kill; dispiteous and cruel, not for evil will alway, but ofter for ambition, and either for the surety or increase of his estate.[52]

**Forschungs-
stand**

Dieses düstere Bild Richards intensiviert Shakespeare, indem er seinen Richard als grandiosen Schauspieler anlegt, der als vollendet machiavellistischer Intrigant und Heuchler geradezu diabolische Größe erreicht. Erstaunlich ist, wie STEPHEN GREENBLATT ausführt,

that Richard – the ‚elvish-marked, abortive, rooting hog' (I, 3, 225), the ‚poisonous bunch-backed toad' (I, 3, 244), the heartless cur sent, as he himself puts it, ‚deformed' and ‚unfinished' (I, 1, 20) into the world – has seemed weirdly and compellingly attractive to generations of play-goers.[53]

**Sympathie-
lenkung**

Primär verantwortlich für diese Faszination, die von Shakespeares Richard III. auch heute noch ausgeht, ist Shakespeares subtile Sympathielenkung. Für deren Ausgestaltung führt er – kunstvoll und innovativ zugleich – traditionelle Elemente seiner dramatischen Vorläufer zusammen. Diesen Aspekt stelle ich ins Zentrum der weiteren – notwendig knappen – Analyse[54].

---

51 Vgl. Patterson, *Shakespeare and the Popular Voice,* S. 71–92.

52 St. Thomas More: *The History of King Richard III and Selections from the English and Latin Poems.* Hrsg.: R. S. Sylvester. New Haven; London: Yale UP 1976, S. 8–9.

53 Greenblatt, „Introduction", S. 507.

54 Diese Konzentration auf nur einen Aspekt ermöglicht die Forschungslage: Zum einen ist Shakespeares *Richard III* wie kaum ein anderes Drama Shakespeares und seiner Zeit durch den glänzenden Interpretationskommentar Wolfgang Clemens, *Commentary,* für die eigenständige Erarbeitung erschlossen; zum anderen gestaltet *Richard III* den Konflikt zwischen unterschiedlichen Konzeptionen von Herrschaft (vgl. Gessner, *Machtkampf*), lässt jedoch den virtuosen Perspektivenreichtum des späteren *Richard II* noch vermissen (vgl. oben, S. 57 ff).

Machiavelli	Sein politisches Credo, womit er zugleich auf seinen politischen Lehrmeister verweist, formuliert Richard in *3 Henry VI*: *„I can add colours to the chameleon,/ Change shapes with Proteus for advantages,/ And set the murderous Machiavel to school"* (III, 2, 191–193). Im Eingangsmonolog zu *Richard III* ergänzt Richard diese Selbstcharakterisierung um eine psychologische Erklärung für seinen Machthunger; von der heuchlerischen Natur (I, 1, 19: *„dissembling nature"*) um Wohlgestalt, Zuwendung und Glück betrogen, wird ihm die Intrige, der brutale politische Ehrgeiz (I, 1, 37: *„I am subtle false and treacherous"*) zur Kompensation, wie er – in tiefgründiger Ambiguität – dem Publikum verrät:

And therefore since I cannot prove a lover
To entertain these fair well-spoken days,
I am determinèd to prove a villain
And hate the idle pleasures of these days. (I, 1, 28–31)

Entsprechend dieser Selbstvorstellung handelt Richard, intrigiert, sät Misstrauen, beseitigt einen Gegner nach dem anderen, und erringt schließlich – nach einer Reihe grandioser Inszenierungen seiner machiavellistischen Fähigkeiten – die Krone Englands. Als gelehrigen Schüler MACHIAVELLIS, der sich – wenn es erforderlich scheint – geschickt den Anschein der Frömmigkeit zu geben weiß und für seine Verbrechen immer wieder willfährige Handlanger findet, zeichnet Shakespeare Richard III.; gleichzeitig stilisiert er ihn zu einem Nachfahren der blutrünstigen Tyrannenfiguren SENECAS.[55]

Vice-Figur	Wichtiger noch für die Sympathielenkung ist freilich eine weitere dramatische Tradition, auf die Richard selbst in einem *aside* verweist, die Tradition der ‚morality plays': *„Thus like the formal Vice, Iniquity,/ I moralize two meanings in one word"* (III, 1, 82-83). Von der Vice-Figur der ‚morality plays'[56] erbt Shakespeares Richard III. die Virtuosität im Umgang mit seinem Publikum. Ebenfalls wie das ‚Vice' wendet er sich immer wieder direkt an die Zuschauer, ihnen gegenüber ist er ehrlich und offen, während er sich seinen Spielpartnern – oder besser: Gegnern – mit Verstellung und Heuchelei nähert. Wie das ‚Vice' freut er sich seiner Erfolge, z. B. in seinem Monolog nach der Werbung um Anne (I, 2, 215–216: *„Was ever woman in this humour wooed?/ Was ever woman in this humour won?"*), und wie das ‚Vice' buhlt er um die Gunst des Publikums.
Sympathie- und Publikums- lenkung	Die Offenherzigkeit, mit der Richard das Publikum in seine finsteren Pläne einweiht, verleiht diesem nicht nur einen Informationsvorsprung vor den übrigen Bühnenfiguren,[57] sie macht die Zuschauer – wie später durchaus vergleichbar in *Macbeth* (vgl. 81 ff.) – zugleich zu seinen Mitwissern, zu seinen Komplizen.[58] Auch das Publikum wird vom brillanten Regisseur des gesamten

Bühnen-Geschehens, dem grandiosen Heuchler und virtuosen Schauspieler Richard, in sein Spiel einbezogen. Es reagiert mit einer Mischung aus Abscheu und Faszination, und fast vergisst es dabei, dass Richard selbst nur eine Figur in einem noch größeren Spiel ist: „*That larger play is at once the drama of history, scripted (as Tudor ideology claimed) by God, and the historical drama, scripted by Shakespeare*".[59]

---

55 Vgl. zuletzt Miola, *Shakespeare and Classical Tragedy*, S. 72–92.
56 Vgl. grundlegend Spivack, *Shakespeare and the Allegory of Evil*.
57 Vgl. grundlegend Jochum, *Discrepant Awareness*.
58 Vgl. Pfister, „Zur Theorie der Sympathielenkung".
59 Greenblatt, „Introduction", S. 512.

6 KAPITEL

Das dramatische Werk III: Die Tragödien

1 Gattungstheorie und Gruppierungsversuche

Definition

Die aus heutiger Perspektive so komplexe Gattung Tragödie mit ihrer 2.500-jährigen Tradition lässt sich sowohl für die Theaterpraxis als auch für das Publikum der Shakespearezeit auf eine einfache Formel bringen: *„Für den durchschnittlichen Zuschauer war die Tragödie ein Drama, in dem Verbrechen begangen wurden und das mit dem Tod der Hauptfigur endete"*.[1]

Tragödienkonzeption des Mittelalters

Ein solches Verständnis reflektiert zum einen den nicht dramentechnischen Alltags-Gebrauch des Begriffs „tragedy".[2] Zum anderen weist es zurück auf die Tragödienkonzeption des Mittelalters. Bevor CHAUCERS Monk seinen Mitpilgern seine ‚Tale De Casibus Virorum Illustrium' erzählt, definiert er, was eine ‚Tragödie' ist:

Tragedie is to seyn a certeyn storie,
As olde bookes maken us memorie,
Of hym that stood in greet prosperitee,
And is yfallen out of heigh degree
Into myserie, and endeth wrecchedly.[3]

Fortuna

Verantwortlich für den Fall der Großen, zumeist der Fürsten und Könige, ist die Göttin Fortuna,[4] die mit ihrem Rad, das zugleich als Symbol und Emblem ihrer Macht fungiert, den einen nach oben trägt und gleichzeitig den anderen zu Fall bringt:

For certein, whan that Fortune list to flee,
Ther may no man the cours of hire withholde.
Lat no man truste on blynd prosperitee.[5]

Fortuna als Werkzeug göttlicher Gerechtigkeit

Aber schon in der Erzählung von CHAUCERS Monk wird die fatalistische Konzeption ergänzt um eine didaktisch-moralische: Primär diejenigen Großen stürzen, die Schuld auf sich geladen haben. Damit wird Fortuna gleichsam zum Werkzeug göttlicher Gerechtigkeit. Diese Vorstellung ist in LYDGATES *The Fall of Princes* (1431–1438) und im elisabethanischen *Mirror for Magistrates* (zuerst 1559) die Regel.

Definition Puttenhams

In seiner Definition des seriösen Dramas führt GEORGE PUTTENHAM genau diese beiden Aspekte zusammen: die Intention des Dramas sei es, „[...] *to show the mutability of fortune and the just punishment of God in revenge of a vicious and evil life"*.[6] Die gleiche Konzeption, wiewohl mit der Verlagerung des Akzents auf die gerechte Strafe, formuliert in geradezu klassischer Einfachheit der Rächer Vindice in CYRIL TOURNEURS *The Revenger's Tragedy*: „*When the bad bleeds, then is the tragedy good*" (III, 5, 198).

Verbrechen	Die Apologeten des Theaters, als dieses immer heftiger von den Puritanern attackiert wurde, betonten verständlicherweise die didaktisch-moralische Bedeutung ihrer Darstellung der Bestrafung der verübten Verbrechen. Hingegen erklärten die Theatergegner – in polemischer Absicht – die grausigen Verbrechen selbst zum Kern der Tragödie. GREENES eindrucksvolle Liste aus dem Jahre 1615 mag dies stellvertretend verdeutlichen:

The matter of Tragedies is haughtinesse, arrogancy, ambition, pride, iniury, anger, wrath, enuy, hatred, contention, warre, murther, cruelty, rapine, incest, rouings, depredations, piracyes, spoyles, roberies, rebellions, treasons, killing, hewing, stabbing, dagger-drawing, fighting, butchery, trechery, villany &c. and all kinds of heroyck euils whatsoeuer.[7]

Integrationsfähigkeit des *de-casibus-*Modells	Die Weite und Offenheit des elisabethanisch-jakobäischen Tragödienverständnisses nach dem *de-casibus-*Modell (Sturz der Mächtigen) vermochte es, sowohl die Tradition der SENECA-Tragödie als auch die ‚hamartia'-Konzeption der aristotelischen *Poetik* zu integrieren, wiewohl diese durchaus neue Akzente setzten.[8]
Probleme der typologischen Differenzierung	Die aus heuristischen Motiven durchaus sinnvolle typologische Aufgliederung der elisabethanisch-jakobäischen Tragödie in z. B. Tragödien der Macht, Tragödien der Gerechtigkeit (Rachetragödien) und Tragödien der Liebe[9] ist bezogen auf die Tragödien Shakespeares genauso wenig erkenntnisfördernd wie die in der Shakespeareforschung üblichen Differenzierungen. Traditionell werden die von den Herausgebern der *First Folio* als Tragödien eingeordneten zehn Dramen Shakespeares zu Gruppen zusammengestellt: *Hamlet, Othello, King Lear* und *Macbeth* gelten als ‚*Great*' oder ‚*Mature*

---

1 Weiß, *Das Drama der Shakespearezeit*, S. 139.
2 Vgl. die Materialien bei Rolle, „The Concept of Tragedy", S. 329–330.
3 Geoffrey Chaucer: *Works*. Hrsg.: F. N. Robinson. 2. Aufl. London: Oxford UP 1957, CT VII, 1973–1977 (S. 189).
4 Vgl. hierzu Kiefer, *Fortune* und Reichert, *Fortuna*.
5 Chaucer: *Works*. CT VII, 1995–1997.
6 George Puttenham, *The Arte of English Poesie* [1569?] 1589. Hrsg.: G. D. Willcock; A. Walker. Cambridge: Cambridge UP 1936/ND 1970), S. 33. Die antike Tragödie sieht Puttenham im übrigen auch im Lichte dieser Konzeption: „*[...] they [Euripides, Sophocles, and Seneca] set forth the doleful falls of unfortunate and afflicted princes and were called Poets Tragicall*".
7 Greene, *A Refutation of the Apology for Actors* (1615), S. 55–56; zit. nach Bowers, *Elizabethan Revenge Tragedy*, S. 261.
8 Vgl. u.a. Rolle, „The Concept of Tragedy", S. 329–342 und Suerbaum, *Shakespeares Dramen*, S. 172–175.
9 Vgl. Weiß, *Das Drama der Shakespearezeit*, S. 139–170.

Tragedies'; *Julius Caesar, Antony and Cleopatra* und *Coriolanus* konstituieren die Gruppe der ,*Roman Plays'*; bei den übrigen drei Tragödien endet freilich der Konsens: *Titus Andronicus, Romeo and Juliet* und *Timon of Athens* werden in immer wieder neu definierte Gruppen integriert oder isoliert analysiert. Einzig die Klassifizierung von *Titus Andronicus* und *Romeo and Juliet* als ,frühe Tragödien' dürfte noch konsensfähig sein, sie ist freilich auch nicht sonderlich erkenntnisfördernd.[10]

Auswahl

Im Folgenden sollen vier einzelne Tragödien etwas näher betrachtet werden: *Julius Caesar* wurde als ein exemplarisches Römerdrama ausgewählt, *Macbeth* als Tragödie der Macht und *Hamlet* als Rachetragödie. Im Mittelpunkt steht jeweils die exemplarische Analyse der historisch-politischen Dimension. Als Beispiel für die frühen Tragödien und zugleich als klassische Liebestragödie beschließt die knappe Analyse von *Romeo and Juliet* das Kapitel.

2 Römische Vergangenheit und Elisabethanische Gegenwart: *Julius Caesar*

Julius Caesar als Römerdrama

The Tragedy of Julius Caesar (1599) ist das erste der drei großen Römerdramen Shakespeares *(Julius Caesar, Antony and Cleopatra, Coriolanus)*. In der chronologischen Abfolge der Stücke markiert es den Übergang von den Historien *(Henry V)* zu den Tragödien.

Mentalitätsgeschichtliche Wertung

Die historische Figur JULIUS CAESAR und seine Ermordung an den Iden des März 44 v. Chr. sind in ihrer mentalitätsgeschichtlichen Bedeutung für die europäische Kultur- und Literaturgeschichte kaum zu überschätzen. Die Ermordung CAESARS wird in der Antike, im Mittelalter und vor allem in der Literatur der Renaissance zum geradezu klassischen *exemplum* für den Tyrannenmord.[11] Welch hochrangige Bedeutung der Figur des Julius Caesar dabei im Gesamtwerk William Shakespeares zukommt, zeigt bereits die Zahl seiner Erwähnungen: Shakespeare verweist außerhalb des Dramas *Julius Caesar* in fünfzehn weiteren Dramen und in rund fünfundvierzig Einzelpassagen zweifelsfrei auf die Person JULIUS CAESAR.[12] Die hochpolitische Bedeutung des Dramas *Julius Caesar* selbst ist erst jüngst von EKKEHART KRIPPENDORFF und anderen gebührend herausgestellt worden:

[E]s wird notwendigerweise unentschieden bleiben müssen – und doch gleichzeitig eine ,parteiliche' Antwort erfordern –, ob es sich hier um einen legitimen Tyrannenmord handelte oder um einen der unsinnigsten Morde der Weltgeschichte, ob Caesar der Held dieser Geschichte ist oder nicht vielmehr sein Mörder Brutus, der das Attentat [. . .] organisierte.[13]

Forschungsstand

Die bisherigen Interpretationen der Figur Julius Caesar im Drama *Julius Caesar* haben zu unterschiedlichen – bisweilen sogar völlig

gegensätzlichen – Aussagen über Shakespeares Caesarbild in seinem ersten Römerdrama geführt. Die überwiegende Mehrheit speziell der älteren Deutungen versucht dabei, letztlich erfolglos, Caesars Charakter eindeutig positiv oder negativ festzulegen.[14]

Zwiespältigkeiten und Ambivalenzen

Es wird jedoch wohl nur eine solche Auslegung dem Charakter von Shakespeares Caesar gerecht, die die offenkundigen Zwiespältigkeiten und Ambivalenzen als Charaktermerkmale Caesars akzeptiert. Dies hat erst die Kritik der letzten drei Jahrzehnte in gebührender Weise berücksichtigt,[15] dabei allerdings verschiedentlich auch diese kritische Einsicht verabsolutiert: so spricht etwa MILDRED E. HARTSOCK vom ,intellektuellem Relativismus'[16] des Dramas, und RENE E. FORTIN wertet *Julius Caesar* als *„a deliberate experiment in point of view, intended to reveal the limitations of human knowledge"*.[17]

Julius Caesar als politisches Drama

Wer auf diese Weise die Ambiguität als Selbstwert versteht, läuft freilich Gefahr, die politischen Probleme und die mögliche zeitgenössische Brisanz aus dem Drama und seinem Titelhelden herauszuinterpretieren. Im Folgenden sollen die wichtigsten Charakteristika von Shakespeares Caesarbild in *Julius Caesar* herausgearbeitet und die zeitgenössische Aktualität verdeutlicht werden.

Präsentation des Titelhelden

Die Szene I,2 präsentiert dem Publikum in sorgsam konzipierter Reihung zunächst Caesar selbst als Handelnden, danach Caesar als zentralen Gegenstand des Dialogs zwischen Cassius und Brutus, und schließlich noch einmal Caesar selbst. Bereits der erste, nur insgesamt 24 Verse umfassende, Auftritt Caesars genügt Shakespeare, um ihn zum unumschränkten Alleinherrscher zu stilisieren. Sein Name hallt in steter Wiederholung durch die Verse (insgesamt siebenmal); wenn Caesar spricht, verstummt die Musik, ja selbst die Menge schweigt. Seine Äußerungen sind kurze, präzise Befehle, an seine Frau Calphurnia, den Freund Antonius, den Wahrsager und das gesamte Gefolge. Zugleich macht Shakespeare Julius Caesar bereits bei diesem ersten Auftritt zu einem Ver-

---

10 Vgl. die substantielle Kritik an solchen Einteilungen und die knappe Vorstellung aller zehn Tragödien Shakespeares bei Suerbaum, *Shakespeares Dramen*, S. 174–181.
11 Vgl. hierzu zuletzt Piccolomini, *The Brutus Revival* und Baumann, „Politische Kunst II".
12 Vgl. die Details bei Baumann, „Politische Kunst II".
13 Krippendorff, S. 266; vgl. auch Rebhorn, „The Crisis of the Aristocracy", S. 75–111 und Breuer, „Politische Perspektiven", S. 227–240.
14 Vgl. die Literatur bei Baumann, *Vorausdeutung und Tod*, S. 586–592.
15 Vgl. insbes. Müller, *Die politische Rede*, S. 101–156, eine Untersuchung, auf deren – primär durch sorgfältige rhetorische Analyse ermittelten – Ergebnisse ich gerne im Detail wie insgesamt zurückgreife.
16 Hartsock, „The Complexity", S. 56–62, bes. S. 62; vgl. auch Müller, *Die politische Rede*, S. 105.
17 Fortin, „Julius Caesar", S. 341–347, Zitat: 342.

blendeten, der die Warnung, er werde an den Iden des März fallen, in den Wind schlägt.

Das lange Zwiegespräch des Cassius mit Brutus setzt diese Charakterisierung Julius Caesars konsequent fort. Ohne diesen Dialog, den man, was die Äußerungen des Cassius angeht, auch als zusammenhängende Redepartie auffassen kann,[18] nun im Detail analysieren zu müssen, wird man festhalten können, dass insbesondere Cassius die schwächliche Natur, die labile Physis Caesars als Argument gegen Caesars Herrschafts- und Göttlichkeitsanspruch ins Feld führt. Die beiden von Cassius in seine Rede eingelegten *exempla* über Caesars Schwächeanfall beim Schwimmen wie auch über den Fieberanfall in Spanien akzentuieren dies sinnfällig. Besonders bedeutsam sind die beiden *exempla*, weil es sich um Erfindungen Shakespeares handelt, die nicht durch historische Quellen belegt sind. Der Dramatiker legt Cassius diese Anekdoten in den Mund, um den Widersinn zu formulieren, der *„darin liegt, dass ein körperlich so schwacher Mensch wie Caesar die Macht eines Gottes gewonnen hat".*[19] Die Tatsache, dass aus Cassius' Worten Neid, Missgunst und Eifersucht spricht, hat die meisten Kritiker veranlasst, in diesen persönlichen Motiven die Triebfedern für das Handeln des Cassius zu suchen.[20] Die argumentative Leistung wie auch die politische Motivation des Cassius wurde vielfach übersehen. Erst WOLFGANG G. MÜLLER gelang es, in seiner sorgfältigen, primär rhetorisch ausgerichteten Analyse dieser Szene, den radikalen Demokratismus des Cassius überzeugend herauszuarbeiten.[21] Persönliche Abneigung gegen Julius Caesar und politisch-theoretische Ablehnung der durch Caesar verkörperten absoluten Herrschaft eines Einzelnen verbinden sich in Cassius und machen ihn zunächst zur treibenden Kraft der Verschwörung gegen Caesar. Wichtig für das Bild Caesars, das Shakespeare in der ersten Hälfte des Dramas (bis zur Ermordung in III, 1) präsentiert, ist die Tatsache, dass die Argumentation des Cassius in den zentralen Punkten auch die des Gesamtdramas ist.

Nicht nur Cassius und in der Folgezeit auch Brutus protestieren und polemisieren gegen Caesars Göttlichkeitsanspruch, sondern der Dramatiker unterstreicht durch die Art, wie er Caesar präsentiert, den Wahrheitsgehalt der Äußerungen des Cassius. Der Fremdcharakterisierung Caesars durch Cassius folgt unmittelbar darauf der erneute Auftritt Caesars; das von der Kritik zu Recht gerühmte Charakterbild des Cassius (I, 2, 195–196: *„Yon Cassius has a lean and hungry look./ He thinks too much. Such men are dangerous"*) beschließt Caesar mit einer vollmundigen Selbstcharakterisierung, er als Caesar kenne so etwas wie Furcht nicht. In subtiler dramatischer Ironie lässt Shakespeare Caesar nach dieser Affirmation der eigenen Größe darauf hinweisen, dass er auf einem Ohr taub ist:

I rather tell thee what is to be feared
Than what I fear, for always I am Caesar.
Come on my right hand, for this ear is deaf,
And tell me truly what thou think'st of him. (I, 2, 212–215)

Caesar als autoritärer Herrscher

Caesars partielle Taubheit ist – wie die körperlichen Schwächen in den *exempla* des Cassius – Erfindung des Dramatikers und darüber hinaus in erster Linie Mitteilung für das Publikum, da Antonius als guter Freund Caesars natürlich darum wissen musste. War es zuvor Cassius, so ist es an dieser Stelle eindeutig die Konzeption des Stückes, die Größe und Allmacht des Herrschers Caesar durch den Hinweis auf einen physischen Defekt ironisch in Frage zu stellen. Auch die im Grunde scharfsinnige Analyse des Charakters des Cassius durch Julius Caesar gewinnt an Tiefe, wenn man berücksichtigt, dass ein Vers wie *„He thinks too much. Such men are dangerous"* (I, 2, 196) letztlich auch auf den Sprechenden selbst zurückverweist. Die kritische, praktische Intelligenz des Cassius (*„He reads much,/ He is a great observer, and he looks/ Quite through the deeds of men"* [I, 2, 202–204]) stellt den caesarischen Absolutheitsanspruch in Frage. Shakespeare demaskiert den diktatorischen Herrschaftsanspruch Caesars, indem er ihm die durchaus traditionelle Intellektuellenfurcht autoritärer Herrscher zuschreibt.[22]

Caesar als Tyrann

In konsequenter Fortsetzung dieser Tyrannenstilisierung zeigt Shakespeare in II, 2 einen Julius Caesar, der mehrfach betont, dass er seine Entscheidungen nicht rechtfertigen müsse, weil sein Wille gleichsam das Gesetz sei:

And tell them that I will not come today.
Cannot is false; and that I dare not, falser:
I will not come today; Tell them so, Decius.
[...]
The cause is in my will: I will not come.
That is enough to satisfy the Senate. (II, 2, 62–64 und 71–72)

Obwohl diese Szene politisch unbedeutend ist – es geht nur um die Frage, ob Caesar in den Senat geht oder nicht –, entlarvt Shakespeare Caesar, indem er ihm dieses eindeutige Bekenntnis seines Absolutismus in den Mund legt: Für Caesar bedürfen seine Ent-

---

18 Vgl. überzeugende Argumente und die Details bei Müller, *Die politische Rede,* S. 91–110.
19 Müller, *Die politische Rede,* S. 101.
20 Vgl. etwa MacCallum, S. 216; Traversi, S. 24; Riehle, „Shakespeare: Julius Caesar", S. 119; Thomas, S. 49.
21 Müller, *Die politische Rede,* S. 101–118.
22 Vgl. die Einzelheiten und weitere Belege bei Müller, *Die politische Rede,* S. 107.

scheidungen als Willensakte eines höheren Wesens keiner rationalen Rechtfertigung mehr.

Herrscherlicher Anspruch vs. schwächliche Physis

Diese Majestät Julius Caesars wird von William Shakespeare nicht nur durch die leidenschaftliche Agitation des Cassius und die ironisch-distanzierende Präsentation der schwächlichen Physis Caesars in Zweifel gezogen. Shakespeare zeichnet Caesar darüber hinaus insgesamt als Menschen, dessen geistig-seelische Verfassung weitgehend von Inkongruenzen und Widersprüchen bestimmt ist. Dies bezeugen nachdrücklich Caesars ambivalente Aussagen zum Aberglauben, zu den Omina und zur Furcht.[23] In der schon herangezogenen Szene II, 2 betont Shakespeare mit der bereits in I, 2 konstatierten grundsätzlich ironisierenden Präsentation seine Zweifel an Caesars vorgeblicher Willensstärke. In dieser Szene lässt sich Caesar zweimal umstimmen, obwohl er mehrfach kategorisch von der unbeugsamen Festigkeit seines Willens spricht. Dreimal sagt Caesar geradezu apodiktisch, er wolle in den Senat; dann beschließt er seiner Frau zuliebe, zu Hause zu bleiben. Diesen neuen Entschluss teilt er – genauso apodiktisch – Decius, der ihn abholen kommt, gleich viermal mit, und lässt sich noch einmal umstimmen.

Ermordung Caesars

Die Ermordungsszene in III, 1 ist in ähnlicher Weise konzipiert, ohne dass dies hier weiter auszuführen wäre: Shakespeare steigert dort mit in der Kritik immer wieder und zurecht gerühmter Meisterschaft Caesars Hybris ins Maßlose. Er legt ihm eine Rede in den Mund, in der sich Caesar selbst zu übermenschlicher Größe und zugleich zur riesenhaft unbeweglichen Statue des Caesarismus erhebt.

Widerspruch zwischen Anspruch und Realität

Nahezu alles, was in der ersten Hälfte des Dramas Caesars Größe verkleinert oder gar gegen diese spricht, sind Erfindungen des Dramatikers William Shakespeare. Die Ambivalenzen in diesem Caesarbild verdeutlichen damit den Widerspruch zwischen dem selbsterhobenen Anspruch übermenschlicher Größe und den tatsächlichen, physischen und geistigen Unzulänglichkeiten des Diktators. Shakespeare wendet sich damit zugleich ganz allgemein gegen die Selbsterhöhung eines Herrschers, der sich aufgrund seiner politischen Macht dazu versteigt, sich als Gott zu fühlen und sich als Gott behandeln zu lassen.

Caesarbild des Antonius

Aufschlussreich für das von Shakespeare entworfene Herrscherbild sind noch zwei weitere Aspekte: Die Einschätzung Caesars durch Antonius und durch Brutus. Antonius, Freund und Werkzeug Caesars, sieht in ihm – wie er unmittelbar nach der Ermordung in seinem Monolog zu erkennen gibt – den edelsten Römer, der je auf Erden wandelte:

O, pardon me, thou bleeding piece of earth,
That I am meek and gentle with these butchers.
Thou art the ruins of the noblest man
That ever livèd in the tide of times. (III, 1, 257–260)

**Caesarbild
des Brutus**

Den deutlichsten Einblick in das Caesarbild des Brutus vermittelt Shakespeare in der berühmten Szene II, 1, dem Gartenmonolog des Brutus. Dieser Monolog des Brutus hat die Kritiker nicht zuletzt deshalb immer wieder befremdet, weil es sich um die Darlegung einer schwierigen politisch-theoretischen Frage handelt, in der Brutus nach langem Ringen[24] zu einem Entschluss gekommen ist: *„It must be by his death"* (II, 1, 10). Diesen Entschluss versucht Brutus nun zu rechtfertigen, und zwar als präventive Maßnahme für den hypothetischen Fall zu rechtfertigen, dass sich Caesar nach seiner Krönung zu einem Tyrannen entwickelt. Mit einem Wort, und dies passt ganz und gar nicht zu der ansonsten im Drama präsentierten Caesar-Figur,[25] Brutus sieht in Caesar keinen wirklichen, sondern nur einen potentiellen Tyrannen. Der ganze Monolog des Brutus ist geprägt von einer tiefgreifenden Tyrannenfurcht,[26] und er ist als solcher auch eine überzeugende Analyse der Auswirkungen einer möglichen Tyrannis.

**Monarcho-
machisches
Plädoyer
gegen die
Allein-
herrschaft**

Wenn jedoch selbst ein so guter Mensch, wie es Caesar ja in Brutus' Augen ist, geradezu zwangsläufig zum verderblichen Tyrannen degenerieren wird, dann ist es nicht nur Caesar, sondern die Alleinherrschaft schlechthin, gegen die sich der politische Widerstand des Brutus richtet. Die Argumentation des Brutus in seinem Gartenmonolog weist interessante Parallelen zu den Schriften der Monarchomachen, jener Gruppe radikal republikanischer politischer Theoretiker der 70er und 80er Jahre des 16. Jahrhunderts auf.[27] Diese propagierten, insbesondere in ihrer bekanntesten Schrift, der *Vindiciae contra tyrannos* (1579), genau wie Shakespeares Brutus ein präventives Vorgehen gegen Tyrannen. Der Zeitpunkt, an dem die Verhinderung der Tyrannis noch erfolgver-

---

23 Vgl. hierzu die Einzelheiten bei Beyer, *Staunen*, S. 172–178; vgl. auch Baumann, *Vorausdeutung und Tod*, S. 148–157 und 402–479.

24 Dieses lange Ringen beschreibt Brutus anschaulich in II,1,61–69.

25 Zwei Beispiele mögen dies exemplarisch belegen: I,1,31–74 (der Triumph Caesars über die Söhne des Pompeius wird von den Tribunen Flavius und Murellus scharf – als unmenschlich und wider die Verfassung – verurteilt) und I,2,279–280 (die Strafe für die Handlungen der Tribunen, die zugleich das Bild eines allmächtigen, drohend im Hintergrund lauernden Polizeiapparats evoziert): *„Murellus and Flavius, for pulling scarves off Caesar's images, are put to silence"*.

26 Vgl. insbes. Müller, *Die politische Rede*, S. 112–118 und Miola, „Julius Caesar and the Tyrannicide Debate", S. 271–289.

27 Müller, *Die politische Rede*, S. 112–118; vgl. dagegen – freilich ohne Argumente – Breuer, „Politische Perspektiven", S. 240, Anm. 26.

sprechend scheint, ist dann gegeben, wenn *„der Tyrann plant, intrigiert und seine Sturmgräben vorantreibt"*.[28]

Ver-
schwörung

Dies unterstreicht einmal mehr die (aktuelle) politische Bedeutsamkeit dieses Römerdramas. Am Beispiel Julius Caesars stellt Shakespeare sowohl die innere Widersprüchlichkeit von absolutem Herrschaftsanspruch und schwächlicher Physis, als auch die prinzipielle Opposition von Caesarismus und Republikanismus heraus. Dieser außerordentlich komplexen Präsentation von Julius Caesar entspricht das differenzierte Bild, das Shakespeare von den Verschwörern, insbesondere von Brutus, zeichnet. Antonius, der Freund Caesars, ist es, der dem Mörder Caesars – nach der Niederlage bei Philippi – mit seinen Worten gleichsam die letzte Ehre erweist:

This was the noblest Roman of them all.
[...]
His life was gentle, and the elements
So mixed in him that Nature might stand up
And say to all the world, ,This was a man!' (V, 5, 67 und 72–74)

Quelle
Shakes-
peares

In intensiver Auseinandersetzung mit seiner Hauptquelle, den *Parallelbiographien* des PLUTARCH (in der englischen Übersetzung des SIR THOMAS NORTH), schuf Shakespeare seine Figur Julius Caesar, die – wie der Caesar PLUTARCHS – insgesamt zwiespältig geschildert und aus unterschiedlichen Blickwinkeln beleuchtet wird.

Zeit-
genössische
Aktualität

Gleichzeitig verweist die differenzierte Darstellung Julius Caesars – und verbunden damit der Alleinherrschaft – ganz allgemein auf die historisch-politischen Diskurse in den 90er Jahren des 16. Jahrhunderts. In einer Zeit der Zunahme absolutistischer Tendenzen, in der England nach dem vielzitierten Wort eines Zeitgenossen überwacht wird, *„as if it had been the household and estate of a nobleman under a strict and prying steward"*,[29] in einer Zeit, in der wiederholt Kritik an dem Unfehlbarkeits-Mythos der Königin laut wird (*„What, cannot princes err? Cannot subjects receive wrongs? Is an earthly power or authority infinite?"*[30]), gewinnt das leidenschaftliche Argumentieren für die Freiheit und Gleichheit aller Bürger in der Rede des Cassius und sein ebenso vehementer Protest gegen die Erhebung Caesars zu einem Gott zeitgenössische Aktualität. Ein Herrscher wie Shakespeares Caesar, der seinen Willen förmlich zum Gesetz erhebt, widerspricht dem verfassungsrechtlichen Denken der Shakespeare-Zeit,[31] wo sich längst die Einsicht durchgesetzt hat, dass der König nicht Urheber des Rechts, sondern selbst dem Recht unterworfen ist. Gleichzeitig jedoch, und dies akzentuiert nochmals die politische Brisanz des Dramas *Julius Caesar*, unterscheidet sich die Position der Caesar-Figur Shakes-

peares in diesem Punkt nur geringfügig vom politischen Standpunkt, den KÖNIG JAMES VI. (von Schottland) im Jahre 1598, also nur ein Jahr vor der Abfassung von *Julius Caesar*, eingenommen hat: *„And so it followes of necessitie, that the kings were the authors and makers of the Lawes, and not the Lawes of the kings"*.[32]

Julius Caesar: Plädoyer gegen die Alleinherrschaft

Shakespeares Auseinandersetzung mit JULIUS CAESAR und seiner Ermordung, jenem klassischen *exemplum* für einen Tyrannenmord, sowie zugleich damit Shakespeares Auseinandersetzung mit dem Caesarismus, der absolutistischen Herrschaft, führt geradezu zwangsläufig hinein in die aktuellen politischen Diskussionen der Entstehungszeit des Dramas. Der Dramatiker Shakespeare macht in seinem Drama *Julius Caesar* im Grunde genau das, was KÖNIG JAMES I. (von England) in seiner großen Rede vom 26. Juni 1616 als widerrechtlich und zugleich widernatürlich bezeichnen wird: Er zeigt die Widersprüche zwischen Anspruch und Wirklichkeit des Alleinherrschers auf, widerlegt den Anspruch auf Göttlichkeit und zerstört damit die Aura des Mystischen und Übermenschlichen, mit der sich der absolute Herrscher umgibt.[33]

3 ‚Blood will have blood' oder Verbrechen zeugt Verbrechen: *Macbeth*

Macbeth als de-casibus-Tragödie

So klar strukturiert und nachvollziehbar die Handlung in Shakespeares tiefschürfendster und reifster Vision des Bösen ist,[34] so facettenreich scheinen ihre Deutungsmöglichkeiten. Die Handlung der *Tragedy of Macbeth* (1606) zeichnet – ganz im Sinne des Konzepts der *de-casibus*-Tragödie – in einem ersten Handlungsbogen (I, 1–III, 4) den Weg Macbeths vom loyalen, hochgeschätzten Thane zum Königsmörder und blutrünstigen Tyrannen nach. Auch der zweite Handlungsbogen (III, 5–V, 11), die brutale Herr-

---

28 Beza, Brutus, Hotman. Calvinistische Monarchomachen, Hrsg.: J. Dennert. Köln; Opladen: Westdeutscher Verlag, 1968, S. 174; vgl. Müller, Die politische Rede, S. 114.

29 Vgl. B. L. Joseph, *Shakespeare's Eden,* S. 122; vgl. ebenfalls Müller, *Die politische Rede,* S. 100.

30 W. B. Devereux, *Lives and Letters of the Devereux, Earls of Essex,* 2 Bde. London: John Murray, 1853, Bd. I, S. 501 (Brief vom 18. Oktober 1598: Graf Essex an den Lord Keeper of the Great Seal).

31 Vgl. eine Vielzahl von Belegen bei Müller, *Die politische Rede,* S. 107–109.

32 *The Political Works of James I.* Hrsg.: C. H. McIlwain. New York: Russell & Russell 1965), S. 62.

33 Vgl. *The Political Works of James I,* S. 333 (Rede des Königs in der Star Chamber vom 26. Juni 1616): *„That which concernes the mysterie of the Kings power, is not lawfull to be disputed: for that is to wade into the weaknesse of Princes, and to take away the mysticall reuerance, that belongs into them that sit in the Throne of God".*

34 Vgl. Knight, *The Wheel of Fire,* S. 140.

schaft Macbeths, besonders jedoch das Ende der Tragödie, der Tod Macbeths, durch den das von ihm und seinen Taten ausgehende Chaos von Recht und Ordnung abgelöst wird, scheint ebenfalls dem konventionellen Ende einer *de-casibus*-Tragödie zu entsprechen. Antworten auf die Frage, ob die Tragödie insgesamt eine solche schlichte Deutung rechtfertigt, ermöglicht vorrangig die Analyse des Titelhelden Macbeth, dessen Taten, Gedanken und Gewissensqualen das Zentrum der Tragödie bilden.

Fremd-charakterisierung des Titelhelden

Wie so häufig führt Shakespeare seinen Titelhelden mit Fremdcharakterisierungen ein: Noch bevor er selbst auftritt, erfahren die Zuschauer, dass sich Macbeth in der blutigen Schlacht gegen Rebellen und äußere Feinde durch große persönliche Tapferkeit und tatkräftige Entschlossenheit ausgezeichnet hat (I, 2, 16–23). So rühmt ihn denn auch König Duncan sogleich als *„valiant cousin! worthy gentleman!"* (I, 2, 24); der Thane of Ross feiert ihn als *„Bellona's bridegroom"* (I, 2, 54), und auch materiell zahlt die heldische Tapferkeit sich aus. Nachdem der König vom Verrat des Thane of Cawdor erfahren hat, gibt er den Befehl dem loyalen Macbeth (*„noble Macbeth"* [I, 2, 67]) Lehen und Titel des Thane of Cawdor zu verleihen.

Macbeth und die Hexen/Schicksalsmächte

Die ersten Worte, mit denen Macbeth wenig später selbst auftritt (I, 3, 36: *„So foul and fair a day I have not seen"*), verweisen zurück auf die Eröffnungsszene und den Refrain der Hexen (I, 1, 10: *„Fair is foul, and foul is fair"*) und deuten bereits auf subtile Weise die enge Verbindung von Macbeth zu den Hexen oder Schicksalsmächten an, mit denen er dann konfrontiert wird: Sie begrüßen ihn (I, 3, 46–48) als Thane of Glamis, als Thane of Cawdor und als zukünftigen König. Macbeth ist daraufhin zutiefst verwirrt (I, 3, 68–76), aber noch während er mit Banquo, der als Ahnherr vieler Könige begrüßt worden war (I, 3, 63–66), über die Erscheinungen und deren Prophezeiungen rätselt, bringen Ross und Angus die Nachricht, dass ihn König Duncan zum Thane of Cawdor ernannt hat. Während Banquo, der im weiteren Verlauf der Handlung trotz unheilvoller Ahnungen (I, 3, 118–124; II, 1, 6–9) in gutgläubiger Tatenlosigkeit verharrt, sofort die gedankliche Verbindung zu den Prophezeiungen herstellt (I, 3, 105: *„What, can the devil speak true?"*), reagiert Macbeth erneut mit Irritation und Ungläubigkeit (I, 3, 106–107: *„The Thane of Cawdor lives. Why do you dress me/ In borrowed robes?"*). Sobald er jedoch von Angus über die Hintergründe der Ernennung zum Thane of Cawdor informiert worden ist, erkennt er, dass sich ein Teil der Prophezeiung bereits erfüllt hat; sein nächster Gedanke gilt dann der Krone (I, 3, 114–115): *„Glamis, and Thane of Cawdor./ The greatest is behind"*. Es scheint so, als dächte Macbeth in diesem Moment das erste Mal daran, König zu werden, ein Gedanke, der von nun an sein gesamtes Denken beherrscht.

<table>
<tr>
<td>

**Konse-
quenzen der
Prophe-
zeiungen**

</td>
<td>

Er beginnt nach Möglichkeiten zu suchen, die – ihm von den Schicksalsmächten/Hexen vorherbestimmte – Königswürde zu erreichen. Der sich überraschend schnell einstellende Gedanke, Duncan zu ermorden und sich so die Krone zu sichern, schockiert ihn noch und wird ihm zum *„horrid image"*:

</td>
</tr>
</table>

> [...] *I am Thane of Cawdor.*
> *If good, why do I yield to that suggestion*
> *Whose horrid image doth unfix my hair*
> *And make my seated heart knock at my ribs*
> *Against the use of nature? Present fears*
> *Are less than horrible imaginings.*
> *My thought, whose murder yet is but fantastical,*
> *Shakes so my single state of man that function*
> *Is smothered in surmise, and nothing is*
> *But what is not.* (I, 3, 132–141)

Er beschließt, nichts zu unternehmen und seine weitere Zukunft in die Hand der Schicksalsmächte zu legen: *„If chance will have me king, why, chance may crown me/ Without my stir"* (I, 3, 142–143). Der Dramatiker präsentiert uns – so scheint es zumindest – einen kampferprobten, loyalen Macbeth, dessen persönliche Verdienste vom König gewürdigt und belohnt werden, der unter dem Einfluss der Schicksalsmächte/Hexen[35] in seiner Loyalität ins Wanken gerät und sogar einen Königsmord erwägt. Sein Charakter erweist sich – für den Moment – noch als stark genug, diese verbrecherischen Gedanken zu verwerfen und die Einlösung der Prophezeiung dem Schicksal zu überlassen.

<table>
<tr>
<td>

**Einblick in
das Denken
des Titel-
helden**

</td>
<td>

Betrachtet man den weiteren Verlauf der Handlung, so vollzieht sich bis zum Mord an Duncan, der die Ermordung von dessen beiden Dienern nach sich zieht, im Denken von Macbeth immer wieder die gleiche Kreisbewegung: Er erwägt die unrechtmäßige Aneignung der Königskrone und verdrängt diese Gedanken aus moralischen Erwägungen (besonders eindrucksvoll in I, 7, 1–28).

</td>
</tr>
<tr>
<td>

**Einfluss
der Lady
Macbeth**

</td>
<td>

Erst die Überredungskünste seiner von Ehrgeiz beherrschten Frau, die ihm den Mord an Duncan in einem rhetorisch brillanten Persuasionsdialog (I, 7, 35–82) als Beweis seiner Männlichkeit abfordert, bringen ihn letztlich dazu, die grausige Tat zu begehen, mit der er wider die geheiligten Gebote des Gastrechts handelt und sich den Frevel des Königsmordes auf sein Gewissen lädt. Macbeth, so scheint es, ist durch die Prophezeiungen der Schicksalsmächte/ Hexen und durch die Überredungskünste seiner Frau zu einer Tat

</td>
</tr>
</table>

---

35 Vgl. zu den Schicksalsmächten/Hexen Krippendorff, S. 422–424; Greenblatt, „Shakespeare Bewitched" und Greenblatt, „Introduction", S. 2559–2560.

verleitet worden, die zwar seinen Ehrgeiz nach der Königswürde stillt, die seinem Wesen jedoch zu widersprechen scheint. Macbeth also ein Opfer der Schicksalsmächte/Hexen und einer krankhaft ehrgeizigen Ehefrau? Das wäre dann doch zu einfach, zumal die Schnelligkeit, mit der Macbeth – nachdem er den Wahrheitsgehalt der Prophezeiungen *("Thane of Cawdor")* erkannt hat – an Mord denkt, so gar nicht zu einem loyalen und königstreuen Untertanen passen will. Und noch ein weiteres, merkwürdig irritierendes Detail taucht Macbeth ins Zwielicht des Zweifels: Lady Macbeth wirft ihm vor, nicht zu seinem gegebenen Versprechen zu stehen:

[. . .] What beast was't then
That made you break this enterprise to me?
When you durst do it, then you were a man;
And to be more than what you were, you would
Be so much more the man. Nor time nor place
Did then adhere, and yet you would make both. (I, 7, 47–52)

Zweifel an der Loyalität Macbeths

Wenn Zeit und Gelegenheit damals für die Ermordung Duncans nicht günstig waren, dann verrät dieses ,damals', dass Macbeth offenbar schon früher, lange bevor ihm die wahrsagenden Schicksalsmächte/Hexen begegnet waren, mit seiner Frau Mordpläne gegen Duncan geschmiedet hat.[36] Im Rückblick erscheinen dann auch die ersten Reaktionen Macbeths auf die Prophezeiungen der Hexen in einem anderen, düsteren Licht: gründet seine Irritation vielleicht in der Sorge, die Hexen könnten – vor Banquo und damit quasi öffentlich – seine geheimsten Wünsche offenbaren?[37]

Konsequenzen der Untaten

Einmal mit Blut befleckt und – nach erfolgter Wahl zum König – am Ziel seiner ehrgeizigen Wünsche angelangt, scheint Macbeth wie besessen. Er befiehlt zur Sicherung seiner – objektiv nicht gefährdeten – Herrschaft die Ermordung Banquos und seines Sohnes (III, 1, 46–143). Jetzt demonstriert er die ihm zuvor von seiner Frau abgesprochene Härte (I, 5, 14–28); er handelt allein, ohne zuvor die erneute Untat mit seiner Frau zu besprechen, vielmehr will er sie, die treibende Kraft bei der Ermordung Duncans, vor unnötigen Sorgen bewahren: *„Be innocent of the knowledge, dearest chuck,/ Till thou applaud the deed"* (III, 2, 46–47). Doch Macbeth überschätzt seine eigene Skrupellosigkeit; unmittelbar nach der Ermordung Banquos erscheint ihm dessen Geist beim abendlichen Festbankett und löst beinahe einen vollständigen Zusammenbruch aus, den seine Frau – in bewundernswürdiger Geistesgegenwart, die die Situation rettet – den übrigen Gästen als durchaus gewöhnliches Krankheitssymptom erklärt (III, 4, 36–120).

Sympathielenkung

Die Tatsache, dass der Dramatiker von Beginn an den Prozess der langsamen Abtötung des Gewissens, des Kampfes des Ehrgeizes mit der eigenen, besseren Natur, immer wieder ins Zentrum der grüblerischen Monologe Macbeths rückt, bis hin zum völligen Zusammenbruch angesichts des Geistes Banquos, ist das zentrale Element der Sympathielenkung auf den Titelhelden. Das aus der Innenperspektive Macbeths präsentierte Leiden an seinen Untaten sichert selbst dem Mörder Macbeth noch die Anteilnahme des Publikums:

Aber dieses Leiden, angefangen von den Versuchungsvisionen des Helden bis zu dem Schaudern der schlafwandelnden Lady Macbeth, ist gleichzeitig als Ausdruck einer warnenden und rächenden Vorsehung aufzufassen, und das impliziert, dass das Publikum auch wieder Distanz gewinnt und der drohenden einseitigen Vereinnahmung vorgebeugt wird. Dies trifft auch noch für den modernen Zeitgenossen zu, der vielleicht nicht mehr an die Vorsehung, aber sehr wohl etwa an den Fluch der bösen Tat zu glauben vermag.[38]

Konsequenzen der erneuten Prophezeiungen

In seiner Erschütterung sucht Macbeth am nächsten Morgen die Hexen auf und fordert weitere Auskünfte (IV, 1, 1–148). Ihre Prophezeiungen enthüllen ihm sein weiteres Schicksal. Die Deutung, die Macbeth den doppelsinnigen Formulierungen der Hexen zuschreibt, beruhigt ihn und verleiht ihm ein trügerisches Gefühl von Sicherheit, das sogleich in die Bereitschaft zu weiteren Greueltaten einmündet (IV, 1, 160–170). Als blutrünstiger Tyrann führt er quasi Krieg gegen seine eigenen Untertanen, taucht sein ganzes Land in Ströme von Blut, und seine brutalen Schlächter schonen weder Frauen noch Kinder (IV, 2). Während die einst so starke Lady Macbeth an ihrer Schuld zugrundegeht (V, 1), ist Macbeth völlig eingesponnen in eine Welt des dumpfen, düsteren Grübelns (V, 5, 10–15), in eine Welt, der kein Schrecken, kein Horror fremd ist. Selbst der Tod der Lady Macbeth (V, 5, 16) berührt ihn nicht mehr, er entlockt ihm nur einige wenige allgemeine Sätze über die Kürze und Nichtigkeit des Lebens (V, 5, 16–27). Viel zu spät erkennt Macbeth, dass seine Deutung der Hexenworte falsch war: der Wald von Birnam bewegt sich als Deckung und Tarnung der Truppen Malcolms und Macduffs auf Dunsinane Hill zu, und Macduff ist nicht von einer Frau geboren, sondern aus ihrem Leib herausgeschnitten. Noch einmal rafft Macbeth sich zu einer Tat auf, wird zu dem, der er ganz zu Anfang der Tragödie war: Ein Schrecken verbreitender, blutbesudelter, tapferer Kämpfer:

[. . .] I will not yield
To kiss the ground before young Malcolm's feet,
And to be baited with the rabble's curse.

---

36 Vgl. Krippendorff, S. 403.
37 Vgl. hierzu ausführlicher Baumann, „Herrscherfiguren".
38 Lengeler, „Vom Mitleiden am Leiden des Verbrechers", S. 58.

Though Birnam Wood be come to Dunsinane,
And thou opposed being of no woman born,
Yet I will try the last. (V, 10, 27–32)

Tod des Titelhelden

Mit dieser letzten kühnen Geste stürzt sich Macbeth in den Zweikampf und wird von Macduff („*of no woman born*") nach langem und harten Kampf erschlagen (V, 10, 34*). Damit gewährt der Dramatiker Macbeth nicht nur einen heroischen Kriegertod, wie im übrigen auch schon Richard III., sondern er liefert zugleich einen weiteren Hinweis für das tiefere politische Verständnis der Tragödie.

Kriegerstaat

Die in dieser Tragödie dargestellte Welt Schottlands ist eine Welt des blutigen Kampfes, die exklusiv männliche Welt eines brutalen Kriegerstaates. Ganz zu Anfang bereits genügt ein Wort, um den Thane von Cawdor als Verräter zu brandmarken; ohne Prüfung dieser Nachricht wird er – in Abwesenheit und ohne Chance, sich gegen den Vorwurf des Verrats zu verteidigen – zum Tode verurteilt (I, 2, 48–65). Brutaler Kampf, die physische Fähigkeit, den Gegner abzuschlachten, ist offensichtlich die einzige Tugend, die in dieser Kriegerwelt zu zählen scheint.[39] Der Krieg, der Kampf ist der Vater aller Dinge in dieser düsteren Welt.

Das offene Ende

Sogar der Schluss der Tragödie feiert ihn noch: Siwards Sohn stirbt wie ein Mann (V, 11, 5–9), und selbst der eigene Vater will nur wissen, ob er seine Todeswunde von vorn erhalten hat (V, 11, 12).[40] Diese Kriegermentalität ist der Urgrund des Übels, ihr entwächst Macbeth, sie nährt seinen Ehrgeiz, und in sie fällt Schottland nach der blutigen Tyrannis des Macbeth wieder zurück. Der neue König Malcolm beseitigt zwar die Handlanger des Unrechtsregimes (V, 11, 34–35), aber er stützt seine Herrschaft auf die alten Anhänger seines Vaters, die er flugs zu Earls ernennt. Am Schluss der Tragödie – der Mörder und Tyrann Macbeth hat sein gerechtes Ende gefunden – feiert Malcolm in schönen Worten den gemeinsam errungenen Sieg und die harmonische Freundschaft des Augenblicks (V, 11, 26–41), aber das Publikum wird nicht vergessen, dass die Hexen weiterhin in ihrer Höhle lauern: Wer wird sie als nächster aufsuchen, um Antworten zu erhalten, die Bestand und Sicherheit versprechen? Wer wird als nächster nach der Chance greifen, sich durch Kampf und Krieg, dem einzigen, was in dieser Gesellschaft zählt, die Krone aufs Haupt zu setzen?

4 Das Zaudern oder der Ausstieg aus der Politik: *Hamlet*

Hamlet als Rätsel

The Tragedy of Hamlet, Prince of Denmark (1600–1601) ist – wie STEPHEN GREENBLATT völlig zu recht bemerkt – das große Rätsel der Shakespeare-Forschung: „Hamlet *is an enigma*".[41] Obwohl schon 1965 – so die pointierte und nicht buchstäblich ernst zu nehmende Bemerkung JAN KOTTS – allein die Bibliographie aller Abhandlungen und Studien zu *Hamlet* dicker als das Warschauer Telefonbuch war,[42] scheinen die zentralen Fragen sich gegen eindeutige, oder doch zumindest konsensfähige Antworten zu sperren:

Why does Hamlet delay avenging the murder of his father by Claudius, his father's brother? How much guilt does Hamlet's mother, Gertrude, who has since married Claudius, bear in this crime? How trustworthy is the ghost of Hamlet's father, who has returned from the grave to demand that Hamlet avenge his murder? Is vengeance morally justifiable in this play, or is it to be condemned? What exactly is the ghost, and where has it come from? Why is the ghost, visible to everyone in the first act, visible only to Hamlet in Act 3? Is Hamlet's madness feigned or true, a strategy masquerading as a reality or a reality masquerading as a strategy? Does Hamlet, who once loved Ophelia, continue to love her in spite of his apparent cruelty? Does Ophelia, crushed by that cruelty and driven mad by Hamlet's murder of her father, Polonius, actually intend to drown herself, or does she die accidentally? What enables Hamlet to pass from thoughts of suicide to faith in God's providence, from ‚To be, or not to be' to ‚Let be'? What was Hamlet trying to say before death stopped his speech at the close? Hamlet, as one critic has wittily remarked, is ‚the tragedy of an audience that cannot make up its mind'.[43]

Hamlet als politisches Drama

Im Folgenden soll auf diese Fragen weder eine kritisch-synthetisierende Zusammenfassung der bisherigen Antwortversuche, noch eigene, in der Subjektivität des Verfassers gründende, Antworten gegeben werden; ich konzentriere die Analyse auf nur einen einzigen Aspekt, die in der bisherigen Forschung gern übersehene politische Dimension der Tragödie.[44] Die angemessene Berücksichtigung der politischen Dimension liefert natürlich nicht den Schlüssel zur Lösung des Rätsels *Hamlet*, sie ergänzt jedoch die

---

39 Vgl. hierzu Krippendorff, S. 391–426.
40 Vgl. French, *Shakespeare's Division of Experience*, S. 251.
41 Greenblatt, „Introduction", S. 1659. Vgl. als Orientierung Rosenberg, *The Masks of Hamlet*.
42 Kott, *Shakespeare heute*, S. 72.
43 Greenblatt, „Introduction", S. 1659.
44 Grundlegend im folgenden ist Krippendorff, S. 345–390, dessen Wertungen ich – auch vor dem Hintergrund der persönlich gesehenen rund fünfzehn modernen Inszenierungen *Hamlets* – größtenteils teile.

bisherigen Antwortversuche[45] um die historisch-politische Perspektive und ermöglicht so eine Annäherung, die vor allem hilft, das Zögern und damit den Charakter des Titelhelden besser zu verstehen.

Hamlet als Melancholiker

Hamlet gilt zunächst als der klassische Melancholiker im Werk Shakespeares;[46] Hamlet selbst diagnostiziert diese Krankheit an sich (II, 2, 575–580) und er wird von Claudius explizit als Melancholiker bezeichnet (III, 1, 163–166). Sein Verhalten entspricht bis in die Details hinein der Beschreibung, wie sie TIMOTHY BRIGHT in seinem *Treatise of Melancholy* von 1586 bietet: *„doubtfull before, and long in deliberation: suspicious, painefull in studie, and circumspect, given to fearefull and terrible dreames"*.[47]

Einsamkeit Hamlets

Symptom für diese Melancholie ist auch im Falle Hamlets die Einsamkeit. Die Isolation geht sogar so weit, dass er sich der Möglichkeiten einer Kommunikation mit seiner Umwelt weitgehend begibt. Aber Hamlet wählt die innere und immer häufiger auch die äußere Einsamkeit nicht, weil dies seiner Natur entspräche;[48] er muss sich in die Einsamkeit, hinter die Maske des Wahns zurückziehen, um zunächst einmal in dieser aus den Fugen geratenen Welt physisch zu überleben.

Dänemark: Analyse des politischen Zustands

Die Flucht in die innere Einsamkeit und Isolation wird zur logischen Konsequenz für ein integres Individuum angesichts einer zutiefst moralisch verderbten und politisch korrupten Welt: *„Something is rotten in the state of Denmark"* (I, 4, 67). Mit diesem wohlbekannten Satz beschreibt Marcellus treffend die politische Situation in Hamlets Dänemark: Der dänische Staat ist krank, zerrüttet, im Verfaulen begriffen, und dieser Prozess beginnt – so der traditionell humanistische Grundkonsens – in der Person des Herrschers. Einen ersten Fingerzeig, die wahren Dimensionen der Fäulnis aufzudecken, bietet BERTOLT BRECHT, der sich in den vierziger Jahren eingehend mit *Hamlet* auseinandersetzte:

Angesichts der blutigen und finsteren Zeitabläufe, in denen ich das schreibe, verbrecherischer Herrscherklassen, eines verbreiteten Zweifels an der Vernunft, welche immerfort missbraucht wird, glaube ich, diese Fabel so lesen zu können: Die Zeit ist kriegerisch. Hamlets Vater, König von Dänemark, hat in einem siegreichen Raubkrieg den König von Norwegen erschlagen. Als dessen Sohn Fortinbras zu einem neuen Krieg rüstet, wird auch der dänische König erschlagen, und zwar von seinem Bruder. Die Brüder der erschlagenen Könige, nun selbst Könige, wenden den Krieg ab, indem den norwegischen Truppen erlaubt wird, für einen Raubkrieg gegen Polen dänisches Gebiet zu durchqueren. Nun ist aber der junge Hamlet vom Geist seines kriegerischen Vaters aufgerufen worden, die an ihm verübte Tat zu rächen. Nach einem Zaudern, eine blutige Tat durch eine andere blutige Tat zu beantworten, ja schon willig,

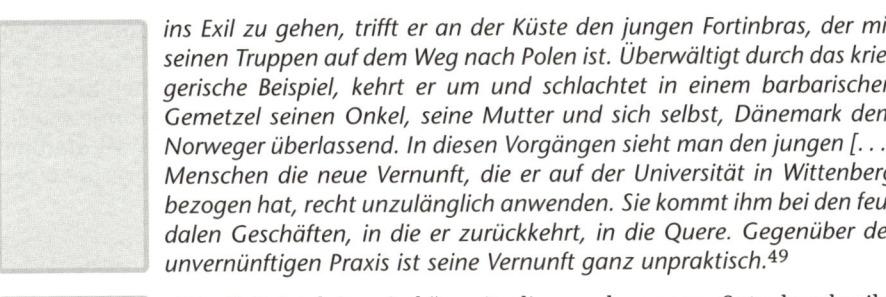

ins Exil zu gehen, trifft er an der Küste den jungen Fortinbras, der mit seinen Truppen auf dem Weg nach Polen ist. Überwältigt durch das kriegerische Beispiel, kehrt er um und schlachtet in einem barbarischen Gemetzel seinen Onkel, seine Mutter und sich selbst, Dänemark dem Norweger überlassend. In diesen Vorgängen sieht man den jungen [. . .] Menschen die neue Vernunft, die er auf der Universität in Wittenberg bezogen hat, recht unzulänglich anwenden. Sie kommt ihm bei den feudalen Geschäften, in die er zurückkehrt, in die Quere. Gegenüber der unvernünftigen Praxis ist seine Vernunft ganz unpraktisch.[49]

Dänemark als Krieger-staat

„Die Zeit ist kriegerisch", mit diesem knappen Satz beschreibt BRECHT die Ausgangssituation der Tragödie. Das Stück eröffnet dem Publikum zunächst den Blick auf ein Land *„in nervösem Alarmzustand"*.[50] Ein Krieg droht, des Nachts sind Wachen aufgestellt und unter Hochdruck wird gerüstet; und niemand, nicht einmal die ansonsten privilegierten Soldaten der Palastwache wissen offenbar Genaues, Gerüchte machen die Runde (I, 1, 69–106). Dänemark, dies zumindest wissen die Wachsoldaten genau, ist traditionell ein kriegerischer Staat, gegründet auf Gewalt, ist in seiner jetzigen Größe geboren aus dem Krieg, hervorgegangen *„aus der kriegerischen Gewalt einer vom König verkörperten Herrenschicht"*.[51]

Geist des alten Hamlet

In diese durchaus klarsichtige Analyse der Situation hinein betritt der Geist des alten Hamlet die Bühne. Er steht, die Kommentare der Wachsoldaten verraten dieses überdeutlich, für Krieg, Machtpolitik, Rüstung und Eroberung, aber zugleich auch für die Kehrseite dieser Medaille – für Angst, Unsicherheit, eine harte Herrschaft, martialische Werte, kurz: der alte Hamlet steht für *„die archaische Tradition des Militärstaates"*.[52] Über den Charakter seiner Herrschaft erfährt das Publikum, in dem, was der Geist dann Hamlet mitteilt, zwar keine Einzelheiten, aber dennoch eine Bestätigung für die Urteile der Wachsoldaten. Dass er *„im Unterschied zu seinem Sohn kein Mann von Bildung, Kultur, Philosophie, kein*

---

45 Vgl. den Forschungsüberblick in Wells, *Shakespeare, A Bibliographical Guide*, S. 201–221.

46 Vgl. die Belege bei Dillon, S. 107–118 und Schartmann, S. 115–124.

47 Timothy Bright, *A Treatise of Melancholie*, Hrsg.: H. Craig. New York: Columbia UP 1940 (= The Facsimile Text Society Bd. L), S. 124.

48 Vgl. Dillon, S. 107: *„There is much in the play to suggest that he has been a sociable, spontaneous man: his welcome of Rosencrantz and Guildenstern is a recognition of past fellowship and trust, and his continuing friendship with Horatio confirms his need for company and for a relationship of mutual trust".*

49 Bertolt Brecht, „Shakespeare-Aufsätze." In: *Sinn und Form 2* (1964), S. 181.

50 Krippendorff, S. 348.

51 Krippendorff, S. 350.

52 Krippendorff, S. 350.

sensibler Denker war",[53] diese Ahnung des Publikums wird bestätigt. Der Geist des alten Hamlet ist die Verkörperung der Blutrache, des ältesten und primitivsten aller menschlichen Instinkte. Und er ist aus dem Fegefeuer, dem Purgatorium heraufgestiegen, wohin er – gleichsam als gerechte Strafe für seine Freveltaten auf Erden – nach der Ermordung durch Claudius, seinen Bruder, verdammt wurde:

I am thy father's spirit,
Doomed for a certain term to walk the night,
And for the day confined to fast in fires,
Till the foul crimes done in my days of nature
Are burnt and purged away. (I, 5, 9–13)

Claudius als Politiker

Wie der alte Hamlet Verkörperung des martialischen Kriegerstaates ist, so steht Claudius – seine erste große öffentliche Rede bereits bezeugt es (I, 2, 1–25) – für die große hohle Geste, für Manipulation, für Intrigen und für Bespitzelung: Claudius steht für wortgewandte Heuchelei, für pathologische Verlogenheit und für überwachte Unfreiheit. Dänemark wird folglich zum Gefängnis; ein Dänemark, an dessen Spitze ein Herrscher wie Claudius stehen kann, muss krank, muss faulig sein.[54]

Polonius

Der erste Minister des Königs, Polonius, verdeutlicht mit seiner Person und seinem opportunistischen Gehabe, dass diese Krankheit älter ist, viel weiter zurückreicht als bis zur verbrecherischen Machtergreifung des Claudius; so beflissen und töricht wie er jetzt Claudius dient, diente er schon dem alten Hamlet. Angesichts dieser Ausgangssituation ist es kein Wunder, dass Hamlet mit der Welt des Hofes, mit der Welt der Politik nichts zu tun haben möchte.

Hamlet als Aussteiger

Hamlet muss, dies kann man indirekt erschließen, sich schon länger in Dänemark aufhalten; jedenfalls hat er Wittenberg lange vor Horatio verlassen und dieser kam, um am Begräbnis des alten Königs teilzunehmen. Und Hamlet hat, solange er vom Geist des Vaters nichts von dem Mord erfahren hatte, keinerlei Einwände gegen die Wahl des Claudius zum König erhoben. Kein Wort über eine mögliche Enttäuschung, nicht selbst zum Herrscher gewählt worden zu sein; eher sogar Erleichterung. Nur die plötzliche und blutschänderische Heirat seiner Mutter mit Claudius empört ihn (I, 2, 175–183), sie wird ihm zum Emblem für den tatsächlichen gesellschaftlichen Zustand, den auch er als krank und verrottet wahrnimmt.[55] Deshalb will er fort aus Dänemark, zurück nach Wittenberg zu seinen Studien, er will die innere Einsamkeit, die der verderbte Staat und seine Repräsentanten ihm aufzwingen, gegen die Gemeinschaft in der Fremde eintauschen. Nicht nur eine allgemeine Melancholie hat ihn erfasst, er leidet ganz konkret

unter dieser so korrupten politischen Klasse, die ihn kontrollieren möchte.[56] Der Racheauftrag des Geistes seines Vaters und die Befehle des Claudius versagen ihm den sehnlichsten Wunsch: auszusteigen aus der Welt des Hofes, auszusteigen aus der Politik und so den ewigen Kreislauf von Täuschung und Intrige, von Gewalt und Blut zu durchbrechen.

Das Zögern Hamlets

Es ist also nicht nur die Ungewissheit darüber, ob der Geist die Wahrheit sprach, oder ein Charakterfehler, der Hamlet zögern und zaudern lässt. Es ist zugleich das Wissen um die unüberwindlichen Schwierigkeiten verantwortlichen politischen, moralischen und vernünftigen Handelns in dieser – aus den Fugen geratenen – Welt (I, 5, 189):

Hamlets Zögern ist der verzweifelte Versuch, sich einer scheinbar einleuchtenden, aber letztlich sinnlosen Logik, der Blutrache, ebenso zu entziehen wie den an ihn und seine Rolle als Prinz und Thronkandidat geknüpften Erwartungen. Er verweigert sich der blutigen Tat, weil sie die Illusion impliziert, es werde die Krankheit des politischen Systems geheilt.[57]

Politische Realität vs. Vernunft des Individuums

In einer kurzen Szene, die – ungeachtet ihrer Bedeutung – in fast allen modernen Aufführungen gestrichen wird, kapituliert Hamlet schließlich. Es ist die Szene, in der Hamlet an der Küste auf die norwegischen Truppen stößt, die sich für den Eroberungszug nach Polen einschiffen (IV, 4, 1–9.21). Angesichts des gewaltigen Truppenaufmarsches zur Eroberung eines Landstriches, so klein, dass er keine fünf Dukaten wert ist, stellt Hamlet sein ganzes bisheriges Denken in Frage; seine Vernunft, sein Weltverständnis vermag diese zutiefst unvernünftige, unlogische Realität nicht mehr zu durchdringen: *„O, from this time forth/ My thoughts be bloody or be nothing worth!"* (IV, 4, 9.55–56).

Hamlet handelt

Danach gibt es kein Zaudern mehr – und auch einen Reflexionsmonolog kann Hamlet danach nicht mehr halten. Er entscheidet sich zur Tat; er schickt die beiden Ex-Freunde Rosencranz und Guildenstern durch die Fälschung eines Briefes in den Tod. Er hat erkannt, dass er an der Forderung, die aus den Fugen geratene Welt zurechtzurücken, gescheitert ist.

Das Finale

In der letzten, großen Szene, dem Fechtduell mit Laertes, macht Hamlet seinen Frieden mit der Welt des Hofes, mit der Welt des

---

53 Krippendorff, S. 351.
54 Vgl. Krippendorff, S. 357.
55 Vgl. Müller, „Claudius und Hamlet".
56 Vgl. Krippendorff, S. 364–365.
57 Krippendorff, S. 373–374.

Krieges. Er, der tiefsinnige Grübler von einst, taucht ein in die dumpfen Rituale von Blut und Mord (V, 2, 98–301). Und Dänemark fällt an Fortinbras, den siegreichen Eroberer; der Kreislauf von Krieg, Blut, Eroberung und Mord kann aufs neue beginnen.

Das Anderssein Hamlets

Die Einsamkeit und die Isolation sind für Hamlet im Rückblick Zeichen seiner persönlichen Integrität, sichtbares Zeichen seines radikalen Andersseins. Der völlige Zusammenbruch seines Weltverständnisses ist die Voraussetzung für die Rückkehr in die Welt des Hofes, in die höfisch-staatliche Gemeinschaft und ihre – zutiefst unvernünftigen – Rituale. Und so bleibt Hamlet nur, nachdem er seine intellektuelle Außenseiterexistenz und sein Leben hingegeben hat, den Freund Horatio darum zu bitten, in dieser rauhen, brutalen Welt, seine Geschichte wahrheitsgetreu zu berichten:

Had I but time – as this fell sergeant Death
Is strict in his arrest – O, I could tell you –
But let it be. Horatio, I am dead,
Thou liv'st. Report me and my cause aright
To the unsatisfied. (V, 2, 278–282)

Der Triumph des Kriegerstaates

Und ein letztes Mal zeigt diese Welt ihre wahre, unmenschliche Fratze, indem sie Hamlet selbst das noch verweigert. Das letzte Wort in der Tragödie hat der junge Fortinbras (*forte braccio*, der starke Arm); er ordnet an, Hamlet wie einen Soldaten mit allen militärischen Ehren beizusetzen:

[. . .] Let four captains
Bear Hamlet like a soldier to the stage,
For he was likely, had he been put on,
To have proved most royally; and for his passage,
The soldiers' music and the rites of war
Speak loudly for him. (V, 2, 339–344)

Mit dieser zeremoniellen und traditionellen Beisetzung wird Hamlet gleichsam seines Andersseins beraubt, wird im Tod hineingenommen in die Gemeinschaft der hohlen Rituale des Kriegerstaates, deren zerstörerische Unmenschlichkeit er durchschaute, ohne eine Möglichkeit zu sehen, sie zu ändern. Nimmt das Publikum Hamlets Erklärung an die Schauspieler über die Zielsetzungen des Theaterspielens ernst (III, 2, 18–22: „[. . .] *the purpose of playing, whose end, both at the first and now, was and is to hold as 'twere the mirror up to nature, to show virtue her own feature, scorn her own image, and the very age and body of the time his form and pressure*"), so zeitigt dies deprimierende Konsequenzen: Nicht einmal Horatio hat Hamlet in seinem Anderssein verstanden (V, 2, 324–329),[58] so sehr ist auch er geprägt von den Vorstellungen einer maroden Welt, die ohne Unterlass ihre dumpfen Rituale zu

„carnal, bloody, and unnatural acts" (V, 2, 325) entarten lässt und für den integren, sensiblen, nachdenklichen Hamlet zum Schicksal wurde.

Politische Lehren?

Die Frage nach der politischen Lehre aus dieser Tragödie führt zurück an den Anfang unseres Kapitels: Als vorläufiges Ergebnis der Analyse der politischen Dimension in Shakespeares *Hamlet* lassen sich wiederum Fragen formulieren, Fragen jedoch, deren Aktualitätspotential nicht eigens betont zu werden braucht:

Heißt die politische Lehre, sich mit den Fortinbras zu arrangieren, weil die unser Gefängnis immerhin mit einem ordentlichen Kanalsystem ausstatten? Oder heißt die politische Lehre, Hamlet über Hamlet hinaus weiterzudenken, [...] eine Welt zu projizieren, in der die Philosophie, die Bildung, die Gelehrsamkeit, die Reflexion über den Sinn menschlicher Existenz sich natürlich und ungezwungen entfalten könnte?[59]

5 Die Macht der Liebe und die Macht des Schicksals: *Romeo and Juliet*

Liebestragödie

The Most Excellent and Lamentable Tragedy of Romeo and Juliet (1595), etwa zeitgleich mit *A Midsummer Night's Dream* entstanden, gilt als die künstlerisch bedeutendste Darstellung der *courtly love* auf der elisabethanischen Bühne.[60] Betrachtet man die Wirkungsgeschichte des Stückes, so *„erscheint* Romeo and Juliet *als eine der reifsten Tragödien Shakespeares"*.[61] Nicht nur die Kritik schätzt *Romeo and Juliet*; seit gut vierhundert Jahren fasziniert diese Tragödie ihr Publikum, und sie tut dies, obwohl ihre Handlung keineswegs klar und logisch aufgebaut ist:

[The] tragedy is unusually dependent on coincidence, mischance, and accident to produce what the Chorus, in the sonnet that serves as the prologue, calls the lovers' ‚misadventured piteous overthrows'.[62]

Quelle Shakespeares

Den Stoff, den Shakespeare seiner Tragödie zugrundelegt, übernahm er aus ARTHUR BROOKES epischem Gedicht *The Tragicall History of Romeus and Juliet* (1562). Dieses geht auf die französische Prosaversion PIERRE BOIASTUAS (1559) zurück, die wiederum auf die italienische Version BANDELLOS (1554) zurückgreift, der seine Erzählung auf LUIGI DA PORTOS Version (1525) einer Geschichte

---

58 Vgl. Greenblatt, „Introduction", S. 1664.
59 Krippendorff, S. 386.
60 Vgl. Weiß, *Das Drama der Shakespearezeit*, S. 163–164.
61 Suerbaum, *Shakespeares Dramen*, S. 181.
62 Greenblatt, „Introduction", S. 865.

von MASUCCIO SALERNITANO (1476) gründet.[63] Obwohl Shakespeare die Grundzüge der Geschichte weitgehend unverändert beließ, gewinnt sie erst durch seine Eingriffe die Qualität, die ihre immense Wirkung erklärt:

[Shakespeare] rafft das Geschehen von Monaten zum jagenden Zeitablauf von vier Tagen und Nächten; die so entstehenden Verkettungen und ironischen Situationskontraste erwecken den Eindruck tragischer Unaufhaltsamkeit. Seine Juliet ist im Unterschied zur Vorlage fast noch ein Kind; umso stärker treten die Reinheit ihrer Liebe und ihr erstaunliches Reifen zur tragischen Heldin ins Bewusstsein. Die tiefe Teilnahme, die der Dichter für seine Liebenden zu wecken vermag, und im Zusammenhang damit der lyrische Reichtum ihrer Sprache hatten in der Quelle keine Entsprechung. Doch auch die für die Konturen des Dramas so wichtige politische und moralische Schiedsrichterrolle des Fürsten Escalus und des ‚geistlichen Vaters' Lawrence und ferner die komödiantisch bunte Gegenwelt zur Gefühlsentrückung der Liebenden (vor allem die Figur Mercutios) ist ganz das Werk Shakespeares.[64]

Hauptthema

Shakespeares tragischem Liebespaar Romeo und Juliet gelingt es, wenn auch nur für Stunden, in einer durch Instabilität und Gewalt geprägten Gesellschaft, sich eine von hingebungsvoller Leidenschaft erfüllte private Welt zu schaffen. Die symmetrisch konzipierte Handlung verknüpft alternierend die Darstellung des öffentlichen mit der des privaten Lebens, und präsentiert so die beiden Hauptthemen des Stücks: die Familienfehde der miteinander verfeindeten Häuser Montague und Capulet sowie die daraus erwachsenden Gefahren für die wahre Liebe des jungen Paares.

Voraus-deutung

Der Sonett-Prolog des Dramas verdeutlicht, dass der leidvolle Weg der Liebenden („*A pair of star-crossed lovers*") von einem grausamen Schicksal vorherbestimmt ist (Pr. 5–11); eine Anhäufung fataler Zufälle, freilich auch das Unverständnis ihrer Familien und Freunde, lässt das Paar im folgenden zum Spielball Fortunas werden.

Alter Zwist und neuer Streit

Als Schauplatz der Handlung fungiert das sommerliche Verona, wo sich die Gemüter schnell erhitzen und alte und neue Leidenschaften jäh entflammen können. In dieser knisternden Atmosphäre lodert der „*ancient quarrel*" (I, 1, 97) der beiden Häuser – der Grund für den Zwist bleibt ungenannt – wieder auf. Ein nichtiger Anlass führt zu einem Handgemenge, an dem sich neben Vertretern der gegnerischen Lager – allen voran der Streithahn Tybalt aus dem Hause Capulet – auch Bürger der Stadt beteiligen. Erst das Auftreten des Fürsten Escalus, der die verfeindeten Familien durch die Androhung drastischer Strafen zur Vernunft bringt, bereitet dem Treiben ein Ende.

Nebenmotiv: Störung der staatlichen Ordnung	In dieser tumultuarischen Straßenszene klingt ein gewichtiges Nebenmotiv der Tragödie an, das eine Horrorvision der Elisabethaner heraufbeschwört: Die Störung des staatlichen und gesellschaftlichen Ordnungsgefüges durch inneren Zwist. Erst die Versöhnung der verfeindeten Familien am Schluss vermag diese essentielle Bedrohung abzuwenden, worauf der Sonett-Prolog gleich zweimal vorausweist (Pr. 8 und 11).
Romeo in petrarkistischer Pose	Nach diesem Tumult betritt Romeo, der Sohn Montagues, die Szene. Von Liebeskummer geplagt, verliert er sich in petrarkistischen Posen und Worthülsen, mit denen er seine Herzensdame Rosaline vor seinen Freunden, dem friedfertigen Benvolio und dem frivolen Mercutio, preist (I, 1, 164–231).
Romeo und Juliet: Liebe auf den ersten Blick	Noch am gleichen Abend begegnet Romeo auf einem Maskenball im Hause Capulet der Tochter des Familienoberhaupts: Juliet. Auf den ersten Blick verlieben sich die beiden unsterblich ineinander; den Dialog der beiden, der in einem ersten Kuss mündet, hat Shakespeare kunstvoll als Sonett gestaltet (I, 5, 90–106). Entrückt von der Außenwelt und sprachlich isoliert von den übrigen Festteilnehmern empfinden beide in gleicher Weise die Magie des Augenblicks. Die Entdeckung, dass Juliet eine Capulet und Romeo ein Montague ist, vereint beide – bezeichnenderweise unbemerkt von ihren jeweiligen Gesprächspartnern – in dem Gedanken an ein übermächtiges Schicksal, das als Unstern über ihrer Liebe steht (I, 5, 114–115 und 135–138).
Vorausdeutung des Chores und Planung der Titelhelden	Ein Sonett des Chores eröffnet den zweiten Akt, bilanziert das bisherige Geschehen und kündigt für die Zukunft an: *„But passion lends them power, time means, to meet,/ Temp'ring extremities with extreme sweet"* (II. Chor. 13–14). In der folgenden – symbolträchtigen – Gartenszene beteuern sich die beiden ihre gegenseitige Liebe und beschließen in verliebtem, jugendlichem Übermut, am nächsten Tag zu heiraten.
Trauung und erneute Straßenkämpfe	Bei der Realisation dieses Entschlusses wird ihnen Juliets Amme zur unverzichtbaren Helferin. Das Glück des jungen Paares – nach der von Friar Laurence heimlich vorgenommenen Trauung[65] – ist jedoch nur von kurzer Dauer; eine Nacht nur gewährt das Schicksal ihnen (III, 5, 1–67). Romeo hatte beim Versuch, einen Kampf

---

63 Vgl. hierzu von Koppenfels, *Shakespeare-Handbuch*, S. 560–561 und Greenblatt, „Introduction", S. 865.

64 von Koppenfels, *Shakespeare-Handbuch,* S. 561.

65 Friar Laurence hofft, dass diese Verbindung den Familienzwist beendet: *„In one respect I'll thy assistant be,/ For this alliance may so happy prove/ To turn your households' rancour to pure love"* (II,2,90–92).

zwischen Tybalt und Mercutio zu schlichten, seinen Freund fest-
gehalten und damit Tybalt den todbringenden Stoß ermöglicht;
rasend vor Zorn hatte er daraufhin Tybalt im Duell getötet (III, 1,
51–130) und damit gegen die vom Fürsten befohlene Verpflich-
tung, den Frieden zu wahren, gefrevelt. Wiederum legt der Dramatiker den beiden Liebenden Worte in den Mund, die sie im
Gleichklang ihrer spontan geäußerten Gedanken verbinden: mit
„O, I am fortune's fool!" (III, 1, 131) antizipiert Romeo unmittelbar
nach dem Tode Tybalts die tragischen Konsequenzen seiner Tat,
während Juliet – nachdem Romeo sie verlassen musste – auf die
Unberechenbarkeit Fortunas hofft:

O fortune, fortune, all men call thee fickle.
If thou art fickle, what dost thou with him
That is renowned for faith? Be fickle, fortune,
For then I hope thou wilt not keep him long,
But send him back. (III, 5, 60–64)

Tradition der Komödie

Bis zu den tödlichen Duellen in Akt III könnte das Stück durchaus
als Komödie betrachtet werden. Die geschmacklosen Späße Mercutios (z. B. I, 4, 13–32), die mit erotisch-derben Puns brillierende
Amme Juliets (z. B. I, 3, 52–107), der Vater Juliets, dessen Haupt-
beschäftigung darin zu bestehen scheint, andere in sein Haus ein-
zuladen, verweisen auf die Tradition der Komödie.

Wendung ins Tragische

Danach jedoch wenden sich die Dinge unaufhaltsam ins Tragische, wobei die opponierenden komischen und tragischen Elemente die Handlungsdynamik generieren. Romeo wird aus
Verona verbannt, reist nach kurzer Hochzeitsnacht (III, 5, 1-67)
gen Mantua und wartet dort die weitere Entwicklung ab. Juliets
Eltern interpretieren die Niedergeschlagenheit ihrer Tochter, wie
nicht anders zu erwarten, falsch und versuchen, sie durch die Ver-
heiratung mit dem Grafen Paris aufzuheitern. Von düsteren
Gedanken getrieben, sucht Juliet Rat bei Friar Laurence, der schnell
einen Plan entwickelt, die beiden Liebenden wieder zu vereinen.
Dieser Plan ist freilich etwas kompliziert. Friar Laurence händigt
Juliet ein Betäubungsmittel aus, das sie in todesähnlichen Schlaf
versetzen soll, um der erzwungenen Heirat zu entgehen. Weiterhin sieht die Planung vor, dass die vermeintlich Tote nach vier-
zigstündigem Schlaf in der Familiengruft der Capulets erwachen
wird, wo sie dann mit Romeo zusammentreffen soll, den ein Brief
über den Plan informieren und nach Verona zurückrufen soll.

Schicksal, Zufälle, Missver-ständnisse

Der erste Teil des Plans geht auf, die erfolgreiche Realisierung des
zweiten Teils verhindert der Zufall oder das Schicksal, denn nur
die Nachricht von Juliets Tod erreicht Romeo in Mantua, nicht
jedoch der Brief mit den genauen Instruktionen durch Friar Laurence. Aufgewühlt vom Tod der Geliebten ist Romeo fest ent-

schlossen, sich mit ihr im Tode zu vereinen: „*Well, Juliet, I will lie with thee tonight./ Let's see for means*" (V, 1, 34–35). Er verschafft sich ein tödliches Gift und eilt zur Gruft der Capulets. Dort trifft er auf den ebenfalls trauernden Paris, es kommt erneut zu einem Missverständnis und Romeo tötet seinen Widersacher (V, 3, 45–74). In der Gruft, wohin er wunschgemäß den Leichnam des Grafen Paris getragen hat, setzt Romeo neben dem vermeintlichen Leichnam Juliets seinem Leben durch das Gift ein Ende (V, 3, 87–120).

Das Finale

Kurz darauf erwacht Juliet aus ihrem todesähnlichen Schlaf, sieht den toten Geliebten und erfasst sofort, was geschehen ist (V, 3, 148–150; 160–162). Vor Schmerz fast wahnsinnig, küsst sie zärtlich den Geliebten in der Hoffnung, noch einen Rest des Gifts von seinen Lippen trinken zu können (V, 3, 164–166). Da dies fehlschlägt, bemächtigt sie sich seines Dolchs und tötet sich (V, 3, 168–169). Die herbeigeeilten Mitglieder der Familien Capulet und Montague, Fürst Escalus und die Wachen erschüttert die grauenerregende Szenerie, die sich ihren zunächst ungläubigen Augen bietet; nachdem ihnen Friar Laurence die Hintergründe erläutert (V, 3, 228–276) und der Fürst sie an ihre Schuld erinnert hat (V, 3, 290–294), bekennen sich sowohl Capulet als auch Montague zu ihrer Mitschuld an dem Unglück.

Versöhnung und Wiederherstellung der staatl. Ordnung

Im Angesicht der beiden toten Kinder versöhnen sich die Familien, die nun ohne Erben sind. Der Opfertod der jugendlichen Liebenden hat Verona in einer quasi-rituellen Handlung, mit dem Liebestod als Nachvollzug des Liebesaktes, von der Krankheit, die den Staatskörper befallen hatte, befreit.

Bewertung des Schicksals der Liebenden

Das letzte Wort in der Tragödie hat Fürst Escalus; er kann den Frieden nur als „*glooming peace*" (V, 3, 304) bezeichnen und verkünden, dass selbst die Sonne aus Gram ihr Antlitz verberge: „*For never was a story of more woe/ Than this of Juliet and her Romeo*" (V, 3, 308–309). Die alte Familienfehde, das Unverständnis der Familien und Freunde, und eine kaum glaubliche Folge von unglücklichen Zufällen wurde den beiden Liebenden zum Schicksal. Die bis heute andauernde Begeisterung beim Theaterpublikum und die hohe Wertschätzung in der Literaturkritik erklärt dieses freilich noch nicht.

Magie der Worte

Die Faszination der Tragödie gründet zu einem erheblichen Teil in dem, was sich so schwer beschreiben lässt, der Magie der Worte, mit der der Dramatiker die beiden Liebenden sich ihre eigene Welt der Liebe schaffen lässt:

Against the magical, passionate, transformative language of Romeo and Juliet is set not only Mercutio's mockery but the Nurse's garrulous evo-

cation of the inescapable life cycle: birth, weaning, sexual maturity, and death.[66]

In ihrer Sprache setzen sich Romeo und Juliet nicht nur von den übrigen Mitspielern ab, die Sprache wird ihnen zugleich zum Mittel, die hohlen Liebes-Konventionen des Petrarkismus hinter sich zu lassen und zu einer ehrlicheren, tieferen Liebe zu gelangen. Bezeichnenderweise schreibt der Dramatiker dabei Juliet die führende Rolle zu.

Petrarkismus Nicht nur die mehrfache Verwendung der Sonettform markiert in *Romeo and Juliet* den Bezug auf PETRARCAS Sonette und die darin gefeierte Laura. Explizit kritisiert Mercutio in einer seiner frivol-satirischen Bemerkungen die Blässe und Unmännlichkeit des petrarkistischen Liebhabers (II, 3, 33–40), nur weiß er in diesem Moment noch nicht, *„dass Romeo nicht mehr die unnahbare, dem petrarkistischen Ideal nachgestaltete Rosaline liebt, sondern Juliet Capulet"*.[67] Mercutio weiß ebenfalls nicht, dass Romeo und Juliet die Konventionen des Petrarkismus längst hinter sich gelassen haben, wie die Schlüsselszene ihrer ersten Begegnung andeutet und die Gartenszene vollends bestätigt.[68]

Erste Begegnung Den Dialog bei der ersten Begegnung der beiden gestaltet Shakespeare als ein auf zwei Sprecher verteiltes Sonett. Das erste Quartett spricht Romeo (I, 5, 90–93) und ganz in der Pose des petrarkistischen Liebhabers erklärt er Juliet zum Heiligenschrein, den er *„durch die Berührung mit der Hand entweiht. Als Sühne will er mit seinen Lippen, die er zu zwei errötenden Pilgern metaphorisiert, seine Entweihung wieder gutmachen"*.[69] Formal geht Juliet auf Romeos Spiel ein und repliziert mit dem zweiten Quartett des Sonetts (I, 5, 94–97), das gedankliche Übereinstimmung signalisiert, mit der Kritik an Romeos Sprache und Metaphorik jedoch das sich darin ausdrückende petrarkistische Frauenbild genauso ablehnt wie die Rolle, die Romeo ihr zugedacht hat. Gleichzeitig akzeptiert sie Romeos Liebeswerben; sie steuert den Dialog so, dass er zu einem echteren Ausdruck der Liebe führt. Nach dem dialogisch aufgelösten 3. Quartett (I, 5, 98–101) fällt der Paarreim des Schlusscouplets (I, 5, 102–103) mit dem ersten Kuss zusammen, den Romeo Juliet gibt.

Überwindung der petrarkistischen Konventionen Dass Romeo seine Lektion noch nicht ganz gelernt hat, zeigt der Fortgang der Szene: Er will das Spiel weitertreiben, ein neues Sonett beginnen und Juliet nochmals küssen. Bevor er jedoch das erste Quartett beendet hat, unterbricht Juliet ihn: *„You kiss by th'book"* (I, 5, 107). Da Romeos Verhalten dem literarischen Modell, der höfischen Etikette, folgt, entzieht sich Juliet ihm; weder petrarkistische Überhöhung noch höfische Ritualisierung wünscht sie: *„bei der Abwehr des petrarkistischen Frauenbildes [geht es Juliet] um die*

Sicherung ihrer eigenen Identität, einer Identität, die sie in der Einheit mit Romeo sucht".[70] In klarer Erkenntnis ihrer prekären Situation argumentiert Juliet, wenn sie – nicht ahnend, dass Romeo sie belauscht – ausführt, dass der geliebte Romeo mit seinem Namen seine Identität als Montague ablegen und in der Beziehung zu ihr eine neue Identität gewinnen kann, die in der Überwindung des Familienzwists ihre Liebe ermöglichen soll (II, 1, 80–91). Danach hat auch Romeo begriffen, worauf es Juliet ankommt: Er wird ihr fortan zu einem ebenbürtigen Partner in einer reinen, tiefen und alle Konventionen transzendierenden Liebe:

The visionary moment turns into a moment of auditory revelation as well, as Romeo, in an intense, eroticized version of what audiences routinely do, overhears Juliet's soliloquy. He has entered into her most intimate thoughts and longings and has an overpowering proof of their authenticity, since she speaks with no awareness of his presence. The inner world his lyrical utterance has conjured up is miraculously united with her own.[71]

Die genauere, historisierende Analyse der ersten beiden Begegnungen Romeo und Juliets eröffnet den Blick auf ein Liebespaar, das die höfischen Konventionen seiner Zeit erfolgreich abstreift und sich in ehrlicher, einfühlsamer Zweisamkeit verbindet. So liegt wohl über der Wirkungsgeschichte der Tragödie, die im Stück selbst beginnt,[72] ein feiner Hauch von Ironie, indem sie eben dieses Liebespaar wiederum zum Klischee erstarren lässt, zur Verkörperung der *„star-crossed lovers"*.

---

66 Greenblatt, „Introduction", S. 868.
67 Müller, „Weibliche Identität", S. 234.
68 Für das Folgende kann ich mich darauf beschränken, die überzeugenden Ergebnisse Müllers („Weibliche Identität", S. 233–236) zusammenzufassen.
69 Müller, „Weibliche Identität", S. 234.
70 Müller, „Weibliche Identität", S. 235. Vgl. zum Problem der Identität auch Kahn, „Coming of Age in Verona", bes. S. 178.
71 Greenblatt, „Introduction", S. 867.
72 Vgl. Pr. 5–8 und V,3,308–309.

KAPITEL Shakespeares Zeitgenossen

1 Dramatiker und dramatische Gattungen

Shakespeare: Rezeption seit der Romantik

William Shakespeare wurde insbesondere seit der Romantik zu dem Dramatiker der Tudor- und Stuartzeit schlechthin stilisiert. Im vergleichenden Rückblick überragt sein Werk in der thematischen Vielfalt, der strukturellen Variation und künstlerisch-ästhetischen Gestaltung deutlich die Werke seiner Zeitgenossen.

Shakespeare: Zeitgenössische Rezeption

Zu seiner Zeit war William Shakespeare zwar unbestritten ein Erfolgsautor des kommerziellen Unterhaltungstheaters, der es wie kaum ein anderer verstand, mit seinen Dramen Zuschauer der verschiedensten Schichten und Interessen anzulocken, aber seine Position war keineswegs so herausragend, wie es die Rezeptionsgeschichte seiner Werke und der seiner Zeitgenossen vermuten lassen könnte.[1] Als Schauspieler und Teilhaber der führenden Theatertruppe Londons, der Lord Chamberlain's Men (seit dem 19. Mai 1603 umbenannt in King's Men), wie auch als Dramatiker war er in vielfältigster Weise in das florierende Wirtschaftsunternehmen ‚Theater' eingebunden.

Repertoire der Theater

Die Theater im Norden und Süden der Stadt London waren Teil größerer Amüsierviertel. Sie wurden – in unmittelbarer Nachbarschaft und Konkurrenz zu Tierhetzarena, Gasthaus, Schänke und Bordell – mit nahezu täglich wechselndem Programm zu einer preiswerten Attraktion. Der kommerzielle und kulturelle Erfolg war Lohn harter, gemeinsamer Arbeit, die allen Beteiligten, von den Bühnenarbeitern über den ‚book-holder' bis hin zu den führenden Schauspielern und Dramatikern viel abverlangte. Eine Folge des allgemeinen Erfolgs war, dass mit dem steigenden Publikumsinteresse auch der Bedarf an neuen Spielvorlagen beständig wuchs: Sechzig, siebzig neue Theaterstücke pro Jahr waren in den Jahrzehnten zwischen 1590 und 1625 keine Seltenheit. Bisweilen ergänzten dann noch zwanzig oder dreißig Neubearbeitungen älterer Stücke und gut fünfundzwanzig Wiederaufnahmen bewährter älterer Stücke die Repertoires der einzelnen Schauspieltruppen.[2]

Konkurrenz und Rivalität der Schauspieltruppen

Die Schauspieltruppen wetteiferten nicht nur um die Gunst des Publikums, sie buhlten gleichfalls um die Ehre, eine Vorstellung bei Hofe geben zu können. So spielten etwa Shakespeares Chamberlain's Men 32mal vor Königin ELISABETH und unter JAMES I. kamen sie auf insgesamt 175 Hofvorstellungen. Der Konkurrenz-

kampf der Schauspieltruppen, die Rivalität der Dramatiker untereinander und die unterschiedlichen Publikumserwartungen, in den öffentlichen oder privaten Theatern, an den Inns of Court oder bei Hofe,[3] prägten das Theaterleben nachhaltig.

Gemeinsamkeiten

Gleichwohl weisen die Dramen und Dramatiker der späten Tudor- und Stuartzeit eine Reihe von Gemeinsamkeiten auf:[4]

1. die produktive Auseinandersetzung mit den dramatischen Traditionen, z. B. der *morality plays* (u. a. in MARLOWES *Dr. Faustus*) oder der klassischen Tragödie (u. a. in JONSONS *Sejanus His Fall*) und Komödie (u. a. in Shakespeares *Comedy of Errors*);
2. das Verständnis der Dramentexte als Spielvorlagen; erst BEN JONSON versteht seine Dramen explizit als Kunstwerke und gibt sie selbst 1616, im Todesjahr Shakespeares, in einem repräsentativen Folioband (*The Works*) heraus;
3. die zunehmende Individualisierung und Psychologisierung des Menschen (z. B. in Shakespeares *Hamlet*), und – damit einhergehend – eine deutliche Säkularisierung;
4. die Versuche, die durch die Zensur und die christliche Morallehre gesetzten Grenzen immer weiter hinauszuschieben (z. B. in den Inzest-Dramen wie THOMAS PRESTONS *Cambises*, FRANCIS BEAUMONTS und JOHN FLETCHERS *A King and No King* und JOHN FORDS *'Tis a Pity She's a Whore*);
5. die gemeinsame Sprache der Stadt London und ihrer Umgebung, modifiziert und bereichert um die aus der antiken Tradition entlehnte Vielfalt rhetorischer Figuren.

Gemeinschaftsarbeiten

Diese und andere Gemeinsamkeiten sowie der enorme Bedarf an Theaterstücken erklären ein erstaunliches Phänomen, das die anglistische Forschung immer wieder beschäftigt hat: Die Tatsache, dass mehrere Dramatiker, meist zwei, seltener drei oder noch mehr, gemeinsam ein Drama verfassten. Selbst Shakespeare scheute offenbar die Zusammenarbeit mit anderen Dramatikern nicht: An *Henry VIII* ist vielleicht JOHN FLETCHER als Mitautor beteiligt,[5] die 1613/14 entstandene Komödie *The Two Noble Kinsmen* ist wohl ein Gemeinschaftswerk von Shakespeare und JOHN FLET-

---

1 Vgl. Boltz, *Shakespeare-Handbuch,* S. 159–165.
2 Vgl. insbes. Chambers, *The Elizabethan Stage* und Knutson, *The Repertory;* vgl. zuletzt Gurr, *The Shakespearean Playing Companies.*
3 Vgl. Cook, *The Privileged Playgoers;* Gurr, *Playgoing in Shakespeare's London* und Harbage, *Shakespeare's Audience.*
4 Vgl. zum Folgenden Fricker Bd. III, S. 332–355 und Weiß, *Drama der Shakespearezeit.*
5 Vgl. Cohen, „Introduction", S. 3118.

CHER,[6] und eine Beteiligung Shakespeares an der Historie *Sir Thomas More* gilt ebenfalls als wahrscheinlich.[7]

Gattungs-moden

Betrachtet man einzelne Gattungen, so fällt auf, dass Shakespeare zwar nicht der große Innovator war, aber mit seinem untrüglichen Gespür für die Publikumserwartung bei den beiden großen Theatermoden der Jahrzehnte 1590–1620 (Historien, Tragödien) entscheidend mit die Richtung vorgab: Die Blütezeit der Historie folgte auf Shakespeares *Henry VI* und MARLOWES *Edward II*;[8] mit *Hamlet* begann die Blütezeit der Tragödie,[9] und auch mit seinem *Julius Caesar* gab er der Gattung ‚Römerdrama‘[10] entscheidende Impulse.

Gattungs-konventionen

Die oft zitierten, pedantischen Worte des Polonius über die Schauspieler verweisen in nicht zu überbietender Klarheit auf die Gattungskonventionen der Shakespearezeit:

The best actors in the world, either for tragedy, comedy, history, pastoral, pastorical-comical, historical-pastoral, tragical-historical, tragical-comical-historical-pastoral, scene individable or poem unlimited. (*Hamlet*, II, 2, 379–382)

Die Dramatiker unterschieden zwar zumeist Tragödie, Komödie und Historie, waren aber gleichzeitig für alle hybriden Formen offen und widmeten sich z. B. mit besonderer Hingabe der Tragikomödie.[11]

Liste: Lektüreempfehlungen

Bevor insgesamt neun Dramen der Zeitgenossen William Shakespeares etwas eingehender vorgestellt werden, sollen zumindest die wichtigsten Dramatiker der Jahre 1580–1642 mit einigen ihrer Hauptwerke in einer Liste zusammengefasst werden, die zugleich als Lektüreempfehlung zu verstehen ist. Diese Liste beschränkt sich auf rund 80 Einzeldramen, die zusammen mit den Dramen Shakespeares gut ein Zehntel der erhaltenen Dramen der Zeit von 1570/80 bis 1642 bilden. In Relation zu der Anzahl der erhaltenen Dramen ist die Liste damit kurz; andererseits ist sie bewusst so umfangreich gehalten, um eine möglichst breite Auswahl an Dramatikern und dramatischen Gattungen aufzunehmen, die dann jeweils individuelle Auswahl und Schwerpunktsetzung ermöglichen.

Liste: Erläuterungen

Die qualitative Spannbreite der in die Liste aufgenommenen Dramatiker und Dramen ist freilich nicht repräsentativ; aufgenommen wurden in aller Regel die Hauptwerke der führenden Dramatiker und einige der weitgehend unterschätzten anonymen Dramen. Wenn also primär die von der Literaturkritik geschätzten und als lesenswert eingestuften Dramen zusammengestellt werden, so soll dies nicht darüber hinwegtäuschen, dass es sowohl bei den Dramatikern als auch bei den Dramen in unserer Liste große Unterschiede gibt: So brauchen zum einen weder die Dramen MARLOWES noch JONSONS den kritischen Vergleich mit den Dramen Shakespeares zu scheuen; zum anderen steht es außer Zweifel, dass die Dramen WEBSTERS, BEAUMONTS & FLETCHERS, FORDS, MASSINGERS und MIDDLETONS bedeutender sind als z. B. die Stücke SHIRLEYS oder BROMES.

Liste:
Gliederung

Die folgende Liste, die weder das Universitätsdrama noch die Rezitations- und Lesedramen angemessen berücksichtigt, lässt sich in fünf Gruppen unterteilen:[12] Gruppe I umfasst die frühen elisabethanischen Dramatiker, die als unmittelbare Vorläufer oder frühe Konkurrenten Shakespeares gelten; Gruppe II umfasst Dramatiker, die ihre Hauptwerke zwischen 1593 und 1616 primär für die öffentlichen Theater schrieben; Gruppe III bilden dramatische Gemeinschaftsproduktionen der Jahre 1593–1621; Gruppe IV bilden Dramatiker, die ihre Hauptwerke zwischen 1593 und 1616 primär für die privaten Theater schrieben, und Gruppe V fasst Dramatiker zusammen, die ab 1616 bis zur Schließung der Theater ihre Dramen für öffentliche und/oder private Theater schrieben. Die Titel, Entstehungsdaten und auch die gattungsmäßige Einordnung, über die sich im Einzelfall immer trefflich streiten ließe, sind aus HARBAGES *Annals of English Drama* übernommen.

---

6 Vgl. Cohen, „Introduction", S. 3202–3203; möglicherweise ist auch Pericles in Gemeinschaftsarbeit entstanden, vgl. Cohen, „Introduction", S. 2715–2717.

7 Vgl. Cohen, „Introduction", S. 2011–2014; vgl. ebenfalls *Sir Thomas More. A Play by Anthony Munday and Others. Revised by Henry Chettle, Thomas Dekker, Thomas Heywood and William Shakespeare*. Hrsg.: V. Gabrieli; G. Melchiori. Manchester; New York: Manchester UP 1990 (= The Revels Plays).

8 Vgl. Fricker, Bd. III, S. 348.

9 Vgl. Fricker, Bd. III, S. 348.

10 Vgl. dazu zuletzt Baumann, *Vorausdeutung und Tod*.

11 Vgl. die Analyse bei Weiß, *Drama der Shakespearezeit*, S. 206–214.

12 Die von T. P. Logan und D. S. Smith unter dem Reihentitel *A Survey and Bibliography of Recent Studies in English Renaissance Drama* in Lincoln und London bei der University of Nebraska Press herausgegebenen vier Bände, *The Predecessors of Shakespeare* (1973), *The Popular School* (1975), *The New Intellectuals* (1977) und *The Later Jacobean and Caroline Dramatists* (1978) legen eine solche Gruppengliederung nahe.

I. Frühe Elisabethanische Dramen und Dramatiker

Autor	Titel	Gattung	Entstehungszeit
Anonyme Dramen:	*The Famous Victories of Henry V*	history	1586
	Edward III	history	1590
	Arden of Feversham	realistic tragedy	1591
	The True Tragedy of Richard III	history	1591
CHRISTOPHER MARLOWE (1564–1593)	*Dido, Queen of Carthage*	classical legend	1587
	Tamburlaine I und II	heroical romance	1587–1588
	The Jew of Malta	tragedy	1589–1590
	Doctor Faustus	tragedy	1588–1592
	Edward II	history	1591–1593
	The Massacre at Paris	foreign history	1593
THOMAS KYD (1558?–1594?)	*The Spanish Tragedy*	tragedy	1582–1592
JOHN LYLY (1554?–1606)	*Campaspe*	classical legend – comedy	1580–1584
	Gallathea	classical legend – comedy	1584–1588
	Mother Bombie	comedy	1587–1590
	The Woman in the Moon	comedy	1590–1595
GEORGE PEELE (1558?–1597?)	*The Arraignment of Paris*	classical legend – pastoral	1581–1584
	Edward I	history	1590–1593
THOMAS LODGE (1558?–1625)	*The Wounds of Civil War*	classical history	1587–1592

II. Elisabethanisch-Jakobäische Dramen und Dramatiker I

Autor	Titel	Gattung	Entstehungszeit
Anonyme Dramen:	A Warning for Fair Women	tragedy	1599
	Thomas Lord Cromwell	history	1600
	How a Man May Choose a Good Wife from a Bad	comedy	1602
	The Valiant Welsham, or The True Chronicle History of the Life and Valiant Deeds of Caradoc the Great	history	1612
THOMAS DEKKER (1570?–1632)	The Shoemakers' Holiday, or the Gentle Craft	comedy	1599
	The Honest Whore I und II	comedy	1604–1605
THOMAS MIDDLETON (1570/80–1627)	A Chaste Maid in Cheapside	comedy	1613
	Women Beware Women	tragedy	ca. 1620–1627
	A Game At Chesse	political satire	1624
JOHN WEBSTER (1580?–1625?)	The White Devil	tragedy	1609–1612
	The Duchess of Malfi	tragedy	1612–1614
	The Devil's Law Case	tragicomedy	1610–1619
THOMAS HEYWOOD (1574?–1641)	A Woman Killed with Kindness	tragedy	1603
	The Rape of Lucrece	tragedy	1606–1608
MICHAEL DRAYTON (1563–1631)	Sir John Oldcastle	history	1599

III. Elisabethanisch-Jakobäische Gemeinschaftsproduktionen

Autor	Titel	Gattung	Entstehungszeit
ANTHONY MUNDAY; HENRY CHETTLE; THOMAS DEKKER; THOMAS HEYWOOD; WILLIAM SHAKESPEARE	The Book of Sir Thomas More	history	ca. 1593– ca. 1601
THOMAS LODGE; ROBERT GREENE	A Looking Glass for London and England	biblical moral	1587–1591
THOMAS DEKKER; JOHN WEBSTER	Westward Ho	comedy	1604
THOMAS DEKKER; JOHN WEBSTER	Northward Ho	comedy	1605
JOHN MARSTON; GEORGE CHAPMAN; BEN JONSON	Eastward Ho	comedy	1605
THOMAS DEKKER; THOMAS MIDDLETON	The Roaring Girl, or Moll Cutpurse	comedy	1604–1610
THOMAS MIDDLETON; PHILIP MASSINGER; WILLIAM ROWLEY	The Old Law, or A New Way to Please You	comedy	ca. 1615–1618
THOMAS DEKKER, JOHN FORD; WILLIAM ROWLEY	The Witch of Edmonton	tragicomedy	1621

IV. Elisabethanisch-Jakobäische Dramen und Dramatiker II

Autor	Titel	Gattung	Entstehungszeit
Anonyme Dramen:	Claudius Tiberius Nero	tragedy	1607
	Every Woman in Her Humour	comedy	1607
Ben Jonson (1572–1637)	Every Man in His Humour	comedy	1598
	Every Man out of His Humour	comedy	1599
	Cynthia's Revels, or The Fountain of Self-Love	comedy	1600
	Sejanus His Fall	tragedy	1603
	Volpone, or The Fox	comedy	1605–1606
	Epicoene, or the Silent Woman	comedy	1609
	The Alchemist	comedy	1610
	Catiline His Conspiracy	tragedy	1611
	Bartholomew Fair	comedy	1614
	The Devil Is an Ass	comedy	1616
George Chapman (1559?–1634?)	Bussy D'Ambois	foreign history	1600–1604
	Caesar and Pompey	classical history	1599–1607
	The Conspiracy and Tragedy of Charles Duke of Byron	tragedy	1608
	The Revenge of Bussy D'Ambois	tragedy	ca. 1601–1612
John Marston (1575/76–1634)	Antonio's Revenge	tragedy	1599–1601
	The Dutch Courtesan	comedy	1603–1604
	The Malcontent	tragicomedy	1600–1604
Cyril Tourneur (1570/80–1626)	The Revenger's Tragedy	tragedy	1606–1607
	The Atheist's Tragedy, or The Honest Man's Revenge	tragedy	1607–1611
Samuel Daniel (1562/63–1619)	Cleopatra	tragedy	1593; überarbeitet 1599 und 1607

V. Jakobäische und Karolinische Dramen und Dramatiker

Autor	Titel	Gattung	Entstehungszeit
Anonyme Dramen:	Swetnam the Woman-Hater Arraigned by Women	comedy	1615–1619
	Nero	tragedy	1624
FRANCIS BEAUMONT (1584–1616) & JOHN FLETCHER (1579–1625)	The Woman Hater	comedy	1606
	The Knight of the Burning Pestle	burlesque romance	1607
	The Maid's Tragedy	tragedy	1608–1611
	A King an No King	tragicomedy	1611
	The Woman's Prize, or the Tamer Tamed	comedy	1604–ca. 1617
	The Tragedy of Valentinian	tragedy	1610–1614
	Rule a Wife and Have a Wife	comedy	1624
PHILIP MASSINGER (1583–1640)	The Maid of Honour	tragicomedy	1621–1623
	A New Way to Pay Old Debts	comedy	1621–1625
	The Roman Actor	tragedy	1626
JOHN FORD (1586?–nach 1639)	The Broken Heart	tragedy	ca. 1625–1633
	'Tis Pity She's a Whore	tragedy	1629?–1633
	Perkin Warbeck	history	1625–1634
JAMES SHIRLEY (1596–1666)	The Cardinal	tragedy	1641
RICHARD BROME (??–1652?)	The Late Lancashire Witches	topical play	1634
	The Court Beggar	comedy	1639–1640

Auswahl

Im Folgenden konzentriert sich die Darstellung auf die Analyse von neun ausgewählten Dramen der Zeitgenossen Shakespeares. Als Beispiel für ein frühes Drama, das einen Stoff der antiken Mythologie zum Panegyrikos auf Königin ELISABETH I. umschreibt, dient GEORGE PEELES The Arraignment of Paris. CHRISTOPHER MARLOWES The Tragedy of Dido verdeutlicht exemplarisch, wie der Dramatiker seine Figuren aus den traditionellen Stoffvorgaben herauswachsen lässt und zu überzeugenden Individuen gestaltet. Die Gattung Komödie ist durch BEN JONSONS Everyman In His Humour vertreten; JONSONS Sejanus His Fall akzentuiert die zeitgenössische politische Aktualität des Römerdramas. Das einzige erhaltene Drama einer Dramatikerin darf in unserer Auswahl ebenfalls nicht fehlen; zugleich jedoch kann ELIZABETH CARYS The Tragedy of Mariam als repräsentatives Lese- und Rezitationsdrama gelten. Als exemplarische Rachetragödie fiel die Wahl auf JOHN WEBSTERS The White Devil, weil sie alle gattungkonstituierenden Elemente vereint und zugleich motivliche und strukturelle Parallelen zum Totentanz aufweist. Das Skandalstück der Theatersaison 1623/24, Thomas Middletons *A Game At Chesse*, wurde als repräsentative politische Allegorie ausgewählt. Die letzte bedeutende Historie der Stuartzeit, John Fords *Perkin Warbeck*, rundet unsere Auswahl ab, bevor – primär aufgrund seiner metadramatischen Passagen – das letzte bedeutende Römerdrama der Stuartzeit, Philip Massingers *The Roman Actor*, unsere Skizze beschließt.

2 Antike Mythologie als elisabethanische Panegyrik: George Peele, *The Arraignment of Paris* (1581–1584)

Druck

Im Jahre 1584 erscheint in London ein schmales Quartobändchen mit dem deutlich seinen Inhalt klassifizierenden Titel *The Arraignment of Paris*.[13] Dieses Drama aus der Feder George Peeles, einem der berühmten University Wits,[14] war – wie die Titelseite verrät – wohl im Jahr zuvor von einer Kindertruppe vor Königin Elisabeth I. aufgeführt worden.[15]

Vorstellung der Figuren

Ate als Sprecherin des Prologs verkündet in Blankversen zunächst die bevorstehende, unabwendbare *„Tragedie of Troie"*. Darauf treffen sich in der ersten Szene Pan, Faunus und Silvanus, diese jeweils begleitet von einem kleinen Gefolge, mit Pomona und Flora auf dem Berg Ida (I, 1, 1–151). Alle zusammen bereiten den drei Göttinnen Juno, Pallas und Venus einen prächtigen Empfang (I, 1, 152–204). Nach einem gewaltigen Unwetter rollt Ate dieser Festgesellschaft den goldenen Ball vom Baum der Proserpina zu.

Streit der Göttinnen

Paris, der zufällig mit einer Nymphe zärtlich tändelnd daherkommt (I, 2), wird dann um die Schlichtung des inzwischen um den goldenen Apfel entbrannten Streites der Göttinnen gebeten (II, 1, 37–99). Mit Emblemen, Versprechungen, Tänzen und Liedern umwerben die Göttinnen Paris (II, 1, 140–191), der schließlich – von einer Vision Helenas und dem Vortrag einer italienischen Canzone gewonnen – Venus den Apfel überreicht (II, 1, 192–213).

Der Streit der Göttinnen ist jedoch damit noch nicht entschieden; ein großes Göttergericht wird einberufen, zu dem auch Paris geladen wird. In einer juristisch gewandten und zugleich schwungvollen Rede rechtfertigt Paris seinen Entscheid und

---

13 *The Works of George Peele*. Hrsg.: A. H. Bullen. London: Nimmo 1885/ND Port Washington, New York: Kennikat 1966, Bd. I, S. 1–73; im weiteren alle Zitate nach dieser Edition im Text.

14 Vgl. zu den ‚University Wits' Fricker, Bd. II, S. 80–195 und 339–347.

15 Die Datierung ist nicht absolut gesichert; zwischen 1581 und 1584 *(editio princeps)* ist *The Arraignment of Paris* jedoch auf jeden Fall anzusetzen.

schiebt die Schuld, bzw. die Verantwortung für seinen Entscheid der schönsten aller Göttinnen zu (IV, 1, 66–164). Jupiter schickt Paris daraufhin nach Troja, und – nachdem Apollo kurz die unausweichlichen Folgen, den trojanischen Krieg, angedeutet hat (IV, 1, 203–204) – beauftragen die Götter Diana mit der endgültigen Entscheidung im Streit der drei Göttinnen; in ihrem Reich sei der Zwist schließlich auch entstanden (IV, 1, 211–234).

Mytholo- gischer Stoff

Wie dieser knappe Überblick über den ersten Handlungsbogen bereits verdeutlicht, handelt es sich um ein Drama, das einen allseits bekannten mythologischen Stoff präsentiert. Das Drama *The Arraignment of Paris*, das in Ergänzung seiner Bearbeitung eines mythologischen Stoffes ebenso deutlich auch in der Tradition der (antiken und frühneuzeitlichen) Schäferdichtung steht,[16] beschränkt sich jedoch keineswegs darauf, nur eine antike Göttergeschichte auf die Bühne zu bringen. Im Schlussakt nämlich fällt Diana ihr Urteil: Der Apfel gebühre keiner der drei streitenden Göttinnen, sondern allein der Herrscherin von Elizium, der Nymphe Eliza oder Zabetha.[17]

Panegyrikos auf Elisabeth I.

So endet der allgemein bekannte mythologische Streitfall im Theatersaal von Whitehall als Panegyrikos auf die Königin: Unter lateinischen Wechselgesängen überreichen zunächst die drei Parzen ihre Werkzeuge (Spinnrocken, Spindel und Messer) und dann Diana den goldenen Apfel der anwesenden Königin ELISABETH (V, 1, 55–166).

Illusions- durchbre- chung und Herrscherlob

Durch eine dramaturgisch geschickte Wendung wird die bedeutendste Zuschauerin in das Spiel einbezogen und ihr ein hyperbolisches Kompliment gemacht: In ihr, ELISABETH I., sind alle Vorzüge der vier Göttinnen – Diana, Venus, Juno und Pallas – vereinigt: Macht, Weisheit, Schönheit und Keuschheit.[18] Gleichzeitig wird das Drama damit zu einer politischen Demonstration, in der der Königin nicht nur göttliche Herrschertugenden zugeschrieben werden, sondern ihr auch von den Parzen die Macht verliehen wird, fortan über Leben und Tod selbstverantwortlich zu entscheiden.

3 Antike Tradition und die Entdeckung des Individuums: Christopher Marlowe, *The Tragedy of Dido* (1587)

Dido: Quellen

The Tragedy of Dido[19] gilt nicht als Hauptwerk CHRISTOPHER MARLOWES und dennoch darf sie, obwohl sich die in den letzten Jahrzehnten intensivierte Marlowe-Forschung auf *Tamburlaine I* und *II*, *Dr. Faustus* und *Edward II* konzentriert hat, als vergleichsweise gut erforscht gelten. Insbesondere die Quellenfragen sind wohl geklärt: Ungeachtet einiger Reminiszenzen an Homers *Ilias*, an die *Fasti*, die *Amores* und die *Metamorphosen* des OVID, ist die *Aeneis* des VERGIL die Hauptquelle für CHRISTOPHER MARLOWE. Mehr als ein Drittel der *Tragedy of Dido* besteht aus wörtlichen Übersetzungen und Paraphrasen der Verse VERGILS; die Handlungsführung wie auch die Charakterskizzen der Protagonisten verraten gleichfalls den direkten Einfluss VERGILS.

Die folgende Analyse konzentriert sich auf die Charakterzeichnung der Hauptfiguren, insbesondere der Titelheldin,[20] wobei erst der Vergleich mit der Vorlage, VERGILS *Aeneis*, die innovative Leistung CHRISTOPHER MARLOWES erkennen lässt.

Götter als Handelnde

Wie bei VERGIL greifen die Götter auch in MARLOWES Tragödie direkt in das Geschehen ein: Bereits die erste Szene zeigt den mit Ganymed tändelnden Jupiter, der sich auf Bitten der Venus bequemt, Aeneas aus den Wogen des tosenden Meeres zu retten. In wenigen Versen verkündet Jupiter das zukünftige Schicksal des Aeneas:

Content thee, Cytherea, in thy care,
Since thy Aeneas' wand'ring fate is firm,
Whose weary limbs shall shortly make repose,
In those fair walls I promis'd him of yore;
But first in blood must his good fortune bud,
Before he be the lord of Turnus' town,
Or force her smile that hitherto hath frown'd. (I, 1, 82–88)

Venus

Das weitere Geschehen ist damit vorgezeichnet: Wie schon der Geist des Hector die Flucht des Aeneas aus Troja befohlen hatte (II, 1, 200–208), so sorgt Venus dafür, dass ihr vor Karthago gestrandeter Sohn, Aeneas, mit den Seinen von Dido gastlich aufgenommen wird (I, 1, 231–239). Die verzehrende, tragische Liebe Didos zu Aeneas entfacht ebenfalls Venus; sie schickt Cupido in

---

16 Vgl. zu dieser Tradition, die insbesondere in der Nebenhandlung begegnet, zuletzt Fricker, Bd. II, S. 145–148.

17 Vgl. bes. V, 1, 55–124.

18 Vgl. insbes. Dianas Verse in V, 1, 82–92 über die Nymphe, *„a figure of the Queen"*: *„This peerless nymph, whom heaven and earth beloves,/ This paragon, this only, this is she,/ In whom do meet so many gifts in one,/ On whom our country gods so often gaze,/ In honour of whose name the Muses sing;/ In state Queen Juno's peer, for power in arms/ And virtues of the mind Minerva's mate,/ As fair and lovely as the Queen of Love,/ As chaste as Dian in her chaste desires:/ The same is she, if Phoebe do no wrong,/ To whom this ball in merit doth belong".*

19 *A Critical Edition of Christopher Marlowe's ‚The Tragedy of Dido Queen of Carthage'.* Hrsg.: P. A. B. Romo. Diss. Univ. of Denver: University Microfilms 1979. Alle Zitate im Text nach dieser Edition.

20 Gute Orientierung insgesamt bieten Smith, *Love Kindling Fire* und Tinker, *Dido, Queen of Carthage.*

| | der Gestalt des Aeneassohnes Ascanius zu Dido, dass er die kar-thagische Königin mit seinen Pfeilen berühre und für Aeneas ent-flamme (II, 1, 323–333). |

Cupido

Dieser Plan der Venus wird von Cupido bei der ersten sich bieten-den Gelegenheit in die Tat umgesetzt: Dido und Aeneas erklären sich ihre Liebe, Dido im übrigen mit Versen, die rein sprachlich schon auf ihren späteren Flammentod verweisen: *„Prometheus hath put on Cupid's shape,/ And I must perish in his burning arms,/ Aeneas, O Aeneas, quench these flames!"* (III, 4, 21–23). Aeneas schwört der Geliebten, sie ewig zu lieben und niemals zu verlas-sen.

Aeneas muss seine Bestimmung erfüllen

Erneut greifen die Götter ein: Im Traum erscheint Hermes dem Aeneas und fordert ihn im Namen Jupiters auf, nach Italien auf-zubrechen: *„Hermes this night, descending in a dream,/ Hath sum-mon'd me to fruitful Italy;/ Jove wills it so"* (IV, 3, 3–5). Entschlossen, dem göttlichen Befehl Folge zu leisten, lässt Aeneas die Schiffe für die Reise vorbereiten.

Verzögerung und Aufschub

Anna, der Schwester Didos, gelingt es jedoch, die Abfahrt der schon an Bord gegangenen Trojaner zu verhindern. Von Anna in den königlichen Palast gebracht, vermag Aeneas Dido zu über-zeugen, dass er nur von Achates Abschied nehmen wollte, er selbst beabsichtige in Karthago zu bleiben; im übrigen sei auch Asca-nius, sein Sohn, noch bei ihr. Dido schenkt Aeneas, insbesondere diesem letzten Argument, Glauben; sie überreicht ihm Krone und Zepter. Aeneas gelobt wiederum, Dido niemals zu verlassen.

Erneuter Götter-auftrag

Folgerichtig nimmt er mit Hilfe seiner Getreuen die weitere Befes-tigung Karthagos in Angriff, da erscheint erneut Hermes: *„Why, cousin, stand you building cities here,/ And beautifying the empire of this queen,/ While Italy is clean out of thy mind?"* (V, 1, 27–29). Ein-dringlich fordert Hermes Aeneas nochmals auf, das ihm von den Göttern zugemessene Schicksal anzunehmen und unverzüglich nach Italien auszulaufen: *„I tell thee thou must straight to Italy,/ Or else abide the wrath of frowning Jove"* (V, 1, 53–54). Aeneas kann nicht anders, wider den eigenen Willen und inneres Wollen (V, 1, 80–82) muss er diesem Befehl Jupiters Folge leisten.

Aeneas gehorcht

In einem letzten Gespräch teilt er Dido seinen nun unerschütter-lichen Entschluss mit (V, 1, 91–97):

O pardon me, if I resolve thee why!
Aeneas will not feign with his dear love.
I must from hence; this day swift Mercury,
When I was laying a platform for these walls,
Sent from his father Jove, appear'd to me,

And in his name rebuk'd me bitterly
For lingering here, neglecting Italy. (V, 1, 91–97)

Gegen diesen göttlichen Auftrag gebe es keinen Einspruch (V, 1, 127). Ungerührt von allen Liebesbeteuerungen und Argumenten,[21] ungerührt auch von der Verzweiflung der Geliebten (V, 1, 106: *„I die if my Aeneas say farewell"*) eilt Aeneas zu den Schiffen und sticht in See; er muss das ihm aufgetragene Geschick erfüllen.

Selbstmord Didos

Die karthagische Königin, verlassen und verzweifelt, setzt ihren Vorsatz sofort in die Tat um: *„Ay, I must be the murderer of myself"* (V, 1, 270). Unter dem Vorwand, die zurückgelassenen Waffen und das Gewand des Aeneas verbrennen zu wollen, lässt Dido von ihren Bediensteten einen riesigen Scheiterhaufen errichten und in Brand setzen. Das Schwert, bei dem Aeneas ihr die Treue geschworen hat, und das Gewand des Aeneas verbrennt sie zuerst. Mit ihrer Sterberede wendet Dido sich dann direkt an die Götter, sie ruft diese auf, ihren Tod an Aeneas und seinen Nachkommen zu rächen:

And now, ye gods that guide the starry frame,
And order all things at your high dispose,
Grant, though the traitors land in Italy,
They may be still tormented with unrest,
And from mine ashes let a conqueror rise
That may revenge this treason to a queen
By plowing up his countries with the sword,
Betwixt this land and that be never league;
Litora litoribus contraria, fluctibus undas
Imprecor; arma armis; pugnent ipsique nepotes!
Live, false Aeneas! Truest Dido dies! (V, 1, 302–312)

Mit einem letzten freudigen Schrei (V, 1, 313: *„Sic, sic juvat ire sub umbras!"*) wirft sich Dido in die Flammen.

Motivation für den Selbstmord

Dido stirbt, so könnte man auf den ersten Blick urteilen, als unschuldiges Opfer göttlichen Ratschlusses und göttlicher Intrige.[22] Aber dies scheint nur so: Dido wählt den Tod aus eigenem und

---

21 Vgl. bes. V, 1, 155–183. Das Wissen, dass sie selbst Aeneas die Schiffe für die Weiterfahrt zur Verfügung gestellt hat, vergrößert das Leid Didos ins Unermessliche; vgl. V, 1, 264–268, Verse, die dem Entschluss zum Freitod unmittelbar voraufgehen.

22 Nur wenige Jahre vor Marlowes Dido-Tragödie, 1582, wurde der Geist Didos in dem anonymen Drama *The Rare Triumphs of Love and Fortune* im ersten Akt als Opfer der Venus auf die Bühne gebracht und von Mercury vorgestellt: *„Queen Dido, that Aeneas could not move,/ Stabbed herself, and yielded unto Love"* (*A Select Collection of Old English Plays*. Hrsg.: W. C. Hazlitt. 15 Bde. London 1874–1876/ND New York: Benjamin Blom 1964, Bd. VI, S. 143–243, Zitat: S. 156.)

freien Willen; er ist für sie die natürliche Folge ihrer unerfüllten, unerfüllbaren Liebe. Diese in ihrer Individualität gründende Motivation des Freitods der karthagischen Königin akzentuiert MARLOWE in seiner *Tragedy of Dido* auf zweierlei Weise. Zum einen legt er Dido Verse in den Mund, die explizit bezeugen, dass die Götter ihren Tod eben nicht ankündigten;[23] zum anderen durch seine – im Vergleich zur Stoff-Tradition – Umwertung der Figuren der Anna und des Iarbas.

Selbstmorde des Iarbas und Annas

Iarbas, in tiefer Liebe zu Dido entbrannt, von ihr jedoch abgewiesen, stürzt sich angesichts des brennenden Scheiterhaufens in sein Schwert: *„Cursed Iarbas, die to expiate/ The grief that tires upon thine inward soul!/ Dido, I come to thee. Ay me, Aeneas!"* (V, 1, 316–318). Anna, die treue Schwester Didos, folgt ihrerseits dem geliebten Iarbas in den Tod:

What can my tears or cries prevail me now:
Dido is dead, Iarbas slain – Iarbas, my dear love!
O sweet Iarbas, Anna's sole delight,
What fatal destiny envies me thus,
To see my sweet Iarbas slay himself?
But Anna now shall honor thee in death,
And mix her blood with thine. This shall I do,
That gods and men may pity this my death,
And rue our ends, senseless of life or breath.
Now, sweet Iarbas, stay! I come to thee. (V, 1, 319–328)

Gemeinsamkeiten

Dido, Iarbas und Anna sind alle drei Opfer unerfüllter Liebe, Opfer unerfüllter Wünsche und Hoffnungen, die unerfüllt bleiben, weil das jeweilige Objekt der Wünsche anderweitig gebunden ist. Aeneas muss dem göttlichen Befehl Folge leisten, Dido zieht Aeneas Iarbas vor, und Iarbas verzehrt sich nach der unerreichbaren Dido, während er Anna, die ihn liebt, übersieht. Mehr noch, sowohl Dido als auch Iarbas geben den jeweiligen Geliebten erst die Mittel an die Hand, sich ihnen zu entziehen: Dido stattet Aeneas mit den notwendigen Schiffen aus und Iarbas verhilft Aeneas nicht nur zur Flucht, er richtet auch den Scheiterhaufen mit auf, in den Dido sich wenig später stürzt. Weder Iarbas noch Anna sind von den Pfeilen Cupidos getroffen worden, ihre Liebe wie auch ihr Entschluss zum Freitod sind Gefühle und Entscheidungen individueller Subjekte.

Dido als Individuum

Der Tod Didos, dies macht MARLOWE unmissverständlich deutlich, ist gleichfalls nicht die logische, notwendige Folge der Wunde Cupidos. Die Amme wird ebenfalls von Cupido verwundet (IV, 5), jedoch ohne die gleichen fatalen Konsequenzen. Der Freitod Didos entspringt ganz ihrem Charakter, ihrem individuellen Wollen.

Verantwortung des Individuums	Indem CHRISTOPHER MARLOWE die bekannte Geschichte des Freitods der Dido aus unerfüllter Liebe um zwei weitere tragische Opfer (Iarbas, Anna) und um ein komisches (Amme) erweitert, betont er unmissverständlich die Eigenverantwortung des Menschen als Individuum, als Subjekt, eine Verantwortung, die sich im Leben wie auch im Tod beweisen kann.

4 ‚Humours' und ihre Heilung: Ben Jonson, *Every Man In His Humour* (1598)

Ben Jonson	BEN JONSON, der humanistisch gebildete selbstbewusste Dichter und Dramatiker, gilt als Freund und großer Konkurrent William Shakespeares, dessen Nachruhm im 17. und in der ersten Hälfte des 18. Jahrhunderts denjenigen Shakespeares übertraf. In zwei zentralen Punkten unterschied er sich von Shakespeare: Zum einen sorgte er dafür, dass seine Werke, zu denen er auch seine Dramen rechnete, in sorgfältig gedruckten Ausgaben erschienen (Einzeldrucke und die Folio-Ausgabe *The Works* von 1616); zum anderen setzte er sich in seinen Bühnenstücken und in den Vorworten zu den Drucken seiner Werke intensiv mit dramentheoretischen Fragen auseinander. Die von ihm favorisierte Gattung war die Komödie. Dieser blieb er während seiner fast vierzigjährigen Dramatikerkarriere treu, was ihn freilich nicht daran hinderte, eine stattliche Anzahl von Maskenspielen, wenigstens zwei Tragödien (vgl. *Sejanus His Fall* S. 118 ff), (verlorene) Historien, Gedichte, eine Grammatik und literarische Notizen zu verfassen.
Every Man in His Humour	*Every Man in His Humour*[24] ist die früheste erhaltene Komödie JONSONS; bei den Aufführungen durch die Chamberlain's Men (1598) hat Shakespeare darin eine Hauptrolle gespielt. 1601 erschien eine Quarto-Ausgabe, 1604 wurde *Every Man in His Humour* bei Hofe aufgeführt; bis heute gehört es zum festen Repertoire des englischen Theaters.

---

23 Vgl. V, 1, 128–131: „*The gods? What gods be those that seek my death?/ Wherein have I offended Jupiter,/ That he should take Aeneas from mine arms?/ O, no! The gods weigh not what lovers do*". Noch bedeutsamer sind jedoch die früheren Verse Didos, in denen sie unzweideutig ihr Leben auf die Liebe des Aeneas gründet: „*Not bloody spears, appearing in the air,/ Presage the downfall of my empery,/ Nor blazing comets threatens Dido's death;/ It is Aeneas' frown that ends my days./ If he forsake me not, I never die,/ For in his looks I see eternity,/ And he'll make me immortal with a kiss*" (IV, 4, 117–123).

24 Ben Jonson: *Every Man in His Humour*. Hrsg.: M. Seymour-Smith. 3. Aufl. London: Ernest Benn Ltd. 1988. (= The New Mermaids); im folgenden alle Zitate nach dieser Ausgabe.

Überarbeitung	Für die Aufnahme in die *Folio*-Ausgabe von 1616 hat JONSON seine frühe Komödie sorgfältig überarbeitet, den Schauplatz von Italien nach London verlegt und die Dialoge der im Alltag gesprochenen Sprache angepasst. Der erstmals im *Folio*-Text erscheinende Prolog verdeutlicht sowohl das Motiv für diese Änderungen als auch JONSONS Konzept der Komödie:

[. . .] deeds, and language, such as men do use:
And persons, such as Comedy would choose,
When she would show an Image of the times,
And sport with human follies, not with crimes. (Pr. 21–24)

Komödientheorie/ *Humour*-Konzeption	Menschliche Torheiten will er darstellen: Jede Figur (*Every Man*) soll so präsentiert werden, wie sie ihr *humour* prägt. Die ursprüngliche Bedeutung des *humour*-Konzepts und die daraus resultierende Differenzierung der Temperamente (vgl. oben S. 10 f.) modifiziert JONSON freilich, wie die Induction zu *Every Man Out of His Humour* zeigt:

[. . .] So in every human body
The choler, melancholy, phlegm, and blood,
By reason that they flow continually
In some one part, and are not continent,
Receive the name of humours. Now thus far
It may, by metaphor, apply itself
Unto the general disposition:
As when some one peculiar quality
Doth so possess a man that it doth draw
All his affects, his spirits, and his powers,
In their confluctions, all to run one way;
This may be truly said to be a humour. (Induction, 98–109)[25]

Sammlung von Charakterskizzen	Wie die Kurzdefinition der Komödie im Prolog zu *Every Man in His Humour* auf die Gattungstheorie der Antike zurückweist,[26] so entspricht auch die zügige, verwirrend schnelle Handlung dem Handlungsschema der römischen Komödie. Im Grunde ist die Komödie *Every Man in His Humour* jedoch *„eine Sammlung von dramatisierten ,Charakterskizzen', die durch das Handlungsgefüge miteinander in Beziehung gesetzt werden".*[27]

Kno'well	Vater Kno'well ist, wie sein sprechender Name bereits verrät, ein kluger, weiser Mann, der seinen Sohn überwacht, weil er dessen Freunde genau so wenig schätzt wie die Dichtkunst, der der Sohn sich verschrieben hat. Vom Diener Brainworm, der als Nachfahre der listenreichen plautinischen Sklaven auf der Seite der Jugend steht, immer wieder an der Nase herumgeführt, kann Kno'well nicht verhindern, dass sein Sohn die eifersüchtig behütete Schwester des Kaufmanns Kitely, Bridget, heiratet. Da Vater Kno'well alles besser weiß und vor allem über keinerlei Humor verfügt, wird er

zum törichten Opfer der von Brainworm eingefädelten Intrigen; zum Schluss aber wird auch er, da eine Heilung seines *humours* möglich scheint, zum großen Versöhnungsessen eingeladen (V, 1, 245–246).

humours and gulls

Kaufmann Kitelys *humour* ist eine geradezu zwanghafte, grundlose Eifersucht; der *humour* des jungen Kno'well ist seine übersteigerte Liebe zur Poesie. Captain Bobadill ist ein verarmter Landjunker, der sich als Soldat aufspielt, ein wortgewaltiger *miles gloriosus*. Master Stephen ist der einfältige Junker vom Lande („*a country gull*"), der nach London kommt, dort alle Moden nachäfft und sich dabei lächerlich macht, weil sie seinem Wesen nicht entsprechen. Die Komplementärfigur zu ihm ist Master Matthew, der Sohn eines Fischhändlers, der sich als Dichter und Gentleman aufspielt („*the town gull*"), seine Gedichte aber nur aus Versen anderer mehr schlecht als recht zusammenklauben kann und sich damit blamiert. Die *humours* von Master Stephen und Master Matthew sind dabei nicht natürlich bedingt, sondern affektiert eingenommene, eitle Posen, die zu ihrer Natur im Widerspruch stehen.

Justice Clement

Den Richter, Justice Clement, beherrscht zwar kein *humour*, mit seinem Humor und seiner gnädigen Benevolenz ist jedoch auch er eine einprägsame Figur. Das Recht jedenfalls legt er, wie sein Name verrät, nicht buchstabengetreu aus. Die Intrige des geschickten, listigen Dieners Brainworm hat immerhin zu mehreren Prügeleien, gefälschten Briefen und anderen Unregelmäßigkeiten geführt. Dennoch trinkt Justice Clement auf sein Wohl und fällt ein gnädiges Urteil:

[. . .] I will consider thee, in another cup of sack. Here's to thee, which having drunk off, this is my sentence. Pledge me. Thou hast done, or assisted to nothing, in my judgement, but deserves to be pardoned for the wit o' the offence. If thy master, or any man, here, be angry with thee, I shall suspect his ingine, while I know him for't. (V, 1, 175–180)

Nicht Recht und Gesetz bestimmen das Urteil, sondern Justice Clement beurteilt „*die Menschen nach ihrem Scharfsinn, Witz und Verstand. So sanktioniert er die heimliche Ehe, scheidet die unverbesserlichen ‚gulls' aus und lädt diejenigen zum Versöhnungsmahl ein, die einsehen, dass sie sich durch ihren ‚humour' lächerlich gemacht haben, und ihm entsagen*".[28]

---

25 *The Complete Plays of Ben Jonson.* Hrsg.: G. A. Wilkes. Bd. I. Oxford: Clarendon 1981.
26 Vgl. ebenfalls die detaillierte Auseinandersetzung mit Theorie und Geschichte der Komödie in *Every Man Out of His Humour.*
27 Fricker, Bd. III, S. 15.
28 Fricker, Bd. III, S. 17.

| Finale: Versöhnung und Applaus | Das letzte Wort in der Komödie gehört dem Richter: Wie er schon mit seinen Urteilen das Publikum zu überzeugen wusste, so wird auch sein indirekter Publikumsappell erfolgreich sein: |

> *'Tis well, 'tis well! This night we'll dedicate to friendship, love and laughter. Master bridegroom, take your bride, and lead; every one, a fellow. Here is my mistress – Brainworm! To whom all my addresses of courtship shall have their reference. Whose adventures, this day, when our grandchildren shall hear to be made a fable, I doubt not, but it shall find both spectators, and applause.* (V, 1, 282–288)

5 Die Gegenwart der Geschichte: Ben Jonson, *Sejanus His Fall* (1603)

| *Sejanus His Fall:* Aufstieg Seians | In den ersten drei Akten seiner Tragödie *Sejanus His Fall*[29] zeigt BEN JONSON im Detail auf, wie Seian seine ehrgeizigen Pläne langsam, Schritt für Schritt, verwirklicht, seine Gegner einen nach dem anderen beseitigt, Agrippina und ihre Söhne (im Einverständnis und im Auftrag des Tiberius) mit einem Netz von Spionen umgibt und sie so bespitzeln lässt. Arruntius, Silius, Sabinus und einige Gesinnungsgenossen müssen in Art eines antiken Chores machtlos zuschauen,[30] wie das allgemeine Klima immer mehr von Verdächtigung, Denunziation, Kriecherei und Angst geprägt wird: Das von den Umtrieben der Agenten Seians seinen Ausgang nehmende Unheil macht vor nichts und niemandem Halt. Abstammung, Moral und Ehre, all das zähle nichts mehr in diesen Zeiten, so klagt Silius, jedermann sei käuflich und buhle um die Gunst Seians: |

> *[. . .] These can lie,*
> *Flatter, and swear, forswear, deprave, inform,*
> *Smile, and betray; make guilty men; then beg*
> *The forfeit lives, to get the livings; cut*
> *Men's throats with whisperings; sell to gaping suitors*
> *The empty smoke, that flies about the palace;*
> *Laugh, when their patron laughs; sweat, when he sweats;*
> *Be hot, and cold with him; change every mood,*
> *Habit, and garb, as often as he varies;*
> *Observe him, as his watch observes his clock;*
> *And true, as turquoise in the dear lord's ring,*
> *Look well, or ill with him: ready to praise*
> *His lordship, if he spit, or but piss fair,*
> *Have an indifferent stool, or break wind well,*
> *Nothing can 'scape their catch.* (I, 1, 27–41)

Verbrechen Seians	Nicht die Zeiten, sondern die Menschen hätten sich verändert,[31] fährt Arruntius fort, die alten Römertugenden seien mit Cato, Brutus und Cassius zu Grabe getragen worden (I, 1, 86–104).[32] Dieser einsichtigen und schonungslosen Analyse des herrschenden politischen Klimas stellt JONSON die verbrecherischen Handlungen Seians gegenüber. Dieser intrigiert gegen Drusus, den Sohn und präsumtiven Nachfolger des Tiberius, und lässt ihn mit Hilfe Livias vergiften (II, 1, 7–24; 108–120; II, 3, 479–491; III, 1, 13); er schürt den Hass des Tiberius gegen Agrippina und ihre Anhänger (II, 2, 190–284) und bestimmt nach Gutdünken die ersten Opfer aus der Anhängerschaft Agrippinas (II, 2, 285–312). Er ist nicht nur das willfährige Werkzeug des Tiberius; schon früh strebt Seian nach Höherem, wähnt er sich auf dem besten Weg zur Kaiserwürde (II, 2, 390–404).
Prozess gegen Silius	Einen ersten dramatischen Höhepunkt präsentiert BEN JONSON zu Beginn des dritten Aktes: In einer Sitzung des Senats erhebt plötzlich der Konsul Varro (im Auftrag Seians) Anklage gegen Silius, einen treuen Freund und Kampfgefährten des Germanicus (II, 2, 285–295). Silius habe den Kampf gegen Sacrovir, den Führer des gallischen Aufstandes, hinausgezögert und sich mit den Geldern der Provinz die eigenen Taschen gefüllt (III, 1, 179–190).
Verteidigung des Silius	Diese Anklage wie die folgende knappe ‚Verhandlung' sind die vollendete dramatische Umsetzung der Schilderung, die TACITUS in seinen *Annalen* über den Majestätsprozess gegen C. SILIUS bietet (ann. 4, 18, 1–20, 2). Wie bei TACITUS macht auch JONSONS Silius kein Hehl aus seiner Meinung; unverblümt hält er der Anklage entgegen, er wisse schon, wer seinen Sturz wolle: *„This boast of law, and law, is but a form,/ A net of Vulcan's filing, a mere engine,/ To take that life by a pretext of justice,/ Which you pursue in malice"* (III, 1, 244–247). Silius durchschaut die Ränke Seians, er

---

29 Ben Jonson, *Sejanus His Fall*. Hrsg.: W. F. Bolton. London: Ernest Benn Ltd. 1966 (= The New Mermaids); im folgenden alle Zitate im Text nach dieser Ausgabe.

30 Vgl. zuletzt Fricker, Bd. III, S. 29; vgl. für das Folgende insgesamt Baumann, *Vorausdeutung und Tod*, S. 212–224.

31 Vgl. bes. I ,1, 86–92: *„Times: the men,/ The men are not the same: 'tis we are base,/ poor, and degenerate from th'exalted strain/ Of our great fathers. Where is now the soul/ Of god-like Cato: he, that durst be good,/ When Caesar durst be evil; and had power,/ As not to live his slave, to die his master"*. Die panegyrische Würdigung des Germanicus als wahres Idealbild eines Herrschers (I, 1,1 20–174) durch Arruntius, Silius, Sabinus und Cordus schafft sehr früh schon eine strahlend helle Folie, vor der sich die Gegenwart um so düsterer ausnimmt.

32 Insbesondere mit seinen letzten Worten (I, 1, 103–104: *„ 'tis true, that Cordus says,/ ‚Brave Cassius was the last of all that race'"*) verweist Arruntius auf moralische Wertungen im Geschichtswerk des Cremutius Cordus, die im Majestätsprozess gegen Cordus eine entscheidende Rolle spielen werden (vgl. bereits I, 1, 74–85).

weiß, dass sein Leben verwirkt ist und wendet sich an den Kaiser selbst; er wirft Tiberius persönlichen Neid und Missgunst vor. Seit er, Caius Silius, den Aufstand der Rheinlegionen niedergeworfen habe, hätte Tiberius ihn gefürchtet und gehasst: *„so soon, all best turns,/ With doubtful princes, turn deep injuries/ In estimation, when they greater rise,/ Than can be answered"* (III, 2, 302–305). Silius hat innerlich mit seinem Leben abgeschlossen; aber er will sich nicht aburteilen und wie ein Feigling zum Tode führen lassen:

All that can happen in humanity,
The frown of Caesar, proud Sejanus' hatred,
Base Varro's spleen, and Afer's bloodying tongue,
The Senate's servile flattery, and these
Mustered to kill, I am fortified against;
And can look down upon: they are beneath me.
It is not life whereof I stand enamoured:
Nor shall my end make me accuse my fate.
The coward, and the valiant man must fall,
Only the cause, and manner how, discerns them:
Which then are gladdest, when they cost us dearest.
Romans, if any here be in this Senate,
Would know to mock Tiberius' tyranny,
Look upon Silius, and so learn to die. (III, 2, 326–339)

Silius: Freitod des Stoikers

Mit seinen letzten Worten stößt er sich den Dolch in die Brust. Silius stirbt – JONSON weicht hier signifikant von der antiken Überlieferung ab[33] – den Freitod des Stoikers (vgl. bes. III, 2, 336); er stirbt als Exemplum für die Nachwelt, als Hoffnung, dass die alte römische *virtus* wieder neu ihr Haupt erhebe. Seine großartige, illusionslose Sterberede, zu gleichen Teilen Apotheose des Freitods und Schmähung des Tyrannen Tiberius, vermittelt dieses nachdrücklich – und Silius wird zumindest von Arruntius verstanden (III, 1, 340–343). Dennoch muss auch Arruntius dem weiteren Treiben der Schergen Seians ohnmächtig zusehen: Der Historiker Cremutius Cordus wird angeklagt,[34] Agrippina und ihre Söhne werden verhaftet und verbannt, Sabinus ergriffen, getötet und in den Tiber geworfen. Der Umschwung erfolgt schließlich nur, weil auch Seian in Tiberius seinen Meister findet.

Tiberius greift ein

Tiberius, der den Ehrgeiz seines Günstlings schon früh durchschaut, verweigert Seian die Hand Livias (III, 2, 530–576) und lässt ihn – misstrauisch geworden – von Macro überwachen (III, 2, 647–713). Gleichzeitig jedoch benutzt Tiberius weiterhin Seian als willfährigen Handlanger seiner eigenen Interessen in Rom: Seian, der mehr denn je glaubt, Tiberius lenken zu können (III, 2, 586–622) wird so zur Schachfigur im Machtspiel des Tiberius. In scheinbar willkürlichen, nicht eindeutig deutbaren Aktionen

erhebt Tiberius den einen Freund Seians zum Konsul, den anderen enthebt er seines Amtes, lobt Seian in einem Brief, im nächsten schon erfolgt ein Tadel, bald spricht Tiberius von einer ernsten Krankheit, dann wiederum stellt er seine Rückkehr von Capri nach Rom in Aussicht (IV, 4, 410–445).

Situations-analyse in Rom

Als Zeichen für den baldigen Untergang Seians wertet Lepidus diese so widersprüchlichen Aktionen des Tiberius; er bleibt jedoch allein mit dieser Deutung, Arruntius vor allem ist es, der Zweifel anmeldet (IV, 4, 473–477). Selbst Arruntius, der Tiberius meist durchschaute und in *asides* des Kaisers Rollenspiel entlarvte,[35] verkennt die Maschen des von Tiberius nun in aller Vorsicht um Seian geknüpften Netzes. Umsicht und sorgfältige Planung sind denn auch nötig, zu mächtig ist Seian bereits geworden: Der gesamte Senat und vor allem die Prätorianer sind zu seinen diensteifrigen Werkzeugen entartet (IV, 4, 455–459).

Verblendung Seians

In der ersten Szene des fünften Aktes fühlt sich Seian fast am Ziel all seiner hochfliegenden Wünsche: Er glaubt, er habe alle Gegner aus dem Weg geräumt (V, 1, 1–15). Unbeeindruckt und machttrunken verharrt Seian in stolzer Hybris und ignoriert eine ganze Reihe düsterer Vorzeichen, während sich das Netz des Tiberius immer enger um ihn schlingt. Macro ist gegen Mitternacht – von Capri kommend – eingetroffen und hat im Auftrag des Kaisers den Senat im Tempel des Apollo für den frühen Morgen zusammengerufen (V, 2, 100–108). Klar und unmissverständlich sind seine Befehle, alle Eventualitäten hat Tiberius bedacht (V, 2, 152–160). Macro versichert sich des Konsuls Regulus und der städtischen Kohorten unter Lacos Führung (V, 2, 108–152); alles ist sorgfältig vorbereitet für die Sitzung des Senats und den entscheidenden Schlag gegen Seian. Einzig das mögliche Misstrauen Seians gilt es noch zu zerstreuen: Macro erscheint im Haus des Seian, packt ihn – wie von Tiberius klug vorausberechnet – bei seiner Eitelkeit und Machtgier: Macro lügt ihm vor, Tiberius werde Seian in der Sitzung des Senats die tribunizische Gewalt verleihen (V, 4, 363–365). Damit hat Macro (und auch Tiberius) sein Spiel gewonnen. Nur allzu begierig auf diese neue Ehre, gleichbedeutend mit der förm-

---

33 Tacitus vermerkt nur lapidar, dass Silius der drohenden Verurteilung durch seinen Freitod zuvorkam (ann. 4, 19, 4).

34 Vgl. zum Prozess gegen Cordus III, 1, 374–470. Vgl. bes. die nahezu wörtlich aus Tac. ann. 4, 34, 2–35,3 übersetzte Verteidigungsrede des Cordus (III, 1, 407–460), die wohl auch Jonsons eigene Position wiedergeben dürfte (Platz, *Ethik und Rhetorik*).

35 Vgl. neben den *asides* noch III, 1, 214; 348; 371–373; 376–377; 463; vgl. weiter – im vertrauten Gespräch mit Sabinus und Lepidus – III, 1, 471–474 und bes. 483–487: „*Ay, noble Lepidus,/ Augustus well foresaw, what we should suffer,/ Under Tiberius, when he did pronounce/ The Roman race most wretched, that should live/ Between so slow jaws, and so long a-bruising*".

lichen Anerkennung seiner Mitregentschaft, eilt Seian bar jeder Vorsicht und ohne Prätorianerschutz zur Sitzung des Senats (V, 4, 382–399; V, 5, 418–430). Dort, im Tempel des Apollo, lässt Macro einen Brief des Tiberius verlesen, der in seiner rhetorischen Dialektik geradezu meisterlich die machiavellistische Doppelzüngigkeit des Kaisers akzentuiert.

Vergeltung

Insgesamt ist die Szene V,6 das rhetorische und politische Glanzstück dieser Tragödie.[36] Mit spitzer Feder entlarvt JONSON den widerwärtigen Opportunismus der Senatoren, zeigt sie, wie sie sich zu Beginn der Sitzung kriecherisch um Seian drängen, wie sie durch den Brief des Tiberius immer mehr verunsichert werden, bis sie schließlich weiter und immer weiter von ihm wegrücken, von ihm, in dessen Glanz sie sich noch vor Minuten sonnen wollten.[37] Unerbittlich schlägt Seians Schicksalsstunde; mit jedem Satz des kaiserlichen Schreibens wird seine Position erschüttert, wird er seiner Macht beraubt; fassungslos muss er den verlesenen Worten lauschen:

„In the meantime, it shall not fit for us to importune so/ judicious a Senate, who know how much they hurt the/ innocent, that spare the guilty: and how grateful a/ sacrifice, to the Gods, is the life of an ingrateful person" (V, 6, 643–647).

Tod Seians

Seian wird unter Bewachung gestellt und nach kurzem Aufbegehren (V, 6, 657–705) in Ketten hinausgeführt. Sein Schicksal hat sich erfüllt; er, der noch vor Stunden mächtig wie ein Gott sich wähnte, wird vom Volk förmlich in Stücke gerissen.

Wertung

Man ist schnell versucht, diesen Sturz als gerechte Strafe für die verübten Schandtaten, als Sühne für seinen Frevel wider die Menschen und die Götter, zu werten. Eine solche Deutung des Geschehens liefert denn auch, die Tragödie beschließend, Terentius:

Let this example move th'insolent man,
Not to grow proud, and careless of the gods:
It is an odious wisdom, to blaspheme,
Much more to slighten, or deny their powers.
For, whom the morning saw so great, and high,
Thus low, and little, 'fore the even doth lie. (V, 6, 901–906)

Macro: ein neuer Seian

Aber diese Deutung, der Sturz des übermächtigen Seian im Sinne der mittelalterlichen de-casibus-Tragödie, greift zu kurz. Geändert hat sich nämlich nichts durch diesen Tod. Macro tritt das Erbe Seians an und handelt genauso skrupellos wie jener.[38] Den jugendlichen Sohn des Seian lässt er hinrichten und Seians kleine Tochter ebenfalls, die – da das Gesetz die Hinrichtung von Jungfrauen verbietet – zuvor noch die Schmach der Vergewaltigung erleiden muss (V, 6, 842–857). Und im Hintergrund lauert die

Sphinx,[39] lauert immer noch die schattenhafte, zwielichtige Gestalt des Tiberius, eines kaiserlichen Schauspielers, der sich als Schüler Machiavellis von keinem Günstling überspielen lässt.

| **Sejanus His Fall als politische Tragödie** | So ist BEN JONSONS *Sejanus His Fall* nicht nur die Tragödie des Aufstiegs und Falls eines skrupellosen, von Ehrgeiz zerfressenen Machtmenschen: Sie ist gleichzeitig eine schonungslos offene Gesellschaftsanalyse, eine deprimierende, moralische Tragödie. Misstrauen, Hass, Kriecherei, Gewalt und Heuchelei regieren auch am Ende noch die Menschen.[40] Ohnmächtig – wie am Anfang – muss auch die Chorgestalt Arruntius dies anerkennen: *„Like, as both/ Their bulks and souls were bound on Fortune's wheel,/ And must act only with her motion!"* (V, 6, 705–707). Schlimmer noch, die zynischen *asides* und Kommentare des Arruntius, mit denen er das Treiben der Schergen Seians und das Rollenspiel des Kaisers entlarvt, werden selbst zu von Seian und von Tiberius bewusst eingesetzten Mitteln, den zutiefst verderbten, korrupten Staat am Leben zu erhalten: *„His frank tongue/ Being lent the reins, will take away all thought/ Of malice, in your course against the rest"* (III, 2, 498–500). |

6 Weibliches Selbst-Bewusstsein im Zentrum der Tragödie: Elizabeth Cary, *The Tragedy of Mariam* (1602–1605)

| **Status der Frauenrede** | Völlig zu recht macht Ina Schabert darauf aufmerksam, dass selbst Frauen, die als Titelheldinnen fungieren (z. B. CHRISTOPHER MARLOWE, *Tragedy of Dido*; William Shakespeare, *Antony and Cleopatra*; JOHN WEBSTER, *The Duchess of Malfi*), die entsprechenden Dramen *„in geringerem Maß als männliche Protagonisten durch szenische und verbale Präsenz und aktives Handeln"*[41] prägen; als Erklärung dafür verweist sie auf die konkreten Aufführungs- |

---

36 Dies wird offenkundig, berücksichtigt man, dass Ben Jonson für diese dramatisch ungeheuer lebendige Szene und den meisterlichen Brief des Tiberius nur auf die kargen Angaben des Cassius Dio (58, 10, 1–8) zurückgreifen konnte.

37 Vgl. bes. den Kommentar des Arruntius (V, 6, 506–511): *„Gods! how the sponges open, and take in!/ And shut again! look, look! is not he blest/ That gets a seat in eye-reach of him: more,/ That comes in ear, or tongue-reach: O, but most,/ Can claw his subtle elbow, or with a buzz/ Fly-blow his ears"*.

38 Vgl. III, 2, 714–749; IV, 2, 77–92; IV, 4, 514–522 und bes. die bewusste Prophezeiung des Arruntius V, 6, 753–756: *„I prophesy, out of this Senate's flattery,/ That this new fellow, Macro, will become/ A greater prodigy in Rome, than he/ That now is fall'n"*.

39 Vgl. die knappe, treffende Bemerkung des Arruntius (III, 1, 64–65): *„By Jove, I am not Oedipus enough,/ To understand this Sphinx"*.

40 Dies bezeugen die Botenberichte über die von der Bevölkerung verübten Greueltaten an Seians Leichnam (V, 6, 756–835) nachdrücklich.

41 Schabert, *Englische Literaturgeschichte*, S. 174.

bedingungen (Typisierung der Frauenrollen aufgrund der noch geringen Memorierfähigkeiten der Schauspielschüler, die die Frauenrollen spielten), vor allem jedoch auf den mentalitätsgeschichtlichen Status der Frauenrede:

Die Sprecherposition ist im England der Frühen Neuzeit nicht nur in der kulturellen Imagination, sondern weitgehend auch faktisch männlich. Die Frauenrede im Drama ist ein prekäres, unsicheres Produkt männlich generierter Weiblichkeitsdiskurse.[42]

The Tragedy of Mariam als Rezitations- bzw. Lesedrama

Von kaum zu überschätzender Bedeutung in diesem Kontext ist ELIZABETH CARYS *The Tragedy of Mariam*,[43] das einzige von einer Frau verfasste Drama der Shakespearezeit. *The Tragedy of Mariam* präsentiert – nach der historischen Überlieferung in den *Antiquitates Judaicae* des FLAVIUS JOSEPHUS – ein düsteres Kapitel der Familiengeschichte des herodischen Herrscherhauses. Strukturell ist diese Tragödie als reines Rezitations- bzw. Lesedrama konzipiert und gehört zweifellos in die Tradition der von SENECA einerseits und dessen französischen Rezipienten andererseits geprägten Tragödienkonzeption des Kreises um MARY SIDNEY, Countess of Pembroke.[44]

Weibliches Selbst-Verständnis in der Ehe

ELIZABETH CARY (1585–1639) nutzt – im Unterschied etwa zu SAMUEL BRANDON in seiner *The Tragicomoedi of the Vertuous Octauia*[45] – die strukturellen Möglichkeiten des Lese- bzw. Rezitationsdramas mit großem Geschick. Die strukturell bedingte Handlungsarmut wird mehr als kompensiert durch überzeugende Reflexionsmonologe, Diskussions- und Analyseszenen, in denen die Frage weiblichen Selbst-Verständnisses in der Ehe aus unterschiedlichen Perspektiven fokussiert wird.[46]

Konventionen weiblichen Verhaltens

Die Konventionen und Standards idealen weiblichen Verhaltens, die der Chor immer wieder ins Gedächtnis ruft, werden personalisiert in Graphina, die ihr tugendhaftes Schweigen nur unterbricht, um ihr Schweigen zu rechtfertigen (593–598). Unterwandert und explizit in Frage gestellt werden die traditionellen Rollenmuster von Salome und Mariam. Freilich schreibt die Dramatikerin nur der Titelheldin gute Gründe für ihr Denken und Handeln zu und verdeutlicht somit am Beispiel Mariams, „*that a reasonable challenge to traditional principles can be justified*".[47]

Chor als Stimme der Orthodoxie

Den Kodex angemessenen Verhaltens für eine Ehefrau expliziert der Chor des 3. Aktes:

Tis not enough for one that is a wife
To keep her spotles from an act of ill:
But from suspition she should free her life,
And bare her selfe of power as well as will.
Tis not so glorious for her to be free,
As by her proper selfe restrain'd to bee. (1219–1224)

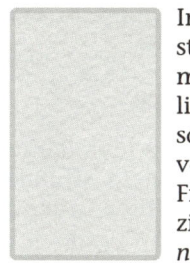

Indem der Chor Keuschheit, Schweigen, Bescheidenheit, Konstanz, Diskretion, Treue und hingebungsvolle Liebe zum Ehemann als ideale Eigenschaften einer Ehefrau bezeichnet, artikuliert er traditionelle Topoi der Geschlechtertheorie der Renaissance. Zugleich jedoch enthüllt er, dass ein solches Verständnis von Ehe für eine Frau notwendigerweise zu Verlust von Macht und Freiheit, zur Negierung des eigenen Willens und sogar zum Verzicht auf die Formulierung eigener Gedanken führt: *„their thoughts no more can be their owne"* (1241).

Figuren-konzeption: Bruch mit der Orthodoxie

Während Graphina zur Personifikation dieses vom Chor beschworenen Frauenideals wird, signalisiert die Tragödie insgesamt den offenen Bruch mit dieser Orthodoxie. Wie Graphina das traditionelle Frauenideal verkörpert, so wird Salome zur Personifikation der von ihren Affekten beherrschten Rebellion gegen alle Traditionen.

Salome

Zum zweiten Mal will sie sich eines Ehemanns entledigen, um ihr Verlangen nach Silleus ausleben zu können (275–277). Der vermeintliche Tod ihres Bruders Herodes enthebt sie des Zwanges, wie beim ersten Mal eine politische Intrige spinnen zu müssen. Sie entschließt sich – wie sie sich selbst eingesteht – zu einer ungesetzlichen, revolutionären Tat (309–310), der Trennung: *„But now I must divorse him from my bed/ That my* Silleus *may possesse his roome"* (327–328). In der Reaktion des Ehemannes, Constabarus, verbinden sich persönliche Betroffenheit (471–478) mit der Abscheu vor diesem radikalen Bruch mit dem mosaischen Gesetz (Deut. 24,1),[48] der Usurpation des traditionell männlichen Scheidungsprivilegs, zu einer universalen Klage[49] über die Un-Natur Salomes:

Are Hebrew women now transform'd to men?
Why do you not as well our battles fight,
And weare our armour? suffer this, and then
Let all the world be topsie turued quite.
Let fishes graze, beastes, swine, and birds descend,
Let fire burne downewards whilst the earth aspires:

---

42 Schabert, *Englische Literaturgeschichte*, S. 175.

43 Elizabeth Cary: *The Tragedy of Mariam 1613*. Hrsg.: M. Straznicki; R. Rowland. Oxford: Oxford UP 1992 (= The Malone Society Reprints); im Folgenden alle Zitate (mit Zeilenangabe) nach dieser Ausgabe.

44 Vgl. hierzu zuletzt Schabert, *Englische Literaturgeschichte*, S. 112–116.

45 Vgl. dazu zuletzt Baumann, *Vorausdeutung und Tod*, S. 185–186.

46 Diese differenzierte Perspektivik berücksichtigt Schabert (*Englische Literaturgeschichte*, S. 178–183) nicht hinreichend; vgl. dagegen schon Shapiro, S. 168–205.

47 Shapiro, S. 168.

48 Vgl. Shapiro, S. 176–178.

49 Vgl. Schabert, *Englische Literaturgeschichte*, S. 182.

Let Winters heat and Summers cold offend,
Let Thistels growe on Vines, and Grapes on Briers,
Set vs to Spinne or Sowe, or at the best
Make vs Wood-hewers, Waters-bearing wights: (435–444)

Salome ist, die Sympathielenkung Elizabeth Carys lässt daran keinen Zweifel, eine skrupellose, intrigante Frau, die im Grunde nur einen sympathischen Zug aufweist: Sie steht zu ihren Lastern, sie bekennt sich zu ihrer lüsternen Scham- und Ehrlosigkeit:

But shame is gone, and honour wipt away,
And Impudencie on my forehead sits:
She bids me worke my will without delay,
And for my will I will imploy my wits. (303–306)

Mariam

Von ganz anderem Charakter ist die Titelheldin Mariam, die gleich zu Anfang der Tragödie ihre Gefühlslage *„als komplexes Ineinanderwirken von Liebes- und Hassgefühlen und widerstreitenden moralischen Empfindungen"*[50] auslotet und aus ihrer Erinnerung die Geschichte ihrer Familie und die Vergangenheit ihrer Ehe mit Herodes bilanziert. Ihre einstige Liebe zu ihm ist nur mehr eine Erinnerung, zerstört von seiner – jedes Maß transzendierenden – Eifersucht; und doch stellt sich diese Erinnerung angesichts der Nachricht über seinen vermeintlichen Tod wieder ein: Sie ringt darum, ihre widersprüchlichen Empfindungen zu harmonisieren. Ihre Mutter Alexandra verdeutlicht ihr (im Einklang mit den Notizen des Flavius Josephus), dass der grausame Befehl des Herodes, nach seinem Tod auch seine Gemahlin zu töten, nicht in einer tiefen Liebe zu Mariam, sondern in einer maßlosen Selbstliebe gründet (126–129 und 156–159).

Mariam: Ehrlichkeit und Konsequenz

Bevor noch Mariam das Knäuel ihrer widersprüchlichen Empfindungen hat entwirren können, intensiviert sich ihr Konflikt, als sie erfahren muss, dass Herodes lebt und sicher zurückgekehrt ist (1129–1132). Rückhaltlos ehrlich analysiert sie erneut ihre widerstreitenden Gefühle (1155–1163) und formuliert den folgenschweren Entschluss, sich nicht mit Herodes zu versöhnen und sich ihm zu verweigern: *„I will not to his love be reconcilde,/ With solemne vowes I have forsworne his Bed"* (1135–1136). Mit bewundernswerter Konsequenz steht sie zu ihrem Entschluss; sie weiß, was für sie wichtig ist, und sie zögert nicht, dieses Herodes offen ins Gesicht zu sagen:

I neither haue of power nor riches want,
I haue enough, nor doe I wish for more:
Your offers to my heart no ease can grant,
Except they could my brothers life restore.
No, had you wisht the wretched Mariam glad,

Or had your loue to her bene truly tide:
Nay, had you not desir'd to make her sad,
My brother nor my Grandsyre had not dide. (1372–1379)

Herodes als Tyrann

In seinen Erwartungen auf eine liebevolle Begrüßung durch diese Anklage zutiefst enttäuscht, reagiert Herodes genau so, wie Salome es mit einer erneuten Intrige, die ihre eigenen Taten vor ihrem Bruder rechtfertigen und die gehasste Mariam beseitigen soll, geplant hat. Herodes, der aus seinem törichten, verletzten männlichen Stolz heraus glaubt, dass Mariam ihn sowohl betrogen als auch seine Ermordung geplant hat, reagiert wie ein klassischer Tyrann: Er lässt Mariam in den Kerker werfen und befiehlt – in signifikantem Gegensatz zur historischen Überlieferung – ohne Gerichtsverhandlung ihre Hinrichtung. Bezeichnenderweise erklärt der Chor des 4. Aktes, wie Mariam ein solches – unverdientes – Schicksal durch orthodoxes, rollenkonformes Verhalten hätte vermeiden können:

Had Mariam scorn'd to leave a due unpaide,
She would to Herod then have paid her love:
And not have bene by sullen passion swaide
To fixe her thoughts all injurie above
In vertuous pride. Had Mariam thus bene prov'd,
Long famous life to her had bene allowd. (1934–1939)

Schönheit und Konvention

Und auch Mariam erkennt in aller Klarheit, dass sie mit ihrer Schönheit und mit rollenkonformem taktischen Verhalten ihren Ehemann hätte besänftigen und ihren Untergang verhindern können (1168–1173 und 1833–1836). Sie rechnet sich dies im Rückblick sogar als Fehler an (1833–1834: „*Had I but with humilitie bene grac'te,/ As well as faire I might have prov'd me wise*").

Rehabilitierung Mariams

Die Tragödie insgesamt jedoch widerspricht ihr in diesem Punkt. Mariam stirbt, aber sie wird vollständig rehabilitiert; Herodes muss seinen Irrtum einsehen (2214–2215), und Mariam stirbt im Bewusstsein ihrer Unschuld, wie eine Märtyrerin in der Erwartung himmlischer Belohnung für das erlittene, unverdiente Leid:

And therefore can they but my life destroy,
My Soule is free from Adversaries power.
You Princes great in power, and high in birth,
Be great and high, I envy not your hap:
Your birth must be from dust: your power on earth,
In heav'n shall Mariam sit in Saraes lap. (1843–1848)

---

50 Schabert, *Englische Literaturgeschichte*, S. 178.

Wertung durch den Chor	Das letzte Wort in der Tragödie hat der Chor; er fasst die Handlung nochmals knapp zusammen (2201–2231). Selbst für ihn, die Stimme der Orthodoxie, ist Mariam *„guiltles"* (2215) – und er formuliert in Art eines Epimythions die moralische Lehre dieses Tages:

This daies euents were certainly ordainde,
To be the warning to posteritie:
So many changes are therein containde,
So admirablie strange varietie.
This day alone, our sagest Hebrewes shall
In after times the schoole of wisedome call. (2232–2237)

Wertung: Infrage-stellen der Konven-tionen	Diese moralische Wertung des Chores hält einer kritischen Überprüfung freilich nicht stand; *The Tragedy of Mariam* wird kaum als *„schoole of wisedome"* herangezogen werden können. Vielmehr handelt es sich eher um eine variationsreiche und überzeugende *„schoole of wifedome"*,[51] in der ELIZABETH CARY unterschiedliche Konzepte weiblichen Selbstverständnisses kritisch überprüft. Die konventionellen Restriktionen, denen die Frau in der Ehe unterworfen ist, vom Chor als Ideal gefeiert und von Graphina vorgelebt, werden sowohl von Salome als auch von Mariam in Frage gestellt. Während jedoch die von ihren Affekten beherrschte Salome primär aus niederen Motiven gegen die Tradition aufbegehrt, erwächst der Widerstand Mariams gegen ihren Ehemann und die ihr auferlegten Rollenzwänge aus ehrlicher, alle Möglichkeiten sorgfältig abwägender Reflexion. Im Unterschied zur ihrem Selbstinteresse huldigenden Salome handelt Mariam aus Selbstrespekt und sie ist bereit, den Preis für diesen reflektierten – und für ihr Selbstverständnis notwendigen – Bruch mit der Orthodoxie zu zahlen. Indem ELIZABETH CARY durch die Sympathielenkung ihrer Tragödie Mariams Entscheidung in allen Punkten rechtfertigt und sie zur unschuldigen Märtyrerin weiblichen Selbst-Bewusstseins stilisiert, stellt sie die konventionellen Vorstellungen über Geschlecht und Ehe zur Disposition: *„Cary does not attempt to abolish existing moral conventions; rather she redefines them by defending a woman's right to challenge her husband's authority when she has just and reasonable cause"*.[52]

7 Rachetragödie und Totentanz: John Webster, *The White Devil* (1609–1612)

Tragödie und Tod	*„And what are Tragedies but acts of death?"* fragt der Tod selbst in *The Tragedie of Soliman and Perseda*,[53] einer Tragödie, in der THOMAS KYD den Tod, die Liebe und die Göttin Fortuna gemeinsam im Prolog und als Chor auftreten lässt. Der vollständige Titel der *edi-*

tio princeps ist ebenfalls bezeichnend: *The Tragedye of Solyman and Perseda. Wherein is laide open. Loues constancy, Fortunes inconstancy, and Deaths Triumphs.* Der Tod triumphiert jedoch nicht nur in dieser Tragödie THOMAS KYDS, er ist im Drama der Tudor- und Stuartzeit eine feste allgegenwärtige Größe, obwohl er nur höchst selten *in persona* in Erscheinung tritt.

Rachetragödie und Totentanz

Neben vielen, zu emblematischer Dichte konzentrierten Visionen des Todes in den Historien und Tragödien allgemein, hat die Forschung speziell für die Rachetragödie (z. B. THOMAS KYD, *The Spanish Tragedy*, William Shakespeare, *Hamlet*; CYRIL TOURNEUR, *The Revenger's Tragedy*) immer wieder auf die atmosphärische und konzeptionelle Nähe zur Tradition des Totentanzes hingewiesen.[54] Dies soll im folgenden anhand eines repräsentativen Beispiels, JOHN WEBSTERS *The White Devil*,[55] etwas eingehender betrachtet werden.

The White Devil

Von Anfang an beherrscht das Thema Tod in diesem Stück die Szenerie. Die erste Szene bereits präsentiert mit Graf Lodovico einen wegen mehrfachen Mordes Verbannten (I, 1,3 0–32: „*Worse than these,/ You have acted certain murders here in Rome,/ Bloody and full of horror*"), der zugleich jedoch mit zynischer Einsicht in das Walten der irdischen Gerechtigkeit, die eben nur die in der sozialen Hierarchie unten Angesiedelten ereilt, aufzuwarten weiß (I, 1, 38–44).

Hauptfiguren: Vittoria und Brachiano

Die nächste Szene, nachdem Graf Lodovico dem Publikum die für das Verständnis der Handlung nötigen Informationen gegeben hat (I, 1, 41–43: „*The Duke of Brachiano, now lives in Rome,/ And by close panderism seeks to prostitute/ The honour of Vittoria Corombona*"), präsentiert erstmals einen Blick auf zwei der Protagonisten. Im Hause Camillos wirbt Flamineo im Auftrag Brachianos um Vittoria Corombona; Flamineo, der Bruder Vittorias, arrangiert mit Erfolg eine ungestörte Liebesnacht seines fürstlichen Dienstherren mit Vittoria, und er tut dies, indem er Camillo, seinem Schwager, vorheuchelt, sich bei seiner Schwester für den Schwager zu verwenden (I,2).

---

51 Dieses Wortspiel legt die Drucktype der *editio princeps,* insbesondere das bisweilen schwer von einem ‚f' zu unterscheidende lange ‚s' nahe.
52 Shapiro, S. 203.
53 *The Works of Thomas Kyd.* Hrsg.: F. S. Boas. Oxford: Clarendon 1901/ND 1967, S. 161–229, I, 1, 7.
54 Vgl. zuletzt Schoenbaum, „The Revenger's Tragedy"; Baumann, „Leben als Tanz in den Tod"; Neill, *Issues of Death.*
55 John Webster: *The White Devil.* Hrsg. E. M. Brennan. 5. Aufl. London: Ernest Benn Ltd. 1985. (= The New Mermaids); im Folgenden alle Zitate nach dieser Ausgabe.

Liebeslust und Mord	Die ehebrecherische Verbindung Vittorias zu Brachiano, zuvor schon stadtbekannt (vgl. I, 1, 41–43), löst nun die weiteren Verwicklungen und Verbrechen aus. Durch die Erzählung eines Traums (I, 2, 220–244) pflanzt Vittoria wohl erstmals Mordgedanken in des Geliebten Hirn, wie es Flamineo unzweideutig und mit boshafter Anerkennung kommentiert: *„Excellent Devil./ She hath taught him in a dream/ To make away his Duchess and her husband"* (I, 2, 245–247). Zwei *dumb shows* im zweiten Akt zeigen die reale Umsetzung dieser von Vittoria insinuierten und im Auftrag Brachianos ausgeführten Verbrechen: Isabella, die Ehefrau Brachianos, stirbt durch Gift (ein Porträtgemälde Brachianos, das seine Ehefrau abends zu küssen pflegte, war von Brachianos gedungenen Meuchelmördern mit einem Kontaktgift bestrichen worden [II, 2, 23*]), und Camillo, der Ehemann Vittorias, wird von Flamineo und einigen Helfershelfern bei einem übermütigen Fest erschlagen (II, 2, 38*). Diese grausamen Verbrechen rufen nun die Rächer auf den Plan.
Vergeltung: Tod Brachianos	Ohne die verwickelte Handlung mit all ihren überraschenden Wendungen im Detail nachzuzeichnen, und auch ohne die stetig wachsende Faszination, die Vittoria auf Brachiano (und das Publikum) ausübt, gebührend würdigen zu können,[56] gilt es auch in dieser Rachetragödie, den Blick auf das schaurige Finale, die grausige Vergeltung für die verübten Schandtaten, zu lenken. Am Tage der Hochzeit mit Vittoria wird Brachiano beim festlichen Turnier mittels eines vergifteten Helmvisiers beseitigt (V, 2, 76*; V, 3, 1–26). Die von Francisco de Medici, dem Bruder Isabellas, gedungenen Mörder, Lodovico und Gasparo, treiben darüber hinaus mit dem vor Schmerzen rasenden, halbwahnsinnigen Brachiano (V, 3, 30–129) noch ihren grausamen Spott. Als Kapuziner verkleidet treten sie an das Bett des Sterbenden, um ihm scheinbar die Beichte abzunehmen. Außer Hörweite der übrigen Anwesenden geben sie sich ihm jedoch zu erkennen und flüstern Brachiano Verwünschungen ins Ohr:

Gasparo: *This is Count Lodovico.*
Lodovico: *This Gasparo.*
          And thou shalt die like a poor rogue.
Gasparo: *And stink*
          Like a dead fly-blown dog.
Lodovico: *And be forgotten before thy funeral sermon.* (V, 3, 163–166)

Hölle auf Erden: Leid Vittorias	Nicht die Tatsache, dass seine Beichte und die ihm gewährte Absolution durch die falschen Kapuziner theologisch bedeutungslos sind, entsetzt Brachiano; erst die Drohung, schon vor der Leichenrede vergessen zu sein, reißt ihn aus seinem Dämmerzustand: *„Vittoria! Vittoria!"* (V, 3, 167). Aber die falschen Kapuziner

schicken Vittoria aus dem Raum und erdrosseln Brachiano (V, 3, 168–176). Die Rache, der Tod regiert die Welt, die höllischen Mächte haben sich gleichsam befreit, wie Vittoria mit einem Schmerzensschrei bezeugt: *„O me! this place is hell"* (V, 3, 177).

Flamineo

Der nächste, dem sich das Verhängnis auf leisen Sohlen nähert, ist Flamineo, der inzwischen auch noch einen Brudermord auf sein Gewissen geladen hat (V, 2, 1–17). Flamineo sorgte sich schon, dass ihn der sterbende Brachiano zu oft beim Namen nannte – ein traditionelles Todesvorzeichen –, dann erscheint ihm der Geist seines einstigen Herrn leibhaftig:

Enter Brachia[no's] Ghost. In his leather cassock and breeches, boots, a cowl [and in his hand] a pot of lily-flowers with a skull in't.
Ha! I can stand thee. Nearer, nearer yet.
What a mockery hath death made of thee? Thou look'st sad.
In what place art thou? in yon starry gallery,
Or in the cursed dungeon? No? not speak?
Pray, sir, resolve me, what religion's best
For a man to die in? or is it in your knowledge
To answer me how long I have to live?
That's the most necessary question.
Not answer? Are you still like some great men
That only walk like shadows up and down,
And to no purpose: say:
The ghost throws earth upon him and shows him the skull
What's that? O fatal! He throws earth upon me.
A dead man's skull beneath the roots of flowers.
I pray speak sir; our Italian churchmen
Make us believe, dead men hold conference
With their familiars, and many times
Will come to bed to them, and eat with them.   Exit Ghost
He's gone; and see, the skull and earth are vanish'd. (V, 4, 120*–138)

---

56 Vgl. dazu – neben der unten in der Bibliographie (zu 8.7) zusammengestellten Literatur – noch den einleitenden Essay von Alfred Marnau (John Webster: *Die Weisse Teufelin. The White Devil*, aus dem Englischen von A. Marnau. Nördlingen: Greno 1986 [=Krater Bibliothek], bes. S. 8–34), ein Essay, der gleichsam die magische Allmacht Vittorias beschwört (9): *„Die Gefahr, die wir in seiner (sc. des Dramas) Mitte zu bestehen haben, heißt Vittoria Corombona, ihre Leidenschaft und Niedertracht, ihre sphinxische Unwiderstehbarkeit, das Versprechen und Versagen ihrer Wonnen. Und doch ist sie nicht so sehr Sphinx, besteht sie nicht so sehr aus Rätseln als aus Überraschungen."*

Spiel um Leben und Tod

Grotesk wie das Nebeneinander der Symbole von Totenschädel und Lilien[57] spielen Flamineo und Vittoria in der übernächsten Szene ein letztes großes Spiel um Leben und Tod. Flamineo heuchelt der Schwester vor, freiwillig aus dem Leben scheiden zu wollen. In Wirklichkeit jedoch will er nur die Gesinnung seiner Schwester auf die Probe stellen; er weiß, dass die Pistolen, die er Vittoria und deren Zofe Zanche in die Hände drückt, nur mit Pulver, nicht aber mit Kugeln geladen sind. Zanche und Vittoria schwören (V, 6, 97: *„Most religiously"*), Flamineo in den Tod zu folgen, dann ‚erschießen' die beiden Flamineo. Wie der sterbende Brachiano von Gasparo und Lodovico verhöhnt wurde, so spotten die Frauen nun über den vermeintlich sterbenden Flamineo (V, 6, 117–131); die Hölle warte auf ihn (V, 6, 134–135: *„No fitter offering for the infernal Furies/ Than one in whom they reign'd while he was living"*[58]), der – wie sie behaupten und beweisen würden – Hand an sich selbst gelegt hätte: *„Yes, and drive a stake/ Through thy body;/ for we'll give it out,/ Thou didst this violence upon thyself"* (V, 6, 143–145). Flamineo beendet das groteske Spiel, springt auf und enthüllt der Schwester seine wahren Absichten:

The pistols held no bullets: 'Twas a plot
To prove your kindness to me; and I live
To punish your ingratitude; I knew
One time or other you would find a way
To give me a strong potion. O men
That lie upon your death-beds, and are haunted
With howling wives, ne'er trust them; they'll remarry
Ere the worm pierce your winding sheet; ere the spider
Make a thin curtain for your epitaphs. (V, 6, 147–155)

Tod Flamineos und Vittorias

Das groteske Spiel um Leben und Tod, das Flamineo inszenierte, wird dann für ihn selbst und seine Schwester blutiger Ernst. Verkleidet betreten Lodovico und Gasparo das Zimmer, werfen ihre Verkleidung ab und verkünden, dass sie im Auftrag Francisco de Medicis, des Herzogs von Florenz, erschienen sind, die Verbrechen Flamineos und Vittorias zu rächen. Vittoria, die *„glorious strumpet"* (V, 6, 203), stirbt, jeder Zoll eine Herzogin:

[. . .] You, my death's-man;
Methinks thou dost not look horrid enough,
Thou hast too good a face to be a hangman;
If thou be, do thy office in right form;
Fall down upon thy knees and ask forgiveness. (V, 6, 206–210)

Vittoria: Wölfin und Göttin

Wie Vittoria in der Vergangenheit ihre Umgebung, vorwiegend die Männer ihrer Umgebung, einschließlich Brachianos, mit ihren Augen und Worten in die Kniee zwang, so erweist sie sich auch in der Stunde ihres Todes als Wölfin und Göttin zugleich (IV, 2, 88–89:

„*Woman to man/ Is either a god or a wolf*"), die selbst dem Todesstoß noch auf halbem Weg entgegen kommt und mit ihren letzten Worten ihre Mörder schmäht: „*'Twas a manly blow./ The next thou giv'st, murder some sucking infant,/ And then thou wilt be famous*" (V, 6, 229–231).

Flamineo: Schwesterliebe

Mit ähnlichem Hohn für die Handlanger des Todes, Lodovico und Gasparo, stirbt auch Flamineo (V, 6, 231–234). Seine letzten Gedanken gelten jedoch seiner Schwester (V, 6, 238–244), die er jetzt erst, vielleicht das erstemal überhaupt, liebt: „*Th'art a noble sister,/ I love thee now*" (V, 6, 238–239).

Todesreigen

Der Todesreigen ist mit dem Tod Flamineos immer noch nicht zu Ende. Auch die rächenden Mörder entgehen ihrem Schicksal nicht, sie werden auf Befehl von Brachianos Sohn, Giovanni, ins Gefängnis geworfen, und dort den Folterknechten und den Henkern überantwortet (V, 6, 288–290). Wie schon Flamineo und Vittoria mit moralischen Sentenzen auf den Lippen starben,[59] so beschließt der neue Herrscher, Giovanni, mit einer Sentenz die Tragödie: „*Let guilty men remember their black deeds/ Do lean on crutches, made of slender reeds*" (V, 6, 297–298).

Tradition des Totentanzes

Das Motiv der verkehrten, aus den Fugen geratenen Welt (Flamineo verkuppelt die Schwester und mordet gar den Schwager und den eigenen Bruder, Brachiano lässt die eigene Ehefrau ermorden, dazu noch von einem Arzt, der ein erfahrener Giftmischer ist), der Geist Brachianos, der mit einem Totenschädel Flamineo erschien, wie auch die den gesamten letzten Akt beherrschende Präsenz des Todes und seiner Symbole verbinden WEBSTERS *The White Devil* mit den traditionellen Totentänzen. Die Ermordung Camillos erfolgt gar explizit aus einem fröhlich-übermütigen Tanz heraus (II, 2, 38*), und das Fest zur Feier seiner Hochzeit wird für Brachiano zum Bankett mit dem Tod. Viele Details, das grausame Spiel, das Fla-

---

57 Vgl. dazu die Erläuterung von Brennan (S. 128): „*It was a common superstition that if a wicked man were buried in a Friar's cowl he would obtain remission for some part of his sins. A pot of lily-flowers was frequently used as a religious emblem to denote life in pictures of the Annunciation. The skull denoted death. Webster evidently intended a grotesque, though perhaps common, juxtaposition of symbols*".

58 Vgl. ebenso V ,6, 138–139: „*O yes thy sins/ Do run before thee to fetch fire from hell,/ To light thee thither*".

59 Vgl. bes. V, 6, 258–259 [Vittoria]: „*O happy they that never saw the court,/ Nor ever knew great man but by report*" und V, 6, 266–273 [Flamineo]: „*'Tis well yet there's some goodness in my death,/ My life was a black charnel. I have cought/ An everlasting cold. I have lost my voice/ Most irrecoverably. Farewell glorious villains,/ This busy trade of life appears most vain,/ Since rest breeds rest, where all seek pain by pain./ Let no harsh flattering bells resound my knell,/ Strike thunder, and strike loud to my farewell*".

mineo mit Vittoria treibt, die Sterbeszene Brachianos, der von den falschen Kapuzinern der ewigen Verdammnis überantwortet wird, wie auch die Handlung insgesamt rücken die Rachetragödie *The White Devil* in die Nähe des Totentanzes. Die komplizierte, mit atemberaubender Geschwindigkeit sich entwickelnde Handlung ahmt die grotesken Sprünge nach, in die der Tod seine Partner beim Tanze zwingt. Er ist es, der schließlich alle Handlungsfäden miteinander verbindet. Dies hebt bereits ALFRED MARNAU nachdrücklich in Worten hervor, denen hier nichts mehr hinzuzufügen bleibt:

Ein anderes bedeutendes Merkmal des Trauerspiels ist die Gehirntätigkeit, die unablässig und in atemverschlagender Geschwindigkeit das Denken und Handeln motorisiert. Der davon betroffene Mensch ist den Befehlen eines Hirns völlig ausgeliefert, das zwar blitzschnell, aber doch zuweilen wie aus einer dumpf-bestialischen, vorprogrammierten Hilflosigkeit handelt; Hand und Fuß müssen ausführen, was vom Zentrum dieses nur halb lebenden, aller moralischen Entscheidung, allen Mitleids enthobenen, zum Erwägen unfähigen Idols befohlen wird. Unerbittlich und unentrinnbar: und weil es ein Götze ist, der ein jeder Verantwortung enthobenes Prinzip des Bösen darstellt, ist es dieses Verbrecherische an sich, das beim geringsten Erschlaffen des Gegängelten (aus Reue etwa, aus Einsicht oder Erbarmen) sofort wieder die blinden Instinkte ankurbelt, ist jede Person auch, die vor uns erscheinen wird, eigentlich unerlösbar, unrettbar der Verdammnis ausgeliefert. Nur einer kann alles wieder einrenken und (vielleicht) schlichten: der Tod hinter der Kulisse.[60]

8 Die Allegorie als politisches Skandalstück: Thomas Middleton, *A Game At Chesse* (1624)

A Game At Chesse: Aufführungsgeschichte

Das Skandalstück der Theatersaison 1624 war ohne jeden Zweifel THOMAS MIDDLETONS *A Game At Chesse*. Über kein anderes Drama der gesamten englischen Renaissance sind so viele zeitgenössische Berichte erhalten wie über *A Game At Chesse*, und von keinem anderen Drama gibt es so viele handschriftliche Kopien, nämlich sechs. Neun Tage hintereinander wurde es vom 6. bis 17. August 1624 jeweils vor vollem Haus aufgeführt. Dies allein ist bereits ungewöhnlich, wurde das Programm ansonsten doch täglich gewechselt. Die Schauspieler wussten wohl, dass sie nur wenig Zeit hätten, bis ihr Stück verboten würde. Und dies geschah dann auch: Am 18. August wurde es auf Befehl des Königs verboten, THOMAS MIDDLETON musste sich vor dem Privy Council verantworten, und auch der Zensor, SIR HENRY HERBERT, wurde aufgefordert, seine Lizensierung des Dramas zu erklären. Diese Lizensierung war bereits am 12. Juni 1624 erfolgt: Offensichtlich hatte man jedoch

mit der Premiere solange gewartet, bis sich der König und der größte Teil des Staatsrates auf den sommerlichen *progress*, die traditionelle Reise des Hofes in die nähere und weitere Umgebung Londons, begeben hatten.

Drama als Schachspiel

Wie der Titel andeutet, handelt es sich bei MIDDLETONS *A Game At Chesse* um ein Drama, in dem Schachfiguren auftreten; das ganze Drama ist als ein Schachspiel angelegt. Es beginnt mit dem Einzug der beiden Häuser, des weißen und des schwarzen. Die Bühne ist das Schachbrett, die freien Felder zwischen den beiden Häusern; die einzelnen Szenen sind als Begegnungen einzelner Figuren auf dem Schachbrett konzipiert. Das Spiel beginnt mit einem abgelehnten Damengambit und endet mit *„checkmate by discovery"* (Schachmatt durch Abzugsschach), mit einem Sieg für Weiß.

Regelverstöße als Deutungshinweise

Gleichwohl ist MIDDLETONS *A Game At Chesse* kein Schachspiel, das man am Brett nachspielen könnte. Etliche Verstöße auch gegen die damaligen Schachregeln, – die Bauern können sich rückwärts bewegen, es betreten mehrere Figuren zur gleichen Zeit das Schachbrett, – verweisen deutlich darauf, dass es um mehr geht als Schach.

Allegorie

Die Dialoge der Figuren untereinander bestätigen dieses: Auf dem Schachbrett vollzieht sich in traditionell allegorischer Deutung die Auseinandersetzung zwischen Schwarz und Weiß als letzter Kampf zwischen den Mächten der Finsternis und denen des Lichts. Die Symbolik der Farben erweitert sich zu den Gegensätzen von Häresie und Glauben, Antichrist und Christentum, Lüsternheit und Keuschheit; der Teufel auf der einen und Gott selbst auf der anderen Seite spielen diese Schachpartie.

Figurenkonzeption

Kein Zweifel bleibt, wer im Recht ist und wem der Sieg gebührt. Die schwarzen Figuren sind allesamt aggressiv, lüstern, heuchlerisch und einzig auf die Ausdehnung ihres Herrschaftsbereichs bedacht. Die weißen Figuren dagegen sind eher passiv, naiv und unschuldig; sie können sich gegen die Fallen und hinterlistigen Manöver der schwarzen nur mühsam zur Wehr setzen. Der größte Heuchler und geschickteste Einfädler von Intrigen ist der *„black knight"*, der schwarze Springer. Mit List und Lügen plant er die Strategie der Schwarzen, er, der explizit als machiavellistischer Politiker bezeichnet wird, der vom Teufel selbst ausgebrütet worden sei. Nicht nur die Schwarzen sind die Feinde der Weißen, in die weißen Reihen hinein haben die Schwarzen bereits ihre Sturmgräben vorangetrieben: So wechseln etwa der *„fat Bishop"*, der weiße Läufer, sein Bauer und der weiße Königsbauer mitten im

---

60 Marnau, S. 14.

Spiel die Farbe und die Seite. Jedoch auch die schwarzen Figuren haben eine Schwäche: Sie verlieren ihre Macht offensichtlich in dem Moment, in dem ihre Betrügereien durchschaut werden. Wenn die wahre Natur der Schwarzen erkannt, wenn das Gespinst von Heuchelei, Lüge, Lüsternheit und Intrige erst einmal zerstört ist, schwindet ihre Gefährlichkeit, werden sie geradezu wehrlos.

checkmate by discovery

In diesem Sinne gewinnt dann auch der Schluss, das *„checkmate by discovery"*, seine – wohl intendierte – doppelte Bedeutung: nicht nur als *terminus technicus* für das Abzugsschach, das der *„white knight"* und der *„white duke"* dem schwarzen König bieten, sondern auch normalsprachlich, indem dieser Begriff den Schwachpunkt der Schwarzen bloßlegt. Sie sind entdeckt, *„discovered"*, erkannt, und damit ihrer heimtückischen Macht entkleidet.

Politische Allegorie

Die Auseinandersetzung zwischen Schwarz und Weiß auf dem Schachbrett ist jedoch nicht nur eine allegorische Darstellung des Kampfes des Lasters gegen die Tugend oder des Teufels gegen Gott. Viele Anspielungen innerhalb der Dialoge verweisen auf eine ganz konkret politische Dimension der Allegorie. Dazu zählen etwa die Hinweise, dass der Kampf insbesondere seit '88 tobe, oder dass die Schwarzen eine universale Monarchie anstrebten. Noch deutlicher ist die *Induction*, in der Ignatius von Loyola und Error, die Personifikation des Irrtums, auftreten. Die schwarze Seite ist die ihrige, ist die Seite der Jesuiten und zugleich die des Irrtums. Die schwarzen Figuren verkörpern also den Papst, den Antichristen, Spanien und die Jesuiten als fünfte Kolonne des Antichristen. Diesem Feind sehen sich die Weißen, die Vertreter des wahren Glaubens, fast hilflos gegenüber. Erst die Entdeckungen des *„white knight"* und des *„white duke"* auf einer Reise in das schwarze Haus ermöglichen es ihnen, die Strategie der Schwarzen zu durchschauen. Die Verweise auf die aktuelle politische Situation sind offensichtlich: Der *„white knight"* und der *„white duke"* sind natürlich PRINCE CHARLES und der HERZOG VON BUCKINGHAM; beide werden im übrigen auf einem Titelkupfer der dann auch bald verbotenen Druckfassung eindeutig identifiziert.

Graf Gondomar als black knight

Man kann den größten Teil aller Schachfiguren vergleichsweise leicht mit den Hauptakteuren auf der zeitgenössischen politischen Bühne Londons identifizieren. So repräsentiert der *„black knight"* den GRAFEN GONDOMAR, den Botschafter Spaniens bis 1622. Er galt in der englischen Öffentlichkeit als heimtückischer, machiavellistischer Politiker, der durch seine effiziente Geheimdiplomatie, worunter das Betreiben des Heiratsarrangements zwischen PRINCE CHARLES und der spanischen Infanta fiel, allmählich den Einflussbereich Spaniens und des Papstes auf das englische Königshaus auszudehnen versuchte.

Konflikt: Spanien – England	Entscheidend ist, dass MIDDLETONS *A Game At Chesse* den spanisch-englischen Gegensatz in einer verhüllten Darstellung auf die englische Bühne brachte, die den politischen Konflikt zu einer Auseinandersetzung metaphysischer Mächte erweiterte. Die zentrale Aussage ist klar und eindeutig formuliert: Dieses ist der letzte Kampf in einer langen Reihe, und die letzte Entscheidung steht unmittelbar bevor, sind doch die heimtückischen Pläne des Antichristen durchschaut.
Reaktionen	Kein Wunder also, dass MIDDLETONS *A Game At Chesse* den spanischen Botschafter DON CARLOS COLOMA empörte und dieser sich direkt an den König wandte. Die allegorische Darstellung artikulierte ihre politische Botschaft so deutlich, sie brachte unter anderem eben auch JAMES selbst, PRINCE CHARLES und den HERZOG VON BUCKINGHAM auf die Bühne, dass der König das Drama sofort verbieten ließ.
Zensur	Wenn die politische Brisanz jedoch so klar und eindeutig erkennbar war, wie ist es dann zu erklären, dass SIR HENRY HERBERT MIDDLETONS *A Game At Chesse* überhaupt lizensierte? Es ist zunächst einmal nicht auszuschließen, dass MIDDLETON sein Drama mehrfach überarbeitet hat; es wäre also möglich, dass HENRY HERBERT das Drama in einer weniger brisanten Fassung lizensiert hat.
Propaganda-Kampagne	Noch naheliegender scheint mir jedoch eine andere Überlegung zu sein: Betrachtet man die gesamte Theaterproduktion des Winters 1623/24 und des Frühjahrs 1624, so verweisen neben MIDDLETONS *A Game At Chesse* noch vier weitere Dramen eindeutig auf den aktuellen spanisch-englischen Konflikt (BEN JONSONS Maskenspiel *Neptune's Triumph*, PHILIP MASSINGERS *The Bondman*, THOMAS DRUES *The Life of the Duchess of Suffolk* sowie THOMAS DEKKERS und JOHN FORDS *The Sun's Darling*). Bei zwei weiteren, nicht erhaltenen Dramen, legen es die überlieferten Titel zumindest nahe: *Match or No Match* und *The Spanish Contract*.[61] Insgesamt sieben Dramen und nachweislich wenigstens zwölf politisch-religiöse Traktate, die im ersten Halbjahr 1624 gedruckt wurden, formulierten eine eindeutig antispanische Politik, häuften Argument auf Argument für einen Krieg gegen Spanien, den Schwertträger und Vorkämpfer des Antichristen. All dies scheint kein Zufall zu sein, sondern eher eine sorgfältig geplante Kampagne, die Öffentlichkeit der englischen Hauptstadt im allgemeinen und das Parlament im besonderen für den Krieg gegen Spanien zu begeistern. Als Hintermänner einer solchen Kampagne kommen wohl nur die Häupter der Fraktion der Kriegsbefürworter, der Falken im Staatsrat, in Frage, also wohl in erster Linie der HERZOG VON BUCKINGHAM und PRINCE CHARLES.

---

61 Vgl. grundlegend Limon, *Dangerous Matter*.

Drama im politischen Diskurs	Obwohl es sich im strengen Sinne nicht beweisen lässt, wird man dennoch festhalten dürfen, dass die im Winter 1623/24 und im Frühjahr 1624 aufgeführten und gedruckten Dramen eine propagandistisch bedeutende Funktion im politischen Kräftespiel erfüllten. Sie waren Teil der allgemeinen politischen Diskurse dieser Monate, in denen nach einer überzeugenden Alternative zu der zögerlichen, nahezu konturlosen prospanischen Politik des Königs JAMES I. gesucht wurde.

9 Die gescheiterte Usurpation: John Ford, *Perkin Warbeck* (1625 oder später)

Perkin Warbeck	JOHN FORD (1586 – nach 1639) dramatisiert in seiner Historie *The Chronicle Historie of Perkin Warbeck. A Strange Truth*[62] das Schicksal des vermeintlichen Thronprätendenten PERKIN WARBECK, der sich als RICHARD, HERZOG VON YORK, der jüngere Sohn EDWARDS IV., ausgibt. Protegiert von der Herzoginwitwe MARGARETE VON BURGUND, die ihn als ihren Neffen anerkennt, schart WARBECK Anhänger um sich und bemüht sich sowohl in Irland als auch am Hofe des schottischen Königs, JAMES IV., um Unterstützung für seinen Anspruch auf die englische Krone.
Aufstieg Perkin Warbecks: Erfolg in Schottland	Während Henry VII. zu Beginn von FORDS Historie sein Los beklagt, sich trotz königlicher Abstammung immer wieder gegen Hochstapler wie Lambert Simnel oder Perkin Warbeck behaupten zu müssen, erscheint Warbeck am schottischen Königshof. Fasziniert von der rhetorisch-charismatischen Überzeugungskraft Warbecks, folgert König James, dass diese *eloquentia* das äußere Zeichen inneren Königtums sei.[63] Er heißt Perkin Warbeck als *„Cousin of York"* willkommen und sagt ihm jedwede Unterstützung zu. Auch Lady Katherine Gordon, eine schottische Hofdame, erliegt dem rhetorischen Charme Warbecks und wird von James, gegen den Willen von Katherines Vater, mit Perkin Warbeck verheiratet.
Henry VII. als Herrscher	Die festlich-harmonische Stimmung am schottischen Hof kontrastiert FORD mit der nüchternen, ganz auf Machterhalt ausgerichteten Herrschaftsausübung Henrys. So ist Henry, nachdem er erfahren musste, dass sein getreuer Diener Sir William Stanley, jener Stanley, der ihm auf dem Schlachtfeld von Bosworth noch die Krone aufgesetzt hatte, die Sache Warbecks unterstützt hat, gezwungen, seinen ehemaligen Freund und Bundesgenossen wegen Hochverrats schuldig zu sprechen und dem Scharfrichter zu überantworten. Kurz bevor er zu seiner Hinrichtung hinausgeführt wird, verabschiedet sich Stanley standesgemäß von dieser Welt:

> I take my leave, to travel to my dust:
> Subjects deserve their deaths whose kings are just.
> Come, confessor; on with thy axe, friend, on. (II, 2, 108–110)

lesson in kingship

Die in diesen Versen, die durch den Endreim („*dust*"/„*just*") wie auch als *ultima verba* Stanleys besonders herausgehoben sind, insinuierte Frage, ob Henry ein gerechter Herrscher ist, legt die Deutung der gesamten Historie als „*lesson in kingship*" nahe.[64] In *Perkin Warbeck* präsentiert JOHN FORD unterschiedliche Konzeptionen von Königsherrschaft und bilanziert ihre Vorzüge und Nachteile im Kontext von Warbecks missglückter Expedition nach England.

Henry VII. als Repräsentant pragmatischer Realpolitik und sakramentalen Königtums

Als beherrschende, überlegene Figur erweist sich der ebenso vorausschauend wie politisch klug handelnde Henry VII., der Repräsentant eines nüchtern pragmatischen, realpolitischen, erfolgsorientierten und zugleich sakramentalen Königtums. Nachdem Warbecks unrealistische Hoffnungen, das englische Volk würde sich ihm anschließen, bitter enttäuscht worden waren, wendet sich auch James, gedrängt von Henry, von dem mittlerweile unpopulären ‚Hochstapler' ab. James hat sozusagen seine – von Henry übermittelte – Lektion in praktischer Politik erhalten und lässt Warbeck fallen, weil dessen Sache wenig erfolgversprechend scheint.

Perkin Warbeck als Repräsentant sakramentalen Königtums

Als anpassungsfähig und vorsichtig kalkulierend erweist sich James, als der vollendete pragmatische Realpolitiker beherrscht Henry die Szene, und Perkin Warbeck, wie Henry in seinem Selbstverständnis ein überzeugter Repräsentant des sakramentalen Königtums, muss – wie Shakespeares Richard II.[65] – erkennen, dass Gottvertrauen alleine nicht ausreicht, um in einem weltlichen Kampf um die Macht den Sieg davon zu tragen. Umgeben von dubiosen und unfähigen Ratgebern hält er fatalistisch an seinem Herrschaftsanspruch, seinem Konzept von historischer Wahrheit fest.

John Fords Herrscherideal

In seinen Herrscherfiguren, James, Henry und Perkin Warbeck, verdeutlicht JOHN FORD, dass auch ein von Gott auserwählter Herrscher nur dauerhaft und gerecht regieren kann, wenn der sakramentale Herrschaftsmythos ergänzt wird durch effektive, nüchterne, praktische Herrscherqualitäten, die die Unterstützung des Adels und des Volkes sicherstellen. Darauf verweist vielleicht auch schon der so merkwürdige Untertitel seiner Historie: *A Strange Truth*.

---

62 John Ford, *The Cronicle History of Perkin Warbeck. A Strange Truth*. Hrsg.: P. Ure. London: Methuen 1968 (= The Revels Plays); im Folgenden alle Zitate nach dieser Ausgabe im Text. Vgl. zur Verfasserschaftsfrage und zur problematischen Datierung Ure, „Introduction", S. xxviii-xxxv.
63 Vgl. bes. Freer, „The Fate of Worthy Expectation".
64 Vgl. Anderson, „Kingship in Ford's *Perkin Warbeck*".
65 Vgl. bes. Anderson, „*Richard II* and *Perkin Warbeck*".

Niederlage und Tod Perkin Warbecks	Perkin Warbecks kraftvolle, zündende Reden zeitigen in England keine politischen Konsequenzen. Sie erfüllen die intendierte persuasive Funktion nicht mehr, und die erfolglose Rhetorik wird zum Signum für das Scheitern der politischen Mission: Ein letzter verzweifelter Versuch, die Aufständischen in Cornwall um sich zu scharen, besiegelt schließlich sein Verhängnis: Warbeck flieht, wird gefangengenommen, nach London überführt und – nachdem er sich geweigert hat, seine Hochstapelei zuzugeben – hingerichtet.
Quellen	Als Hauptquellen für diese letzte bedeutende Historie der Stuartzeit dienten JOHN FORD FRANCIS BACONS *Historie of the Reign of King Henry the Seventh* (1622) und THOMAS GAINSFORDS *The True and Wonderfull History of Perkin Warbeck* (1618). Ein Vergleich zwischen diesen Quellen und FORDS Dramatisierung ist aufschlussreich:[66] geschickte Umstellungen innerhalb des historisch überlieferten Geschehens verdichten und konzentrieren – wie in Shakespeares Historien und Tragödien – die Handlung.
Vergleich mit den Quellen: Henry VII.	Bedeutsamer als diese Umstellungen, oder die Ergänzung des historischen Stoffes um die starke Frauenfigur Katherine, sind jedoch die Veränderungen in der Präsentation König Henrys und seines Widersachers Perkin Warbeck. Henry ist von JOHN FORD deutlich positiver als in seinen Quellen porträtiert: Während BACON die Geldgier und die mangelnde Voraussicht des Königs tadelt, setzt der König bei FORD sein Geld gezielt zum Erreichen politischer und militärischer Ziele ein. Darüber hinaus setzt seine Fähigkeit, die Aktionen anderer zu antizipieren, seinen kompetenten Beraterstab immer wieder in Erstaunen. Gleichwohl fallen auch bei FORD Schatten auf Henrys Charakter: Er lässt seinen Freund Stanley – nach ausschließlich politischen Kriterien beurteilt: gerechter- und notwendigerweise – hinrichten, und er demütigt Katherine, während Warbeck im Kerker liegt.
Vergleich mit den Quellen: Perkin Warbeck	Die entscheidende Abweichung nimmt FORD jedoch in der Konzeption seines Titelhelden vor, da dieser zu keinem Zeitpunkt der Handlung, nicht einmal, als ihm die herrscherliche Gnade Henrys für ein Geständnis versprochen wird, zugesteht, ein Hochstapler zu sein. Bis zum Schluss bleibt er bei seiner subjektiven Version der Wahrheit, er sei Richard IV. und ihm gebühre die englische Krone. Dies ist wohl der literarische Geniestreich JOHN FORDS in der Konzeption seines Titelhelden, mit dem er sich – wie schon Shakespeare in *Richard II.* – einer Festlegung auf einen klaren ideologischen oder politischen Standpunkt entzieht, wie PETER URE ausführt:

For the absolutely essential thing about Ford's portrayal of Warbeck, the real stroke of genius, which makes the whole thing worthwhile and vali-

dates the labours of commentators, is this: Warbeck never does anything in the play to suggest either that he is playing a part and knows it, or – and this is the vital point – that he is, in Baconian fashion, playing a part and no longer knows it. [. . .] But beyond these [comments by the source-historians], there is, in the heart of the artefact, something which is not wholly susceptible to their modes of qualification or explanation, something therefore free and anarchic: the Warbeck whose convictions about his own nature appear both sane and noble and appeal as such directly out of the play to its spectators. That is the stroke of genius, and it is that that appears independent of anything identifiable in the sources. It is done of course not for the sake of trying to persuade us that Warbeck is what he thinks he is but because it is what Ford perceived would ‚make' his play as a dramatic experience: one in which the spectators must measure the impact and appeal of Warbeck against the assured testimony of Henry and a whole range of witnesses, including the source-historians themselves.[67]

Mit dieser signifikanten Abweichung von der historischen Über-lieferung, wo WARBECK seine Hochstapelei eingestand und dann als Mitglied der Warwick-Verschwörung hingerichtet wurde, und mit seiner Stilisierung Perkin Warbecks zum verantwortungsbe-wussten Anführer, der – vergeblich – um Vergebung für seine Gefolgsleute bittet und schließlich bewusst den Tod wählt, ver-deutlicht JOHN FORD die prinzipielle Perspektivengebundenheit jedweder – auch historischer – Erkenntnis und Wertung.

Geschichts-konzeption und Sympa-thielenkung

Selbst die zynische, aber darum nicht falsche These, dass immer der Sieger die Geschichte schreibt, versieht er mit einem Fragezei-chen. Das letzte Wort hat zwar Henry, und er formuliert politisch klug die ins Allgemeine gewendete staatsmännische Lehre aus dem Geschehen (V, 3,2 16–219: „*and from hence/ We gather this fit use: that public states,/ As our particular bodies, taste most good/ In health, when purgèd of corrupted blood*"), aber den nachhaltigeren Eindruck hinterlässt Perkin Warbeck. Wie schon in Shakespeares *Richard II.* die Leiden und menschliche Verzweiflung Richards ihm die Sympathie des Publikums sicherten, so lebt auch JOHN FORDS Perkin Warbeck in der Erinnerung des Theaterpublikums als hero-ische Verkörperung einer nicht realisierten historischen Alternative, als subversive gedanklich-experimentelle Dekonstruktion des Selbstverständnisses der Tudor-Monarchie, als „*a strange truth*".

---

66 Vgl. die tabellarische Synopse bei Ure, „Introduction", S. xxxviii-xxxix.
67 Ure, „Introduction", S. xlii.

🔟 Tyrannenherrschaft und Metatheater: Philip Massinger, *The Roman Actor* (1626)

The Roman Actor: Tyrannenherrschaft

In ähnlich düsteren Farben wie BEN JONSON die Regierungszeit des tyrannischen Kaisers TIBERIUS (14–37 n. Chr.) in seinem *Sejanus His Fall* (vgl. oben, S. 118 ff) zeichnet PHILIP MASSINGERS *The Roman Actor* (1626)[68] die ruchlosen Freveltaten des letzten flavischen Kaisers nach. Die ersten vier Akte seines bekannten und gut erforschten Römerdramas *The Roman Actor* dienen PHILIP MASSINGER vornehmlich der Präsentation der Tyrannennatur DOMITIANS (81–96 n. Chr.). Die meisterliche Charakterstudie des despotischen Tyrannen, jenes *„prodegie of mankind, bloudie Domitian"* (III, 1, 29), wie auch die nüchterne Gesellschaftsanalyse machen diese Tragödie zu einem brisanten politischen Drama: hundertfacher Mord, widerwärtige, lauernde, unberechenbare Grausamkeit des Kaisers und knechtische Unfreiheit der wenigen aufrechten Bürger – so bilanziert Massinger das deprimierend realistisch geschilderte politische Klima der Willkürherrschaft Domitians.

Tyrannenmord

Konsequenterweise bildet der Tyrannenmord – als gerechte Vergeltung für die verübten Freveltaten – den Schlusspunkt der Tragödie. Dieser Mord, beschlossen, durch untrügliche Zeichen (Fluch, Prophezeiung des Astrologen, Omen und Geisterauftritt) angekündigt und durch das Donnergetöse Jupiters nochmals bestätigt, vollzieht sich als Werk der göttlichen Vorsehung.[69] Die weltlichen Verschwörer und Rächer sind – obwohl alle von persönlichem Hass auf Domitian getrieben – nichts als Werkzeuge des Götterwillens. Und dennoch müssen sie sich für diesen Mord verantworten.

Legitimität des Widerstands

Ein Tribun der kaiserlichen Garde tritt nach dem Tyrannenmord zu den Rächern und fordert Auskunft über das Vorgefallene. Er verurteilt die Tat der Verschwörer zutiefst, obwohl er sich Domitians frevelhafter Untaten durchaus bewusst ist: *„Yet he was our Prince/ How euer wicked, and in you 'tis murther/ Which whosoe're succeeds him will reuenge"* (V, 2, 77–79). Domitia, für ihn die Urheberin allen Unheils, lässt er in Gewahrsam nehmen; sie wird sich vor dem Senat verantworten müssen (V, 2, 82–87). Seine letzten Worte schließen gleichsam den Kreis der politischen Tragödie: sie formulieren explizit und ins Allgemeine gewendet die politische Lehre des grausigen Geschehens:

[...] He in death hath payd
For all his cruelties. Heere's the difference:
Good Kings are mourn'd for after life, but ill
And such as gouern'd onely by their will
And not their reason, vnlamented fall;
No Goodmans teare shed at their Funerall. (V, 2, 88–93)

So bedeutsam diese Tragödie für die öffentliche Diskussion der Stuartzeit über die Legitimität eines Widerstandes gegen tyrannische Herrscher auch ist,[70] so soll doch abschließend ein anderer Aspekt im Mittelpunkt unserer Skizze stehen: die Verteidigung des Theaters durch den Schauspieler Paris.

Anklagen gegen das Theater

Wie in JONSONS *Sejanus His Fall* der Geschichtsschreibung vorgeworfen wurde, mit ihrer Darstellung der Vergangenheit politische Stellungnahmen zu gegenwärtigen Missständen vorzulegen, so wird in MASSINGERS *The Roman Actor* dieser Vorwurf dem Theater gemacht. Und wie in JONSONS Tragödie sind es die willfährigen Handlanger und Repräsentanten des Unrechtsstaates, die diese Anklage gegen den Titelhelden, den berühmten Schauspieler Paris, erheben:

[...] You are they
That search into the secrets of the time,
And vnder fain'd names on the Stage present
Actions not to be toucht at; and traduce
Persons of rancke, and qualitie of both Sexes,
And with satiricall, and bitter jests
Make euen the Senators ridiculous
To the Plebeans. (I, 3, 36–43)

Verteidigungsrede des Paris

Diese Anklage, die zugleich als eine Zusammenfassung der zeitgenössischen Zensurgesetze gelesen werden kann, wird von Paris in einer rhetorisch glänzenden Apologie des Theaters überzeugend zurückgewiesen. Den methodischen Vorwurf, mit Hilfe des Prinzips der Korrespondenzbeziehungen sich verbotenerweise in die politischen Diskurse der Zeit einzuschalten („*And vnder fain'd names on the Stage present/ Actions not to be toucht at*"), übergeht Paris bezeichnenderweise. Wenn Schauspieler dem Laster einen Spiegel vorhalten, sei es doch nicht ihre Schuld, dass sich Zuschauer persönlich be- und getroffen fühlten (I, 3, 56–140): „*we cannot helpe it*", lautet der rhetorische Refrain des Paris (I, 3, 114; 122; 130; 140).[71] Das Theater zeige einerseits die Bestrafung des Lasters und ermutige andererseits jedermann zur Nachahmung

---

68 *The Plays and Poems of Philip Massinger*. Hrsg.: P. Edwards; C. Gibson. Oxford: Clarendon 1976, Bd. III, S. 1–93; im Folgenden alle Zitate nach dieser Ausgabe im Text.

69 Vgl. insgesamt die Belege und weitere Einzelheiten bei Baumann, *Vorausdeutung und Tod*, S. 342–362.

70 Vgl. zuletzt Bushnell, S. 173–187 und Baumann, „Roman Imperial Court".

71 Vgl. den brillanten Aufbau der Verteidigungsrede des Paris, deren letzter Teil (I, 3, 96–142) mit Hilfe mehrerer *exempla*, mit dem korrupten Richter bezeichnenderweise als krönendem Abschluss, die Vorwürfe nicht nur wirksam entkräftet, sondern sich gleichsam zu einer offenen Anklage des Anklägers steigert.

tugendhafter Menschen; kurzum, das Theater sei eine Stätte der moralischen Erziehung, das *„mit den Mitteln der Kritik, der Geißelung des Lasters und des Lobes der Tugend"*[72] seine didaktischen Aufgaben erfülle.

Apologie des Theaters

Mit dieser beeindruckenden Apologie des Theaters, die in ihren Argumenten weitgehend mit THOMAS HEYWOODS *Apology for Actors* (1612) übereinstimmt, rechtfertigt Paris die erzieherische Funktion und die moralische Botschaft auch der Tragödie, in der er selbst auftritt. Obwohl die drei Spiele im Spiel (II, 1, 287*–406; III, 2, 148*–292 und IV, 2, 241–280) sowohl Erfolg als auch Misserfolg bei der konkreten Umsetzung dieser didaktisch-moralischen Intentionen verdeutlichen, soll ein Auszug aus Paris' Apologie des Theaters unsere Einführung beschließen. Mit den energisch zurückgewiesenen Anklagepunkten wie auch mit dem engagierten Plädoyer für die erzieherischen Funktionen des Theaters beschreibt Paris anschaulich das kulturelle Spannungsfeld, in dem sich das Theater der späten Stuartzeit nur noch für knapp zwei Jahrzehnte als öffentliche Institution behaupten sollte:

[…] But 'tis vrg'd
That we corrupt youth, and traduce superiours:
When doe we bring a vice vpon the Stage,
That does goe off vnpunish'd? doe we teach
By the successe of wicked vndertakings,
Others to tread, in their forbidden steps?
We show no arts of Lidian Pandarisme,
Corinthian poysons, Persian flatteries,
But mulcted so in the conclusion that
Even those spectators that were so inclin'd,
Go home chang'd men. And for traducing such
That are aboue vs, publishing to the world
Their secret crimes, we are as innocent
As such as are borne dumbe. When we present
An heyre, that does conspire against the life
Of his deare parent, numbring euery houre
He liues as tedious to him, if there be
Among the auditors one whose conscience tells him,
He is of the same mould, we cannot helpe it.
Or bringing on the stage a loose adultresse,
That does maintaine the ryotous expence
Of him that feedes her greedie lust, yet suffers
The lawfull pledges of a former bed
To starue the while for hunger, if a Matron
Howeuer great in fortune, birth, or titles,
Guilty of such a foule vnnaturall sinne,
Crie out tis writ by me, we cannot helpe it:

Or when a couetous man's express'd, whose wealth
Arithmetique cannot number, and whose Lordships
A Falcon in one day cannot flie ouer,
Yet he so sordid in his mind, so griping
As not to affoord himselfe the necessaires
To maintaine life, if a Patrician,
(Though honoured with a Consulship) finde himselfe
Touch'd to the quicke in this, we cannot helpe it.
Or when we show a Iudge that is corrupt,
And will giue vp his sentence as he fauours
The person, not the cause, sauing the guiltie
If of his faction, and as oft condemning
The innocent out of particular spleene,
If any in this reuerend assemblie,
Nay e'ne your selfe my Lord, that are the image
Of absent Caesar, feele something in your bosome
That puts you in remembrance of things past,
Or things intended tis not in vs to helpe it. (I,3,96–140)

* * *

Puritaner und Stadtmagistrat

Während die Apologie des Paris auf der Bühne die Zuschauer von der erzieherischen Funktion des Theaters überzeugte und die Vorwürfe der Obrigkeit widerlegte, setzten sich in der historischen Wirklichkeit die Gegner des Theaters durch. Mit den gleichen Argumenten wie schon in den achtziger und neunziger Jahren (siehe oben S. 12 f) polemisierten vornehmlich die Puritaner weiter gegen die Theater. Die städtischen Behörden nutzten insbesondere die Pestwellen, um die Theater immer wieder für längere Zeit zu schließen. Im Jahre 1604 verfügte das Privy Council, die Theater wären erst dann wieder zu eröffnen, wenn weniger als dreißig Pesttote pro Woche gezählt würden; in den Patenten der King's Men von 1619 und 1625 ist die Zahl auf vierzig Pesttote heraufgesetzt. Über längere Zeit geschlossen blieben die Theater in den schlimmen Pestjahren 1581/82, 1592/3, 1603/4, 1608/9, 1609/10 und dann erneut 1625/26, 1630, 1636/7, 1640 und 1641.[73]

Schließung der Theater

Im Jahre 1642 waren die Theatergegner am Ziel ihrer Wünsche: Das Parlament übernahm die bisher vom Privy Council und den städtischen Behörden ausgeübte Aufsichtsfunktion und verfügte die Schließung der Theater:

---

72 Fricker, Bd. III, S. 292.
73 Vgl. insgesamt Gurr, *The Shakespearean Stage*, S. 72–79.

Whereas the distressed Estate of Ireland, steeped in her own Blood, and the distracted Estate of England, threatned with a Cloud of Blood, by a Civill Warre, call for all possible meanes to appease and avert the Wrath of God appearing in these Judgements; amongst which, Fasting and Prayer having bin often tryed to be very effectuall, have bin lately, and are still enjoyned; and whereas publike Sports do not well agree with publike Calamities, nor publike Stage-playes with the Seasons of Humiliation, this being an Exercise of sad and pious solemnity, and the other being Spectacles of pleasure, too commonly expressing lacivious Mirth and Levitie: It is therefore thought fit, and Ordeined by the Lords and Commons in this Parliament Assembled, that while these sad Causes and set times of Humiliation doe continue, publike Stage-Playes shall cease, and bee forborne.[74]

---

74 Bentley, *The Jacobean and Caroline Stage,* Bd. II, S. 690.

Literatur

Handbücher

ANDREWS, John F. (Hrsg.): *William Shakespeare: His World, His Work, His Influence*. 3 Bde. New York: Scribner 1985.

ASMUTH, Bernhard: *Einführung in die Dramenanalyse*. Stuttgart: Metzler 1980.

BLAKE, N. F.: *Shakespeare's Language: An Introduction*. London: Macmillan 1983.

BULLOUGH, Geoffrey (Hrsg.): *Narrative and Dramatic Sources of Shakespeare*. 8 Bde. London: Routledge 1957–1975.

CAMPBELL, O. James; E. G. Quinn (Hrsg.): *A Shakespeare Encyclopedia*. London: Methuen 1966.

HARBAGE, A.: *Annals of English Drama 975–1700. An Analytical Record of All Plays, Extant or Lost, Chronologically Arranged and Indexed by Authors, Titles, Dramatic Companies*. 2. Aufl. London: Methuen 1964.

KÖKERITZ, Helge: *Shakespeare's Pronunciation*. New Haven; London: Yale UP 1953.

MUIR, Kenneth; S. Schoenbaum (Hrsg.): *Shakespeare. Eine Einführung*. Stuttgart: Reclam 1972.

SCHABERT, Ina (Hrsg.): *Shakespeare-Handbuch. Die Zeit – Der Mensch – Das Werk – Die Nachwelt*. 2. Aufl. Stuttgart: Kröner 1978.

SCHWANITZ, Dietrich: *Englische Kulturgeschichte*. 2 Bde. Tübingen; Basel: UTB 1995.

VICKERS, Brian (Hrsg.): *Shakespeare: The Critical Heritage, 1623–1801*. 6 Bde. London: Routledge 1974–1981.

WELLS, Stanley (Hrsg.): *Shakespeare: An Illustrated Dictionary*. 2 Aufl. Oxford: Oxford UP 1985.

WELLS, Stanley (Hrsg.): *The Cambridge Companion to Shakespeare Studies*. Cambridge: Cambridge UP 1986.

Bibliographien

BERGERON, David M.; G. U. de Sousa (Hrsg.): *Shakespeare: A Study and Research Guide*. 3rd rev.ed. Lawrence: University Press of Kansas 1995.

KOLIN, Philip C.: *Shakespeare and Feminist Criticism. An Annotated Bibliography and Commentary*. New York; London: Garland 1991.

SAJDAK, Bruce T. (Hrsg.): *Shakespeare Index: An Annotated Bibliography of Critical Articles on the Plays 1959–1983*. 2 Bde. Millwood: Kraus International Publishing 1992.

WELLS, Stanley (Hrsg.): *Shakespeare. A Bibliographical Guide*. New Ed. Oxford: Clarendon 1990.

Zeitschriften

Jahrbuch der Deutschen Shakespeare-Gesellschaft (seit 1864) [zwischen 1963 und 1993 geteilt in Shakespeare-Jahrbuch (Ost) und Shakespeare-Jahrbuch (West)]

Shakespeare Quarterly (seit 1950)

Shakespeare Studies (seit 1965)

Shakespeare Survey (seit 1948)

Detailstudien

1. Renaissance und Theaterblüte in England

BARKAN, Leonard: *Nature's Work of Art, The Human Body as Image of the World*. New Haven; London: Yale UP 1975.

BENTLEY, G. E.: *The Jacobean and Caroline Stage*. 7 Bde. Oxford: Clarendon 1941–1968.

BENTLEY, G. E.: *The Profession of Dramatist in Shakespeare's Time, 1590–1642*. Princeton: Princeton UP 1971.

BENTLEY, G. E.: *The Profession of Player in Shakespeare's Time, 1590–1642*. Princeton: Princeton UP 1984.

BRIGGS, Julia: *This Stage-Play World: English Literature and Its Background, 1580–1625*. Oxford: Oxford UP 1983.

CHAMBERS, E. K.: *The Elizabethan Stage*. 4 Bde. Oxford: Clarendon 1923.

COOK, Ann Jennalie: *The Privileged Playgoers of Shakespeare's London: 1576–1642*. Princeton: Princeton UP 1981.

DEMANDT, Alexander: *Metaphern für Geschichte. Sprachbilder und Gleichnisse im historisch-politischen Denken*. München: Beck 1978.

GRABES, Herbert: *Speculum, Mirror und Looking-Glass. Kontinuität und Originalität der Spiegelmetapher in den Buchtiteln des Mittelalters und* der englischen Literatur des 13. bis 17. Jahrhunderts. Tübingen: Niemeyer 1973.

GREENBLATT, Stephen: Renaissance Self-Fashioning: From More to Shakespeare. Chicago: University of Chicago Press 1980.

GURR, Andrew: Playgoing in Shakespeare's London. Cambridge: Cambridge UP 1987.

GURR, Andrew: The Shakespearean Stage 1574–1642. 3. Aufl. Cambridge: Cambridge UP 1992.

GUY, John A.: Tudor England. Oxford: Oxford UP 1988.

HARBAGE, Alfred: Shakespeare's Audience. New York: Columbia UP 1941.

HUSSEY, Maurice: The World of Shakespeare and his Contemporaries. A Visual Approach. London: Heinemann 1971.

INGRAM, William: The Business of Playing: The Beginnings of Adult Professional Theater in Elizabethan London. Ithaca: Cornell UP 1992.

KANTOROWICZ, E. H.: The King's Two Bodies. A Study in Mediaeval Political Theology. Princeton: Princeton UP 1957/ND 1970.

KANTOROWICZ, E. H.: Die zwei Körper des Königs. Eine Studie zur politischen Theologie des Mittelalters. München: dtv 1990.

KNUTSON, Roslyn L.: The Repertory of Shakespeare's Company, 1594–1613. Fayetteville: University of Arkansas Press 1991.

LOVEJOY, A. O.: The Great Chain of Being: A Study of the History of an Idea. Cambridge: Harvard UP 1936.

NÜNNING, Vera: „Herrscherbilder und die Herrschaft der Bilder: Der Kult um Elisabeth I." In: Basileus und Tyrann. Herrscherbilder und Bilder von Herrschaft in der Englischen Renaissance. Hrsg.: U. Baumann. Frankfurt/Main: Peter Lang 1998, (im Druck).

POPKIN, Richard H.: The History of Skepticism from Erasmus to Spinoza. Berkeley; Los Angeles: University of California Press 1979.

REICHERT, Klaus: Fortuna oder die Beständigkeit des Wechsels. Frankfurt/Main: Suhrkamp 1985.

SCHABERT, Ina: Englische Literaturgeschichte aus der Sicht der Geschlechterforschung. Stuttgart: Kröner 1997.

SHUGER, Deborah K.: Habits of Thought in the English Rennaissance: Religion, Politics, and the Dominant Culture. Berkeley; Los Angeles: University of California Press 1990.

STONE, L.: Family, Sex, and Marriage in England 1500–1800. London: Weidenfeld & Nicholson 1977.

SUERBAUM, Ulrich: Das elisabethanische Zeitalter. Stuttgart: Reclam 1989.

SUERBAUM, Ulrich: Shakespeares Dramen. Tübingen; Basel: Francke 1996.

TILLYARD, E. M. W.: The Elizabethan World Picture. London: Chatto & Windus 1943.

WEIß, Wolfgang: Das Drama der Shakespeare-Zeit. Stuttgart; Berlin; Köln; Mainz: Kohlhammer, 1979.

2. William Shakespeare: Bürger, Schauspieler und Dramatiker

2.1. Biographie

BALDWIN, T. W.: William Shakespeare's Small Latine and Lesse Greeke. 2 Bde. Urbana: University of Illinois Press 1944.

CHAMBERS, E. K.: William Shakespeare: A Study of Facts and Problems. 2 Bde. Oxford: Clarendon 1930.

HONIGMANN, F. A. J.: Shakespeare: The Lost Years. Manchester: Manchester UP 1985.

POSENER, Alan: William Shakespeare. Reinbek: Rowohlt 1995.

SAMS, Eric: The Real Shakespeare: Retrieving the Early Years, 1564–1594. New Haven: Yale UP 1995.

SCHOENBAUM, Samuel: Shakespeare's Lives. 2. Aufl. New York: Oxford UP 1991.

SCHOENBAUM, Samuel: William Shakespeare: A Compact Documentary Life. 2. Aufl. Oxford: Oxford UP 1987.

THOMSON, Peter: Shakespeare's Professional Career. Cambridge: Cambridge UP 1992.

WELLS, Stanley: Shakespeare: A Life in Drama. New York: Norton 1995.

2.2. Texttradition

BLAYNEY, Peter W. M.: The First Folio of Shakespeare. Washington: Folger Library Publications 1991.

MAGUIRE, Laurie E.: Shakespeare's Suspect Texts: The ‚Bad' Quartos and Their Contexts. Cambridge: Cambridge UP 1996.

WELLS, Stanley: Re-Editing Shakespeare for the Modern Reader. New York: Oxford UP 1984.

WELLS, Stanley; G. Taylor: William Shakespeare:

A Textual Companion. Oxford: Clarendon 1987.

WILLIAMS, George Walton: *The Craft of Printing and the Publication of Shakespeare's Works.* Washington: Folger Books 1985.

2.3. Verfasserschaftsfrage

HOPE, Jonathan: *The Authorship of Shakespeare's Plays.* Cambridge: Cambridge UP 1994.

KLIER, Walter: *Das Shakespeare-Komplott.* Göttingen: Steidl 1994.

MELLER, Horst: „Reprisen aus wurmstichiger Schublade: „Zum neuesten Plädoyer für den siebzehnten Earl." In: *Shakespeare Jahrbuch* 133 (1997), S. 158–165.

2.4. Übergreifende Studien zum dramatischen Werk

ADELMAN, Janet: *Suffocating Mothers: Fantasies of Maternal Origin in Shakespeare's Plays: Hamlet to The Tempest.* New York; London: Routledge 1992.

BAMBER, Linda: *Comic Women, Tragic Men: A Study of Gender and Genre in Shakespeare.* Stanford: Stanford UP 1982.

BEYER, Manfred: *Das Staunen in Shakespeares Dramen. Ursachen, Darstellungsweisen und Wirkungsintentionen.* Köln; Wien: Böhlau 1987.

CHARNES, Linda: *Notorious Identity: Materializing the Subject in Shakespeare.* Cambridge: Cambridge UP 1993.

COHEN, Derek: *Shakespeare's Culture of Violence.* New York: St. Martin's Press 1993.

DASH, Irene: *Wooing, Wedding, and Power: Women in Shakespeare's Plays.* New York: Columbia UP 1981.

DILLON, Janette: *Shakespeare and the Solitary Man.* London; Basingstoke: Macmillan 1981.

DUSINBERRE, Juliet: *Shakespeare and the Nature of Women.* 2. Aufl. Houndsmill; Basingstoke: Macmillan 1996.

ERICKSON, Peter: *Rewriting Shakespeare, Rewriting Ourselves.* Berkeley; Los Angeles; Oxford: University of California Press 1991.

FRENCH, Marilyn: *Shakespeare's Division of Experience.* London: Cape 1981.

GRAS, Henk: *Studies in Elizabethan Audience Response to the Theatre,* 2. Bde. Frankfurt/Main: Peter Lang 1993.

HIBBARD, G. R.: *The Making of Shakespeare's Dramatic Poetry.* Toronto: University of Toronto Press 1981.

HÖFELE, Andreas: „New Historicism / Cultural Materialism." In: *Shakespeare Jahrbuch* 1992 (West), S. 107–123.

JARDINE, Lisa: *Still Harping on Daughters: Women and Drama in the Age of Shakespeare.* 2. Aufl. New York: Columbia UP 1989.

JOSEPH, B. L.: *Shakespeare's Eden. The Commonwealth of England 1558–1629.* London: Blanford Press 1971.

KAHN, Coppélia: *Man's Estate: Masculine Identity in Shakespeare.* Berkeley; Los Angeles: University of California Press 1981.

KAMPS, Ivo (Hrsg.): *Materialist Shakespeare.* London; New York: Verso 1995.

KERNAN, Alvin: *Shakespeare, The King's Playwright: Theater in the Stuart Court, 1603–1613.* New Haven: Yale UP 1995.

KOTT, Jan: *Shakespeare heute.* München: dtv 1980.

KRIPPENDORFF, Ekkehart: *Politik in Shakespeares Dramen. Historien – Römerdramen – Tragödien.* Frankfurt/Main: Suhrkamp 1992.

LAROQUE, F.: *Shakespeare's Festive World: Elizabethan Seasonal Entertainment and the Professional Stage.* Cambridge: Cambridge UP 1993.

MIOLA, Robert S.: *Shakespeare and Classical Tragedy. The Influence of Seneca.* Oxford: Clarendon 1992.

MÜLLER, Wolfgang G.: *Die Politische Rede bei Shakespeare.* Tübingen: Narr 1979.

NAUMANN, Walter: *Die Dramen Shakespeares.* Darmstadt: Wissenschaftliche Buchgesellschaft 1978.

PFISTER, Manfred: „Zur Theorie der Sympathielenkung im Drama." In: *Sympathielenkung in den Dramen Shakespeares.* Hrsg.: W. Habicht; I. Schabert. München: Fink 1978, S. 20–34.

RABKIN, Norman: *Shakespeare and the Problem of Meaning.* Chicago: University of Chicago Press 1981.

SCHABERT, Ina: „Feminismus." In: *Shakespeare Jahrbuch* 1992 (West), S. 124–141.

SCHARTMANN, Elke: *Einsamkeit bei Shakespeare und in der Renaissance-Tradition.* Heidelberg: C. Winter 1990.

SKURA, Meredith A.: *Shakespeare the Actor and the Purposes of Playing.* Chicago: University of Chicago Press 1993.

SPIVACK, Bernard: *Shakespeare and the Allegory*

of Evil. The History of a Metaphor in Relation to his Major Villains. New York; London: Columbia UP 1958.

TENNENHOUSE, Leonard: *Power on Display: The Politics of Shakespeare's Genres.* New York: Methuen 1986.

TETZELI VON ROSADOR, Kurt: „Dekonstruktion." In: *Shakespeare Jahrbuch* 1992 (West), S. 92–106.

TRAUB, Valerie: *Desire and Anxiety: Circulations of Sexuality in Shakespearean Drama.* London; New York: Routledge 1992.

WOODBRIDGE, Linda: *Women and the English Renaissance. Literature and the Nature of Womankind, 1540–1620.* Urbana; Chicago: University of Illinois Press 1984.

3. Versepen und Sonette

Venus and Adonis

BATE, Jonathan: „Sexual Perversity in *Venus and Adonis.*" In: *Yearbook of English Studies* 23 (1993), S. 80–92.

HUGHES, Ted: „Conception and Gestation of the Equation's Tragic Myth." In: ders.: *Shakespeare and the Goddess of Complete Being.* London: Faber and Faber 1992, S. 49–92.

HULSE, Clark: *Metamorphic Verse: The Elizabethan Minor Epic.* Princeton: Princeton UP 1981.

KAHN, Coppélia: „Self as Eros in *Venus and Adonis.*" In: dies.: *Man's Estate: Masculine Identity in Shakespeare.* Berkeley: University of California Press 1981, S. 21–46.

KEACH, William: „Venus and Adonis." In: ders.: *Elizabethan Erotic Narratives: Irony and Pathos in the Ovidian Poetry of Shakespeare, Marlowe, and Their Contemporaries.* New Brunswick: Rutgers UP 1977, S. 52–84.

Rape of Lucrece

DONALDSON, Ian: *The Rapes of Lucretia: A Myth and Its Transformations.* Oxford: Oxford UP 1982.

FINEMAN, Joel: „Shakespeare's Will: The Temporality of Rape." In: *Representations* 20 (1987), S. 25–76.

KAHN, Coppélia: „The Rape in Shakespeare's Lucrece." In: *Shakespeare Studies* 9 (1976), S. 45–72.

KAHN, Coppélia: „The Sexual Politics of Sub-

jectivity in Lucrece." In: dies.: *Roman Shakespeare. Warriors, Wounds, and Women.* London; New York: Routledge 1997, S. 27–45.

KRAMER, Jerome; Kaminsky, Judith: „‚These Contraries Such Unity Do Hold': Structure in *The Rape of Lucrece.*" In: *Mosaic* 10 (1977), S. 143–155.

MAUS, Katharine Eisaman: „Taking Tropes Seriously: Language and Violence in Shakespeare's *Rape of Lucrece.*" In: *Shakespeare Quarterly* 37 (1986), S. 66–82.

VICKERS, Nancy: „The Blazon of Sweet Beauty's Best: Shakespeare's Lucrece." In: *Shakespeare and the Question of Theory.* Hrsg.: P. Parker; G. Hartman. New York: Methuen 1985, S. 95–115.

The Sonnets

BOOTH, Stephen: *An Essay on Shakespeare's Sonnets.* New Haven: Yale UP 1969.

DE GRAZIA, Margreta: „The Scandal of Shakespeare's Sonnets." In: *Shakespeare Survey* 47 (1994), S. 35–49.

FINEMAN, Joel: *Shakespeare's Perjured Eye: The Invention of Poetic Subjectivity in the Sonnets.* Berkeley: University of California Press 1986.

MAROTTI, Arthur F.: „‚Love Is Not Love': Elizabethan Sonnet Sequences and the Social Order." In: *English Literary History* 49 (1982), S. 396–428.

MEHL, Dieter; Weiß, Wolfgang (Hrsg.): *Shakespeares Sonette in Europäischen Perspektiven. Ein Symposium.* Münster; Hamburg: LIT Verlag 1993.

MUIR, Kenneth: *Shakespeare's Sonnets.* London: George Allen & Unwin 1979.

PUSCHMANN-NALENZ, Barbara: ‚Loves of comfort and despair'. Konzeption von Freundschaft und Liebe in Shakespeares Sonetten. Frankfurt/Main: Akademische Verlagsgesellschaft 1974.

SMITH, Bruce R.: *Homosexual Desire in Shakespeare's England: A Cultural Poetics.* Chicago: University of Chicago Press 1991.

4. Das dramatische Werk I: Komödien

BARBER, C. L.: *Shakespeare's Festive Comedy: A Study of Dramatic Form and Its Relation to Social Custom.* Princeton: Princeton UP 1959.

CARROLL, William C.: *The Metamorphoses of Shakespearean Comedy*. Princeton: Princeton UP 1985.

COGHILL, Nevill: „The Basis of Shakespearean Comedy." In: *Shakespeare Criticism 1935– 1960*. Hrsg.: A. Ridler. London: Oxford UP 1963, S. 201–227.

FRYE, Northrop: *A Natural Perspective: The Development of Shakespearean Comedy and Romance*. New York: Columbia UP 1965.

FRYE, Northrop: *The Myth of Deliverance: Reflections on Shakespeare's Problem Comedies*. Toronto: University of Toronto Press 1983.

KIRCHHEIM, Astrid: *,Tragik und Komik in Shakespeares ,Troilus and Cressida', ,Measure for Measure' und ,All's Well that Ends Well'*. Frankfurt/M.: Athenäum 1971.

LEGGATT, Alexander: *Citizen Comedy in the Age of Shakespeare*. Toronto: University of Toronto Press 1973.

LENGELER, Rainer: *Das Theater der leidenschaftlichen Phantasie. Shakespeares ,Sommernachtstraum'als Spiegel seiner Dichtungstheorie*. Neumünster: Karl Wachholtz Verlag 1975.

LEVIN, Richard A.: *Love and Society in Shakespearean Comedy: A Study of Dramatic Form and Content*. Newark: University of Delaware Press 1985.

MÜLLER, Wolfgang G.: „Die Geburt der Komödie aus dem Geist der Frau: Geschlecht und Gattung in Shakespeares *As You Like It*." In: *Poetica* 28 (1998), (im Druck).

NEVO, Ruth: *Comic Transformations in Shakespeare*. London: Methuen 1980.

NEWMAN, Karen: *Shakespeare's Rhetoric of Comic Character: Dramatic Convention in Classical and Renaissance Comedy*. New York: Methuen 1985.

SALINGAR, Leo: *Shakespeare and the Traditions of Comedy*. London: Cambridge UP 1974.

WHEELER, Richard P.: *Shakespeare's Problem Comedies: Turn and Counter Turn*. Berkeley; Los Angeles: University of California Press 1994.

The Taming of the Shrew

BRUNVAND, Jan Harold: „The Folktale Origin of *The Taming of the Shrew*." In: *Shakespeare Quarterly* 17 (1966), S. 345–359.

BOOSE, Lynda: „Scolding Brides and Bridling Scolds: Taming the Woman's Unruly Member." In: *Shakespeare Quarterly* 42 (1991), S. 179–213.

DRAPER, John W.: „Kate the Curst." In: *Journal of Nervous and Mental Disease* 89 (1939), S. 757–764.

DREHER, D. E.: *Domination and Defiance*. Lexington: University Press of Kentucky 1986.

HUSTON, J. Dennis: „Enter the Hero: The Power of Play in *The Taming of the Shrew*." In: ders.: *Shakespeare's Comedies of Play*. New York: Columbia UP 1981, S. 58–93.

MARCUS, Leah: „The Shakespearean Editor as Shrew-Tamer." In: *English Literary Renaissance* 22 (1992), S. 177–200.

NEWMAN, Karen: „Renaissance Family Politics and Shakespeare's *Taming of the Shrew*." In: dies.: *Fashioning Femininity and English Renaissance Drama*. Chicago: University of Chicago Press 1991, S. 33–50.

NOVY, Marianne: *Love's Argument. Gender Relations in Shakespeare*. Chapel Hill: University of North Carolina Press 1984.

ORLIN, Lena Cowen: „The Performance of Things in *The Taming of the Shrew*." In: *Yearbook of English Studies* 23 (1993), S. 167–188.

SERONSY, Cecil C.: „,Supposes,'as the Unifying Theme in *The Taming of the Shrew*." In: *Shakespeare Quarterly* 14 (1963), S. 15–32.

UNDERDOWN, David: „The Taming of the Scold: The Enforcement of Patriarchal Authority in Early Modern England." In: *Order and Disorder in Early Modern England*. Hrsg.: A. Fletcher; J. Stevenson. Cambridge: Cambridge UP 1985, S. 116–136.

WAYNE, Valerie: „Refashioning the Shrew." In: *Shakespeare Studies* 17 (1985), S. 159–187.

Troilus and Cressida

BROOKS, Harold: „*Troilus and Cressida*: Its Dramatic Unity and Genre." In: *Fanned and Winnowed Opinions': Shakespearean Essays Presented to Harold Jenkins*. London: Methuen 1987, S. 6–25.

CAMPBELL, Oscar J.: *,Comicall Satyre'and Shakespeare's ,Troilus and Cressida'*. San Marino: Huntingdon Library Publications 1938.

CHARNES, Linda: „,So Unsecret to Ourselves': Notorious Identity and the Material Subject in Shakespeare's *Troilus and Cressida*." In: *Shakespeare Quarterly* 40 (1989), S. 413–440.

GIRARD, René: „The Politics of Desire in *Troilus*

and Cressida." In: *Shakespeare and the Question of Theory*. Hrsg.: P. Parker; G. Hartman. New York: Methuen 1985, S. 188–209.

GRADY, Hugh: *Shakespeare's Universal Wolf: Studies in Early Modern Reification*. Oxford: Clarendon 1996.

KNIGHT, George Wilson: *The Wheel of Fire*. London: Methuen 1930.

LOGGINS, Vernon P.: *The Life of Our Design: Organization and Related Strategies in Troilus and Cressida*. Lanham: University Press of America 1992.

MALLIN, Eric S.: „Emulous Factions and the Collapse of Chivalry: Troilus and Cressida." In: *Representations* 29 (1990), S. 145–179.

MUIR, Kenneth: „Troilus and Cressida." In: *Shakespeare Survey* 8 (1955), S. 28–39.

YODER, R. A.: „Sons and Daughters of the Game': An Essay on Shakespeare's Troilus and Cressida." In: *Shakespeare Survey* 25 (1972), S. 11–25.

5. Das dramatische Werk II: Historien

ASSMANN, Aleida: „Der Kampf der Erinnerungen in Shakespeares Historien." In: *Shakespeare-Jahrbuch West* (1994), S. 44–64.

BEYER, Manfred: „Never was monarch better fear'd and lov'd'. Zum Herrscherbild in Shakespeares Historien." In: *Basileus und Tyrann. Herrscherbilder und Bilder von Herrschaft in der Englischen Renaissance*. Hrsg.: U. Baumann. Frankfurt/Main: Peter Lang 1998, (im Druck).

CALDERWOOD, James A.: *Metadrama in Shakespeare's Henriad: Richard II to Henry V*. Berkeley: University of California Press 1979.

CAMPBELL, Lily B.: *Shakespeare's ,Histories': Mirrors of Elizabethan Policy*. Huntington; London: Methuen 1964.

CHAMPION, Larry S.: *Perspective in Shakespeare's English Histories*. Athens: The University of Georgia Press 1980.

CHAMPION, Larry S.: *,The Noise of Threatening Drum': Dramatic Strategy and Political Ideology in Shakespeare and the English Chronicle Play*. London; Toronto: Associated University Press 1990.

HELGERSON, R.: *Forms of Nationhood: The Elizabethan Writing of England*. Chicago: University of Chicago Press 1992.

HODGDON, Barbara: *The End Crowns All. Closure and Contradiction in Shakespeare's History*. Princeton: Princeton University Press 1991.

HÖFELE, Andreas: „,The Great Image of Authority': Königsbilder in Shakespeares Theater." In: *Shakespeare-Jahrbuch* 133 (1997), S. 77–97.

HOLDERNESS, Graham: *Shakespeare Recycled: The Making of Historical Drama*. New York: Harvester Wheatsheaf 1992.

HOWARD Jean E.; Phyllis Rackin: *Engendering a Nation. A feminist account of Shakespeare's English histories*. London; New York: Routledge 1997.

ISER, Wolfgang: *Shakespeares Historien. Genesis und Geltung*. Konstanz: Universitätsverlag 1988.

KELLY, Henry Ansgar: *Devine Providence in the England of Shakespeare's Histories*, Cambridge: Harvard UP 1970.

LEGGATT, Alexander: *Shakespeare's Political Plays: The History Plays and the Roman Plays*. London; New York: Routledge 1988.

MÜLLER, Wolfgang G.: „Politische Probleme in Shakespeares Königsdramen." In: *Shakespeare-Jahrbuch West* (1983), S. 99–109.

ORNSTEIN, Robert: *A Kingdom for a Stage: The Achievement of Shakespeare's History Plays*. Cambridge: Harvard University Press 1972.

PATTERSON, Annabel: *Shakespeare and the Popular Voice*, Oxford: Blackwell 1989.

PATTERSON, Annabel: *Reading Holinshed's Chronicles*. Chicago: Chicago UP 1994.

PYE, Christopher: *The Regal Phantasm: Shakespeare and the Politics of Spectacle*. London; New York: Routledge 1990.

RACKIN, Phyllis: *Stages of History: Shakespeare's English Chronicles*. London; New York: Routledge 1991.

REED, Robert R.: *Crime and God's Judgement in Shakespeare*. Lexington: University Press of Kentucky 1984.

RIBNER, Irving: *The English History Play in the Age of Shakespeare*, 2. Aufl. London: Methuen 1965.

RIEHLE, Wolfgang: *Shakespeares Trilogie ,King Henry VI' und die Anfänge seiner dramatischen Kunst*. Heidelberg: Universitätsverlag C. Winter 1997.

SAHEL, Pierre: *La Pensée politique dans les drames historiques de Shakespeare*. Paris: Didier Erudition 1984.

TILLYARD, E. M. W.: *Shakespeare's History Plays*. London: Chatto & Windus 1938.

TRAVERSI, Derek: *Shakespeare. From Richard II to Henry V.* London: Hollis & Carter 1957.

UHLIG, Claus: *Klio und Natio. Studien zu Spenser und der englischen Renaissance.* Heidelberg: Universitätsverlag C. Winter 1995.

WATSON, Donald C.: *Shakespeare's Early History Plays: Politics at Play on the Elizabethan Stage.* Athens: University of Georgia Press 1990.

WINNY, James: *The Player King. A Theme of Shakespeare's Histories.* London: Chatto & Windus 1968.

Richard II

BERGER, Harry: „Textual Dramaturgy: Representing the Limits of Theatre in *Richard II.*" In: *Theatre Journal* 39 (1987), S. 135–155.

BERGERON, David M.: „*Richard II* and Carnival Politics." In: *Shakespeare Quarterly* 42 (1991), S. 33–43.

GAUDET, Paul: „The ‚Parasitical Counselors' in Shakespeare's *Richard II*: A Problem in Dramatic Interpretation." In: *Shakespeare Quarterly* 33 (1982), S. 142–154.

GRABES, Herbert: „The Tragedie of King Richard the second." In: *Poetica* 2 (1968), S. 196–215.

HARRIER, Richard: „Ceremony and Politics in *Richard II.*" In: *Shakespeare: Text, Language, Criticism: Essays in Honour of Marvin Spevack.* Hrsg.: B. Fabian; K. Tetzeli von Rosador. Hildesheim: Olms 1987. S. 80–97.

KASTAN, David: „Proud Majesty Made a Subject: Shakespeare and the Spectacle of Rule." In: *Shakespeare Quarterly* 37 (1986), S. 459–475.

McMILLIN, Scott: „*Richard II*: Eyes of Sorrow, Eyes of Desire." In: *Shakespeare Quarterly* 35 (1984), S. 40–52.

MOORE, Jeanie Grant: „Queen of Sorrow, King of Grief: Reflections and Perspectives in *Richard II.*" In: *In Another Country: Feminist Perspectives on Renaissance Drama.* Hrsg.: D. Kehler; S. Baker. Metuchen, N.J.: Scarecrow Press 1991. S. 19–25.

SUERBAUM, Ulrich: „‚This royal throne of Kings, this sceptred isle . . .': Struktur und Wirkungsweise von Gaunts England-Variationen." In: *Shakespeare-Jahrbuch West* (1983), S. 73–88.

ZIMMERMANN, Heinz: „Die ideologische Krise in *King Richard II.*" In: *Shakespeare-Jahrbuch West* (1988), S. 103–122.

Henry V

ALTMAN, Joel: „‚Vile Participation': The Amplification of Violence in the Theatre of *Henry V.*" In: *Shakespeare Quarterly* 42 (1991), S. 1–32.

BRENNAN, Anthony S.: „That Within Which Passes Show: The Function of the Chorus in *Henry V.*" In: *Philological Quarterly* 58 (1979), S. 40–52.

BROWNELL, Salomon: „Thematic Contraries and the Dramaturgy of *Henry V.*" In: *Shakespeare Quarterly* 31 (1980), S. 343–356.

DANSON, Lawrence: „*Henry V*: King, Chorus, and Critics." In: *Shakespeare Quarterly* 34 (1983), S. 27–43.

DOLLIMORE, Jonathan; Alan Sinfield: „History and Ideology: The Instance of *Henry V.*" In: *Alternative Shakespeares.* Bd. I. Hrsg.: J. Drakakis. London: Methuen 1985. S. 206–227.

HAMMOND, Anthony: „‚It must be your imagination then': The Prologue and the Plural Texts in *Henry V* and Elsewhere." In: *Fanned and Winnowed Opinions: Shakespearean Essays Presented to Harold Jenkins.* Hrsg.: J. W. Mahon; T. A. Pendleton. London: Methuen 1987. S. 133–150.

HART, Jonathan: „Shakespeare's *Henry V*: Towards the Problem Play." In: *Cahiers Elisabéthains* 42 (1992), S. 17–35.

MERON, Theodor: *Henry's Wars and Shakespeare's Laws. Perspectives on the Law of War in the Later Middle Ages.* Oxford: Clarendon Press 1993.

RABKIN, Norman: „Rabbits, Ducks, and *Henry V.*" In: *Shakespeare Quarterly* 28 (1977), S. 279–296.

Richard III

BRUNKHORST, Martin: „Mores Historie und Shakespeares Drama. Dispositionstechnik in *Richard III.*" In: *Sprachkunst* 13 (1982), S. 128–140.

CARROLL, William C.: „Desecralization and Succession in *Richard III.*" In: *Shakespeare-Jahrbuch West* (1991), S. 82–96.

CARROLL, William C.: „‚The Form of Law': Ritual and Succession in *Richard III.*" In: *True Rites and Maimed Rites.* Hrsg.: L. Woodbridge; E. Berry. Urbana: University of Illinois Press 1992, S. 203–219.

CLEMEN, Wolfgang: *A Commentary on Shakespeare's Richard III'.* London: Methuen 1968.

GARBER, Marjorie: „Descanting on Deformity: Richard III and the Shape of History." In: *The Historical Renaissance: New Essays on Tudor and Stuart Literature and Culture*. Hrsg.: H. Dubrow; R. Strier. Chicago: University of Chicago Press 1988. S. 79–103.

GESSNER, Bettina: *Der Machtkampf in Shakespeares King Richard III als Konflikt zweier Weltbilder*. Essen: Die Blaue Eule 1985.

HASSEL, R. Chris: „Richard Versus Richmond: Aesthetic Warfare in *Richard III*." In: *Shakespeare-Jahrbuch West* (1985), S. 106–116.

MCDONALD, Russ: „Richard III and the Tropes of Treachery." In: *Philological Quarterly* 68 (1989), S. 465–483.

6. Tragödien

BARBER, C. L.: *Creating Elizabethan Tragedy: The Theater of Kyd and Marlowe*. Chicago: University of Chicago Press 1988.

BELSEY, Catherine: *The Subject of Tragedy: Identity and Difference in Renaissance Drama*. London: Methuen 1985.

BOOTH, Stephen: *‚King Lear', ‚Macbeth', Indefinition and Tragedy*. New Haven: Yale UP 1983.

BOWERS, Fredson T.: *Elizabethan Revenge Tragedy, 1587–1642*. Princeton: Princeton UP 1940.

BRADLEY, A. C.: *Shakespearean Tragedy* (1904). 3. Aufl. New York: St. Martin's Press 1992.

CUNNINGHAM, J. V.: *Woe or Wonder: The Emotional Effect of Shakespearean Tragedy*. Denver: University of Denver Press 1951.

FARNHAM, Willard: *The Medieval Heritage of Elizabethan Tragedy* (1936). New York: Barnes & Noble 1956.

FRYE, Northrop: *Fools of Time: Studies in Shakespearean Tragedy*. Toronto: University of Toronto Press 1967.

KLEIN, Karl: *Aspekte des Tragischen im Drama Shakespeares und seiner Zeit*. Darmstadt: Wissenschaftliche Buchgesellschaft 1979.

MCALINDON, Tom: *Shakespeare's Tragic Cosmos*. Cambridge: Cambridge University Press 1991.

MEHL, Dieter: *Die Tragödien Shakespeares: Eine Einführung*. Berlin: Erich Schmidt Verlag 1983.

NEVO, Ruth: *Tragic Form in Shakespeare*. Princeton: Princeton UP 1972.

ROLLE, Dietrich: „The Concept of Tragedy in Plays and Theoretical Treatises of the Elizabethan Era." In: *Kunstgriffe. Auskünfte zur Reichweite von Literaturtheorie und Literaturkritik. Festschrift für Herbert Mainusch*. Hrsg.: U. Horstmann; W. Zach. Frankfurt/Main: Peter Lang 1989. S. 329–342.

SNYDER, Susan: *The Comic Matrix of Shakespeare's Tragedies: Romeo and Juliet, Hamlet, Othello and King Lear*. Princeton: Princeton UP 1979.

SPRENGNETHER, Madelon; Garner, Shirley N. (Hrsg.): *Shakespearean Tragedy and Gender*. Bloomington: Indiana UP 1996.

YOUNG, David: *The Action to the Word: Structure and Style in Shakespearean Tragedy*. New Haven: Yale UP 1990.

Julius Caesar

BAUMANN, Uwe: „Das Drama der englischen Renaissance als politische Kunst. Die zeitgenössische Aktualität der Römerdramen. Teil II." In: *Literaturwissenschaftliches Jahrbuch* 35 (1994), S. 63–100.

BREUER, Horst: „Politische Perspektiven in Shakespeares Julius Caesar." In: *Literatur in Wissenschaft und Unterricht* 25 (1992), S. 227–240.

CANTOR, Paul A.: *Shakespeare's Rome: Republic and Empire*. Ithaca; London: Cornell UP 1976

CHARNEY, Maurice: *Shakespeare's Roman Plays: The function of imagery in the drama*. Cambridge/Mass.: Harvard UP 1961/ND 1968.

DRAKAKIS, John: „‚Fashion it Thus': *Julius Caesar* and the Politics of Theatrical Representation." In: *Shakespeare Survey* 44 (1992), S. 65–73.

FORTIN, Rene E.: „*Julius Caesar*: An Experiment in Point of View." In: *Shakespeare Quarterly* 19 (1968), S. 341–347.

HARTSOCK, M. E.: „The Complexity of Julius Caesar." In: *Publications of the Modern Language Association of America* 81 (1966), S. 56–62.

KAHN, Coppélia: *Roman Shakespeare. Warriors, Wounds, and Women*. London; New York: Routledge 1997.

MACCALLUM, Mungo William: *Shakespeare's Roman Plays and their Background*. London; Melbourne: Macmillan 1910/ND 1967.

MILES, Gary B.: „How Roman Are Shakespeare's ‚Romans'?." In: *Shakespeare Quarterly* 40 (1989), S. 257–283.

Miola, Robert S.: *Shakespeare's Rome.* Cambridge: Cambridge UP 1983.

Miola, Robert S.: „Julius Caesar and the Tyrannicide Debate." In: *Renaissance Quarterly* 38 (1985), S. 271–289.

Paster, Gail: „,In the Spirit of Men There Is No Blood': Blood as a Trope of Gender in *Julius Caesar.*" In: *Shakespeare Quarterly* 40 (1989), S. 284–298.

Piccolomini, M.: *The Brutus Revival. Parricide and Tyrannicide During the Renaissance.* Carbondale; Edwardsville: Southern Illinois UP 1991.

Rebhorn, Wayne A.: „The Crisis of the Aristocracy in *Julius Caesar.*" In: *Renaissance Quarterly* 43 (1990), S. 75–111.

Riehle, Wolfgang: „Wiederholung, Parallelität, Variation und Kontrast als Komponenten des dramatischen Rhythmus in Shakespeares *Julius Caesar.*" In: *Sprachkunst* 23 (1992), S. 309–325.

Simmons, J. L.: „Shakespeare and the Antique Romans." In: *Rome in the Renaissance, The City and the Myth.* Hrsg.: P. A. Ramsey. Binghamton; New York: MRTS 1982, S. 77–92.

Spencer, T. J. B.: „Shakespeare and the Elizabethan Romans." In: *Shakespeare Survey* 10 (1957), S. 27–38.

Thomas, Vivian: *Shakespeare's Roman Worlds.* London; New York: Routledge 1989.

Traversi, Derek A.: *Shakespeare: The Roman Plays.* Stanford: Stanford UP 1963.

Macbeth

Adelman, Janet: „,Born of Woman': Fantasies of Maternal Power in *Macbeth.*" In: *Cannibals, Witches, and Divorce: Estranging the Renaissance.* Hrsg.: M. Garber. Baltimore: Johns Hopkins UP 1987, S. 90–121.

Baumann, Uwe: „Herrscherfiguren in den Tragödien Shakespeares: Duncan und Macbeth." In: *Basileus und Tyrann. Herrscherbilder und Bilder von Herrschaft in der Englischen Renaissance.* Hrsg.: U. Baumann. Frankfurt/Main: Peter Lang 1998, (im Druck).

Berger, Harry Jr.: „The Early Scenes of *Macbeth*: Preface to a New Interpretation." In: *Journal of English Literary History* 47 (1980), S. 1–31.

Calderwood, James L.: *If It Were Done: ,Macbeth' and Tragic Action.* Amherst: University of Massachusetts Press 1986.

Greenblatt, Stephen: „Shakespeare Bewitched." In: *New Historical Literary Study: Essays on Reproducing Texts, Representing History.* Hrsg.: J. N. Cox; L. J. Reynolds. Princeton: Princeton UP 1993, S. 108–135.

Lengeler, Rainer: „*Macbeth.* Vom Mitleiden am Leiden des Verbrechers." In: *Sympathielenkung in den Dramen Shakespeares.* Hrsg.: W. Habicht; I. Schabert. München: Fink 1978, S. 55–64.

Mullaney, Steven: „Lying Like Truth: Riddle, Representation, and Treason." In: ders.: *The Place of the Stage: License, Play, and Power in Renaissance England.* Chicago: University of Chicago Press 1988, S. 116–134.

Norbrook, David: „*Macbeth* and the Politics of Historiography." In: *Politics of Discourse: The Literature and History of Seventeenth-Century England.* Hrsg.: K. Sharpe; S. Zwicker. Berkeley: University of California Press 1987, S. 78–116.

Rosenberg, Marvin: *The Masks of ,Macbeth'.* Berkeley: University of California Press 1978.

Sinfield, Alan: „*Macbeth*: History, Ideology and Intellectuals." In: *Critical Quarterly* 28 (1986), S. 63–77.

Hamlet

Booth, Stephen: „On the Value of *Hamlet.*" In: *Reinterpretations of Elizabethan Drama: Selected Papers from the English Institute.* Hrsg.: N. Rabkin. New York: Columbia UP 1969, S. 137–177.

Calderwood, James A.: *To Be and Not To Be: Negation and Metadrama in Hamlet.* New York: Columbia UP 1983.

Charney, Maurice: *Hamlet's Fictions.* New York: Routledge 1988.

Garber, Marjorie: „*Hamlet*: Giving Up the Ghost." In: dies.: *Shakespeare's Ghost Writers.* New York: Methuen 1987, S. 124–176.

Knights, L. C.: „Hamlet and the Perplexed Critics." In: *Sewanee Review* 92 (1984), S. 224–238.

Levin, Harry: *The Question of ,Hamlet'.* Oxford; New York: Oxford UP 1959.

Mack, Maynard: „The World of *Hamlet.*" In: *The Yale Review* 41 (1952), S. 502–523.

McGee, Arthur: *The Elizabethan Hamlet.* New Haven: Yale UP 1987.

Mercer, Peter: *Hamlet and the Acting of*

Revenge: Contemporary Interpretations of Shakespeare. London: Macmillan 1987.

MÜLLER, Wolfgang G.: „Claudius und Hamlet. Der Herrscher und sein Gegenspieler in Shakespeares Hamlet". In: Basileus und Tyrann. Herrscherbilder und Bilder von Herrschaft in der Englischen Renaissance. Hrsg.: U. Baumann. Frankfurt/Main: Peter Lang 1998, (im Druck).

NEILL, Michael: Issues of Death. Mortality and Identity in English Renaissance Tragedy. Oxford: Clarendon 1997.

NEWELL, Alex: The Soliloquies in Hamlet: The Structural Design. Rutherford; London: Fairhigh Dickinson UP 1991.

ROSENBERG, Marvin: The Masks of Hamlet. Newark: University of Delaware Press 1978.

STADTER, Andrea: ‚Hyperion to a Satyr': Hamlet im Kontext zeitgenössischer Rachetragödien 1589–1603. Heidelberg: C. Winter 1989.

STATES, Bert O.: Hamlet and the Concept of Character. Baltimore: Johns Hopkins UP 1992.

WILSON, J. Dover: What Happens in ‚Hamlet'. Cambridge: Cambridge UP 1935.

Romeo and Juliet

CARTWRIGHT, Kent: „Theater and Narrative in Romeo and Juliet." In: ders.: Shakespearean Tragedy and Its Double: The Rhythms of Audience Response. University Park, PA: Pennsylvania State UP 1991, S. 43–88.

KAHN, Coppélia: „Coming of Age in Verona." In: The Woman's Part: Feminist Criticism of Shakespeare. Hrsg.: C. R. S. Lenz; G. Greene; C. T. Neely. Urbana: University of Illinois Press 1980, S. 171–193.

KRISTEVA, Julia: „Romeo and Juliet: Love-Hatred in the Couple." In: Shakespearean Tragedy. Hrsg.: J. Drakakis. Harlow: Longman 1992, S. 296–315.

LEIMBERG, Inge: Shakespeares ‚Romeo und Julia': Von der Sonettdichtung zur Liebestragödie. München: Fink 1968.

MÜLLER, Wolfgang G.: „Das Problem weiblicher Identität bei Shakespeare." In: Die Frau in der Renaissance. Hrsg.: P. G. Schmidt. Wiesbaden: Harrassowitz 1994. S. 223–241.

NEVO, Ruth: „Tragic Form in Romeo and Juliet." In: Studies in English Literature 9 (1969), S. 241–258.

SNOW, Edward: „Language and Sexual Difference in Romeo and Juliet." In: Shakespeare's

‚Rough Magic': Essays in Honor of C. L. Barber. Hrsg.: P. Erickson; C. Kahn. Newark: University of Delaware Press 1985. S. 168–192.

SNYDER, Susan: „Romeo and Juliet: Comedy into Tragedy." In: Essays in Criticism 20 (1970), S. 391–402.

7. Shakespeares Zeitgenossen

BAUMANN, Uwe: Vorausdeutung und Tod im englischen Römerdrama der Renaissance (1564–1642). Tübingen; Basel: Francke 1996.

BEVINGTON, David: Tudor Drama and Politics: A Critical Approach to Topical Meaning. Cambridge: Harvard UP 1968.

BRADEN, Gordon: Renaissance Tragedy and the Senecan Tradition. New Haven: Yale UP 1985.

BRAUNMULLER, A. R.; M. Hattaway (Hrsg.): The Cambridge Companion to English Renaissance Drama. Cambridge: Cambridge UP 1990.

BREUER, Horst: Vorgeschichte des Fortschritts. Studien zur Historizität und Aktualität des Dramas der Shakespearezeit. Marlowe. Shakespeare. Jonson. München: Fink 1979.

BUSHNELL, Rebecca W.: Tragedies of Tyrants: Political Thought and Theater in the English Renaissance. Ithaca; London: Cornell UP 1990.

DOLLIMORE, Jonathan: Radical Tragedy: Religion, Ideology, and Power in the Drama of Shakespeare and His Contemporaries. Durham: Duke UP 1993.

EVANS, G. Blakemore (Hrsg.): Elizabethan-Jacobean Drama: A New Mermaid Background Book. London: A & C Black 1987.

FRICKER, Robert: Das Ältere Englische Schauspiel. 3 Bde. Bern; München: Francke 1975–1987.

GOLDBERG, Jonathan: James I and the Politics of Literature: Jonson, Shakespeare, Donne, and Their Contemporaries. Baltimore; London: Johns Hopkins UP 1983.

HONIGMANN, E. A. J.: Shakespeare's Impact on His Contemporaries. London; Basingstoke: Macmillan 1982.

HUNTER, G. K.: English Drama 1586–1642. The Age of Shakespeare. Oxford: Clarendon 1997.

JOCHUM, K. P.: Discrepant Awareness: Studies in English Renaissance Drama. Frankfurt/Main: Peter Lang 1979.

KIEFER, F.: *Fortune and Elizabethan Tragedy*. San Marino: Huntington Library 1983.

McLUSKIE, Kathleen: *Renaissance Dramatists*. New York; London: Harvester Wheatsheaf 1989.

MONSARRAT, G. D.: *Light from the Porch. Stoicism and English Renaissance Literature*. Paris: Didier-Erudition 1984.

ORNSTEIN, Robert: *The Moral Vision of Jacobean Tragedy*. Madison: Milwaukee 1960.

REINHOLD, Heinz: *Das englische Drama 1580–1642*. Stuttgart: Kohlhammer 1982.

ROLLE, Dietrich: *Ingenious Structure. Die dramatische Funktion der Sprache in der Tragödie der Shakespearezeit*. Heidelberg: C. Winter 1971.

SPENCER, Theodory: *Death and Elizabethan Tragedy. A Study of Convention and Opinion in the Elizabethan Drama*. Cambridge/Mass.: Harvard UP, 1936/ND New York: Pageant 1960.

STEIGER, Klaus Peter: *Vom Misterienspiel zum Stuart-Drama. Theatralische Vielfalt aus heutiger Sicht*. Berlin: Erich Schmidt Verlag 1984.

WAITH, Eugene: *The Herculean Hero in Marlowe, Chapman, Shakespeare, and Dryden*. New York: Columbia UP 1962.

WILSON, Richard; R. Dutton (Hrsg.), *New Historicism and Renaissance Drama*. London; New York: Longman 1992.

George Peele, *The Arraignement of Paris*

LESNICK, Henry G.: „The Structural Significance of Myth and Flattery in Peele's *Arraignment of Paris*." In: *Studies in Philology* 65 (1968), S. 163–170.

MONTROSE, Louis Adrian: „Gifts and Reasons: The Contexts of Peele's *Araygnement of Paris*." In: *English Literary History* 47 (1980), S. 433–461.

VIGUERS, Susan T.: „Art and Reality in George Peele's *The Araygnement of Paris* and *David and Bethsabe*." In: *College Language Association Journal* 30 (1987), S. 481–500.

Christopher Marlowe, *The Tragedy of Dido*

ROBERTS-BAYTOP, Adrianne: *Dido, Queen of Infinite Literary Variety: The English Renaissance Borrowings and Influences*. Salzburg: Institut für englische Sprache und Literatur 1974.

SMITH, M. E.: „*Love Kindling Fire*': A Study of Christopher Marlowe's The Tragedy of Dido

Queen of Carthage*. Salzburg: Institut für englische Sprache und Literatur 1977.

TINKER, M.: *Dido, Queen of Carthage and the Children's Companies of the 1580s*. Diss. University of Wisconsin: University Microfilms 1975.

Ben Jonson, *Everyman In His Humour*

BROCK, D. Heyward: „Ben Jonson's Humor Plays and the Dramatic Adaptation of Pastoral." In: *English Miscellany* 28–29 (1979–1980), S. 125–155.

WHALEN, David M.: „'Composing the Imperfect': Ridicule and the Rhetoric of Generosity in Jonson's *Every Man in His Humour*." In: *The Ben Jonson Journal* 2 (1995), S. 129–141.

Ben Jonson, *Sejanus His Fall*

ADAMSON, M. J.: *The Death of the State: Ben Jonson's Concept of Tragedy*. Diss. Univ. of Denver 1979.

BOUGHNER, Daniel C.: „Jonson's Use of Lipsius in Sejanus." In: *Modern Language Notes* 73 (1958), S. 247–255.

BOUGHNER, Daniel C.: „*Sejanus* and Machiavelli." In: *Studies in English Literature* 1 (1961), S. 81–100.

EVANS, K. W.: „*Sejanus* and the Ideal Prince Tradition." In: *Studies in English Literature* 11 (1971), S. 249–264.

HAMILTON, G. D.: „Irony and Fortune in Sejanus." In: *Studies in English Literature* 11 (1971), S. 265–281.

KOPPENFELS, Werner von, „'Acting his tragedies with a comic face': Zur Konvergenz von Tragödie und Komödie in Ben Jonsons Dramen Sejanus und Volpone." In: *Deutsche Vierteljahrsschrift für Literaturwissenschaft und Geistesgeschichte* 53 (1979), S. 525–543.

MAUS, Katharine E.: *Ben Jonson and the Roman Frame of Mind*. Princeton; New York: Princeton UP 1984.

PATTERSON, A.: „'Roman-cast Similitude': Ben Jonson and the English Use of Roman History." *Rome in the Renaissance. The City and the Myth*. Hrsg.: P. A. Ramsey. Binghamton; New York: MRTS 1982, S. 381–394.

PLATZ, Norbert H.: *Ethik und Rhetorik in Ben Jonsons Dramen*. Heidelberg: C. Winter 1976, bes. S. 167–204.

WIKANDER, M. H.: „'Queasy to Be Touched',

The World of Ben Jonson's Sejanus." In: *Journal of English and Germanic Philology* 78 (1979), S. 345–357.

Elizabeth Cary, *The Tragedy of Mariam*

BEILEN, Elaine: „Elizabeth Cary and *The Tragedie of Mariam*." In: *Papers on Language and Literature* 16 (1980), S. 45–64.

CALLAGHAN, Dympna: „Re-Reading Elizabeth Cary's *The Tragedie of Mariam, Faire Queene of Jewry*." In: *Women, ,Race,' and Writing in the Early Modern Period*. Hrsg.: M. Hendricks; P. Parker. London: Routledge 1994. S. 163–177.

FERGUSON, Margaret W.: „The Spectre of Resistance: *The Tragedy of Mariam* (1613)." In: *Staging the Renaissance: Reinterpretations of Elizabethan and Jacobean Drama*. Hrsg.: D. S. Kastan; P. Stallybrass. New York: Routledge 1991. S. 235–250.

FISCHER, Sandra K.: „Elizabeth Cary and Tyranny, Domestic and Religious." In: *Silent but for the Word: Tudor Women as Patrons, Translators, and Writers of Religious Works*. Hrsg.: M. P. Hannay. Kent: Kent State UP 1985. S. 225–237.

GUTIERREZ, Nancy: „Why William and Judith Both Need Their Own Rooms." In: *Shakespeare Quarterly* 47 (1996), S. 424–432.

KENNEDY, Gwynne: „Lessons of the ,Schoole of Wisedome'." In: *Sexuality and Politics in Renaissance Drama*. Hrsg.: C. Levin; K. Robertson. Lewiston: Mellen 1991. S. 113–136.

PEARSE, Nancy C.: „Elizabeth Cary, Renaissance Playwright." In: *Texas Studies in Literature and Language* 18 (1977), S. 601–608.

QUILLIGAN, Maureen: „Staging Gender: William Shakespeare and Elizabeth Cary." In: *Sexuality and Gender in Early Modern Europe: Institutions, Texts, Images*. Hrsg.: J. G. Turner. Cambridge: Cambridge UP 1993. S. 208–232.

RABER, Karen L.: „Gender and the Political Subject in *The Tragedy of Mariam*." In: *Studies in English Literature* 35 (1995), S. 321–343.

SHAPIRO, Arlene Iris: *Elizabeth Cary: Her Life, Letters, and Art*. Diss. State University of New York: University Microfilms 1984.

STRAZNICKY, Marta: „,Profane Stoical Paradoxes': *The Tragedie of Mariam* and Sidnean Closet Drama." In: *English Literary Renaissance* 24 (1994), S. 104–134.

John Webster, *The White Devil*

BAUMANN, Uwe: „Das Leben als Tanz in den Tod in der Rachetragödie der englischen Renaissance." In: *Tanz und Tod in Kunst und Literatur*. Hrsg.: F. Link. Berlin: Duncker & Humblot 1993. S. 139–160.

BROMLEY, Laura G.: „The Rhetoric of Feminine Identity in *The White Devil*." In: *In Another Country: Feminist Perspectives on Renaissance Drama*. Hrsg.: D. Kehler; S. Baker. Metuchen: Scarecrow 1991. S. 50–70.

CHAMPION, Larry S.: „Webster's *The White Devil* and the Jacobean Tragic Perspective." In: *Texas Studies in Literature and Language* 16 (1974), S. 447–462.

DALLBY, Anders: *The Anatomy of Evil: A Study of John Webster's The White Devil*. Lund: Gleerup 1974.

HOLUBETZ, Margarete: „A Mocking of Theatrical Conventions: The Fake Death Scenes in *The White Devil* and *Rosencrantz and Guildenstern Are Dead*." In: *English Studies* 63 (1982), S. 426–429.

McLEOD, Susan H.: „Duality in *The White Devil*." In: *Studies in English Literature* 20 (1980), S. 271–285.

SCHOENBAUM, Samuel: „,The Revenger's Tragedy': Jacobean Dance of Death." In: *Modern Language Quarterly* 21 (1954), S. 178–189.

WAAGE, Frederick O.: *The White Devil Discover'd: Backgrounds and Foregrounds to Webster's Tragedy*. New York: Peter Lang 1984.

Thomas Middleton, *A Game At Chesse*

BRAUNMULLER, A. R.: „,To the Globe I Rowed': John Holles Sees *A Game at Chess*." In: *English Literary Renaissance* 20 (1990), S. 340–356.

COGSWELL, Thomas: „Thomas Middleton and the Court, 1624: *A Game at Chess in Context*." In: *Huntington Library Quarterly* 47 (1984), S. 273–288.

DAVIES, Richard A.; Young, Alan R.: „,Strange Cunning' in Thomas Middleton's *A Game at Chess*." In: *University of Toronto Quarterly* 45 (1976), S. 236–245.

HEINEMANN, Margot: „Drama and Opinion in

the 1620s: Middleton and Massinger." In: *Theatre and Government under the Early Stuarts*. Hrsg.: J. R. Mulryne; M. Shewring. Cambridge: Cambridge UP. 1993. S. 237–265.

Howard-Hill, T. H.: „Political Interpretations of Middleton's *A Game at Chess* (1624)." In: *Yearbook of English Studies* 21 (1991), S. 274–285.

Howard-Hill, T. H.: „The Unique Eye-Witness Report of Middleton's *A Game at Chess*." In: *Review of English Studies* 42 (1991), S. 168–178.

Limon, Jerzy: *Dangerous Matter: English Drama and Politics in 1623/24*. Cambridge: Cambridge UP 1986.

Sargent, Roussel: „Theme and Structure in Middleton's *A Game of Chess*." In: *Modern Language Review* 66 (1971), S. 721–730.

Yachnin, Paul: „*A Game at Chess* and Chess Allegory." In: *Studies in English Literature* 22 (1982), S. 316–330.

John Ford, *Perkin Warbeck*

Anderson, Donald K.: „Kingship in Ford's *Perkin Warbeck*.". In: *English Literary History* 27 (1960), S. 177–193.

Anderson, Donald K.: „*Richard II* and *Perkin Warbeck*." In: *Shakespeare Quarterly* 13 (1962), S. 260–263.

Barish, Jonas A.: „*Perkin Warbeck* as Anti-History." In: *Essays in Criticism* 20 (1970), S. 151–171

Barton, Anne: „He that Plays the King: Ford's *Perkin Warbeck* and the Stuart History Play." In: *English Drama: Forms and Development: Essays in Honour of Muriel Clara Bradbrook*. Hrsg.: M. Axton; R. Williams. Cambridge: Cambridge UP 1977. S. 69–93.

Candido, Joseph: „The ‚Strange Truth'of Perkin Warbeck." In: *Philological Quarterly* 59 (1980), S. 300–316.

Freer, Coburn: „‚The Fate of Worthy Expectation': Eloquence in *Perkin Warbeck*."In: ‚*Concord in Discord': The Plays of John Ford, 1586–1986*. Hrsg.: D. K. Anderson. New York: AMS 1986. S. 131–148.

Howard, Jean: „‚Effeminately dolent': Gender and Legitimacy in Ford's *Perkin Warbeck*." In: *John Ford: Critical Re-Visions*. Hrsg.: M. Neill. Cambridge: Cambridge UP 1988. S. 261–279.

Leggatt, Alexander: „A Double Reign: Richard II and Perkin Warbeck." In: *Shakespeare and His Contemporaries: Essays in Comparison*. Hrsg.: E. A. J. Honigmann. Manchester: Manchester UP 1986. S. 129–139.

Neill, Michael: „‚Anticke Pageantrie': The Mannerist Art of *Perkin Warbeck*." In: *Renaissance Drama* 7 (1976), S. 117–150.

Randall, Dale B. J.: ‚*Theatres of Greatness': A Revisionary View of Ford's Perkin Warbeck*. Victoria: Univ. of Victoria Press 1986.

Philip Massinger, *The Roman Actor*

Baumann, Uwe: „The Presentation of the Roman Imperial Court in Jacobean Tragedy." In: *Jacobean Drama as Social Criticism*. Hrsg. J. Hogg. Lewiston; New York; Salzburg: The Edwin Mellen Press 1995. S. 73–93.

Butler, Martin: „Romans in Britain: *The Roman Actor* and the Early Stuart Classical Play." In: *Philip Massinger: A Critical Reassessment*. Hrsg.: D. Howard. Cambridge: Cambridge UP 1985. S. 139–170.

Davison, P. R.: „The Theme and Structure of *The Roman Actor*." In: *Journal of the Australasian Universities Language and Literature Association* 19 (1963), S. 39–56.

Gibson, C. A.: „Massinger's Use of His Sources for *The Roman Actor*." In: *Journal of the Australasian Universities Language and Literature Association* 15 (1961), S. 60–72.

Hogan, A. P.: „Imagery of Acting in *The Roman Actor*." In: *Modern Language Review* 66 (1971), S. 273–281.

Howard, Douglas: „Massinger's Political Tragedies." In: *Philip Massinger: A Critical Reassessment*. Hrsg.: D. Howard. Cambridge: Cambridge UP 1985. S. 117–137.

Liebler, N. C.: *Philip Massinger's ‚The Roman Actor' and the Idea of the Play within a Play*. Diss. State Univ. of New York 1976.

Muggli, M. Z.: *Philip Massinger's Tragedies and their Dramaturgical Context*. Diss. Univ. of Minnesota 1978.

Paul, B. J.: *Form and Formula: A Study of Philip Massinger's Tragic Structure*. Diss. Univ. of Pittsburgh 1969.